ちくま学芸文庫

中国禅宗史

「禅の語録」導読

小川 隆

筑摩書房

中国禅宗史　目次

凡　例

一、原典の引用にあたっては、依拠した先行の校訂本・訳注本等の書名と頁数を原文の後に示す。ただし文字は、特に必要が無いかぎり、原則的に通用の常用漢字にしたがう。また私見によって句読や符号を変更した場合がある。

一、引用文中、原則として、（ ）は原文の注記、〔 〕は引用者による補足を表わす。この原則と異なる場合は、そのつど注記する。また和文の引用文に対し、ふりがなの追加、字体の変更、符号の改変・省略などを行った場合がある。

一、原文とともに示す訓読や現代語訳は、所掲の校訂本・訳注本に多くを負いながらも、最終的には著者の責任で考えたものを掲げる。したがって、その訳文は所掲の書物のものと一致していない。ただし、訓読や現代語訳そのものを先行の書物から借用した場合は、訳文の後にその書名・頁数を記す。

一、「摩」と「磨」、「恵」と「慧」など、同一の語に複数の用字がある場合は、それぞれの文献の表記にしたがい、本書を通じての統一は行わない。

はじめに

禅宗は、早くから、禅者の教説や言行を文字に書き記して伝えて来た。「不立文字《ふりゅうもんじ》」といいながら、禅宗の書物はひどく多いではないかと揶揄されることもあるが、そうではない。特定の教条を定立せず特定の聖典を奉じないからこそ、禅者は、その時、その場の、その人ならではの一句を吐きつづけてきた。それは他とのとりかえも他との統合もうけつけぬ、かけがえのない言句であったがゆえに、その言葉の数だけ個別に記録され、伝承されてゆかねばならなかったのである。

そうした言葉は、ほどなく入唐僧・入宋僧たちによって日本にも将来され、爾来《じらい》、各種の禅籍が、日本の禅門において読みつがれてきた。この間、個々の字句にとらわれず、あくまでも実地の修行の糧としてそれを読むという姿勢が保たれてきたのは、ある意味、当然のことであった。禅籍は肚《はら》で読む、という言いかたは、今日でもなお死語にはなっていない。

これに対し、禅宗文献を中国古典文献の一種として語学的・文献学的に読み解こうという試みが開始されたのは、実はわずか半世紀余りほど前のことでしかない。入矢《いりや》義高《よしたか》が戦後まもなくの頃、京都の東方文化研究所（のち京都大学人文科学研究所）で岩波文庫の『臨《りん》済録《ざいろく》』の読書会を開いたのが、その初めであった。

戦前において、宗門の老師や居士《こじ》による評釈ふうのものをのぞき、一般の読書界・知識界に公開されていた禅宗文献の学問的訳注書としては、岩波文庫に収められた数点がおそらくほぼその全てであった。中国のものについてその書名を挙げれば、臨済禅の正統の師《し》家《け》としての朝比奈《あさひな》宗源《そうげん》による『臨済録』と『碧巌録《へきがんろく》』、および印度学・仏教学の権威であった宇井《うい》伯寿《はくじゅ》による『頓悟《とんご》要門《ようもん》』『伝心法要《でんしんほうよう》』『禅源諸詮集都序《ぜんげんしょせんしゅうとじょ》』等である。これらの書物では未だ現代語訳は行われておらず、原文の句読・訓読・語釈についても、今日の中国学の水準から言えば多くの過誤と不備を含んではいたが、禅宗文献が僧侶や参禅者の範囲を超えて知識人一般の関心事となりえたのは、蓋《けだ》し岩波文庫の功績にほかならない。戦後、入矢が唐代口語史研究の一環として禅宗語録の読解に着手した際、まず読書会のテキストとしてこの文庫が利用されたのは自然の勢いであった。

戦後、その読書会を皮切りに、入矢は柳田聖山《やなぎだせいざん》と互いに協力しつつ、精力的に禅宗文献の学問的解読を進めていった。大徳寺内でのルース・F・佐々木主宰の『臨済録』英訳プロジェクト、京大人文研や禅文化研究所（京都・花園大学内）での共同研究等がその主な舞台であり、その成果はやがて入矢・柳田の事実上の監修による筑摩書房『禅の語録』全二十巻に結実した（ただし、うち三巻は未刊）。

1　『達摩の語録』柳田聖山、一九六九年（敦煌出土『二入四行論《ににゅうしぎょうろん》』）
2　『初期の禅史Ⅰ』柳田聖山、一九七一年（敦煌出土『伝法宝紀《でんほうぼうき》』『楞伽師資記《りょうがしじき》』）
3　『初期の禅史Ⅱ』柳田聖山、一九七六年（敦煌出土『歴代法宝記《れきだいほうぼうき》』）
4　『六祖壇経《ろくそだんきょう》』中川孝《たか》、一九七六年
5　『神会《じんね》語録』未刊
6　『頓悟要門』平野宗浄、一九七〇年
7　『龐居士《ほうこじ》語録』入矢義高、一九七三年
8　『伝心法要・宛陵録《えんりょうろく》』入矢義高、一九六九年
9　『禅源諸詮集都序』鎌田茂雄、一九七一年（『都序』および『中華伝心地禅門師資承襲図』）
10　『臨済録』秋月龍珉、一九七二年
11　『趙州録《じょうしゅうろく》』秋月龍珉、一九七二年
12　『洞山録《とうざんろく》』未刊
13　『寒山詩《かんざんし》』入谷仙介・松村昂、一九七〇年

14 『輔教編《ふぎょうへん》』荒木見悟、一九八一年
15 『雪竇頌古《せっちょうじゅこ》』入矢義高・梶谷宗忍・柳田聖山、一九八一年
16 『信心銘《しんじんめい》・証道歌《しょうどうか》・十牛図《じゅうぎゅうず》・坐《ざ》禅儀《ぜんぎ》』梶谷宗忍・柳田聖山・辻村公一、一九七四年
17 『大慧《だいえ》書《しょ》』荒木見悟、一九六九年
18 『無《む》門関《もんかん》』平田高士、一九六九年
19 『禅関策進《ぜんかんさくしん》』藤吉慈海、一九七〇年
20 『語録の歴史（総説）』未刊

このなかに『臨済録』『頓悟要門』『伝心法要』『禅源諸詮集都序』が含まれているのは、それらの典籍が重要であるからだけでなく、この段階の研究が戦前の岩波文庫本の批判的検討から出発したことの名残でもある。この叢書は、本文校訂の厳密、訓読と現代語訳の正確、そして注釈の精深と周到において、禅宗文献読解の水準を飛躍的に推し上げたものであり、この書物の語釈ではじめて意味が明らかになった語彙は少なくない。三巻が未刊に終ったことは惜しまれるが、禅宗文献が中国古典文献の一種として厳密な学問的解読をほどこされるようになったのは、まちがいなく『禅の語録』以降のことであり、これによって禅の書物は、禅宗研究のみならず、東アジア漢字文化圏の歴史・思想・文学・語学などの研究においても、重要な資料として用いられるようになった。

その後も禅宗文献に対する学問的解読の努力は地道につづけられ、のちに入矢の指導のもと禅文化研究所で行われた会読の成果である左記の書物は、『禅の語録』の事実上の続編であった（刊行はいずれも禅文化研究所）。『景徳伝灯録《けいとくでんとうろく》』が半端な巻から始まっているように見えるのは、『馬祖《ばそ》の語録』につづくよう、馬祖の弟子たちの章から会読が始められたためである。

『馬祖の語録』入矢義高編、一九八四年
『玄沙広録《げんしゃこうろく》』上・中・下、入矢義高監修・唐代語録研究班編、一九八七年・八八年・九九年
『景徳伝灯録・三』（巻七―九）入矢義高監修・景徳伝灯録研究会編、一九九三年
『景徳伝灯録・四』（巻十―十二）入矢義高監修・景徳伝灯録研究会編、一九九七年
『景徳伝灯録・五』（巻十三―十五）景徳伝灯録研究会編、二〇一三年

これらの基礎研究の成果のうえに、やがて二十一世紀に入ったあたりから、禅の思想史――厳密に言えば「禅」そのものの思想史と言うより、禅宗文献に書きのこされた思想の歴史、いわば「語録」の思想史と言うべきもの――が考察されるようになってきた。その試みはここ数年の間にようやく形を表わしはじめたばかりで今なお未熟な段階ではあるが、

それにともなって、新たな状況の変化が現れてきた。修行の世界と学問の世界のあいだで、少しずつ対話の路が開かれるようになってきたのである。

かつて両者の間は、よくて敬遠、ともすれば敵視や反目ということもあったと聞く。だが、近年、見識と度量を具えた禅門の心ある人々によって、禅宗文献の学問的解読の意義が認められるようになり、その成果をまずは虚心に学んでみようという禅僧の勉強会が、京都でも、東京でも、定期的に開かれるようになってきた。二〇一六年の臨済禅師の千百五十年の遠諱《おんき》、およびその翌年の白隠《はくいん》禅師の二百五十年の遠諱、その二年つづきの記念事業が大きな動機づけとなっていると仄聞《そくぶん》するが、縁あってそうした勉強会の一端に連なることを得た私は、今回、そのための種々の活動をつづけている禅門の人々が、遠諱を過去の記念でなく、未来への突破口にしようという強い意志をもって働いている姿を目の当りにした。禅をひろく社会に発信しようという外向きの努力と、学問的成果を吸収して修行体験の内実を自覚的に深めようという内向きの努力、その両方向が表裏一体となってひたむきに進められているさまには、正直、しばしば頭が下がる。禅は、今また、新しい時代に入ろうとしているのかも知れない。

その間、『禅の語録』や『馬祖の語録』はながらく品切れとなり、若い求道者や研究者は古書での入手にも苦労する状態がつづいていた。復刊の希望は早くから版元に数多く寄せられていたそうだが、長期的な出版不況のなか、その実現はきわめて困難であった。しかし、右のような清新な改革の気運の高まりをうけ、臨済宗黄檗宗連合各派合議所（臨黄合議所）の推薦のもと、筑摩書房と禅文化研究所の協力によって『禅の語録』がついに復刊される運びとなった。未刊の二点のかわりに『馬祖の語録』と『玄沙広録』を編入し、さらに解説の巻を新規に作成する全二十巻・二十二冊の新編成によってである。

『禅の語録』の構成はもともと中国禅の歴史的な流れにしたがっており、この巻だて自体が書名の配列による中国禅宗史の目次のような趣を呈していた。そこに他の書物を入れることに一抹の不安もあったが、いざ第5巻に『馬祖の語録』、第12巻に『玄沙広録』を入れてみると、その流れを損なわぬどころか、むしろ当初の構成にもまして、中国禅宗の思想史を明確かつ充実した形で示す結果となったことは驚きであった。これは決して偶然ではなく、入矢・柳田が当初から中国禅の巨視的な流れを見通しながら長年会読を導いてきたことの、自ずからなる結果なのであろう。むろん当初計画されていた両種の文献が、重要でないということではない。だが、神会の文献については禅文化研究所の別の研究計画が進行しており、すでにその一部として、唐代語録研究班『神会の語録――壇語』が公刊されている（『南陽和上頓教解脱禅門直了性壇語』および各種伝記資料の訳注。禅文化研究所、二〇〇六年）。また洞山《とうざん》をふくむ石頭《せきとう》系の禅者の言葉についても、さきに挙げた『景徳伝灯録・五』によって詳細な注解が提供されており、両巻の空白はすでに別の形で着実に補われつつある。

このたびの新編成による復刊は、禅門の改革と新生の気運に後押しされたものであり、と同時に、禅門のそうした気運をさらに推し進める有力な一助ともなるものであろう。新たな生命を得てよみがえったこれらの書物が、道を求めて禅籍に向かう人々、学問的な関心から禅籍を参照しようとする人々、その双方の人々によって、ひろく、ふかく読まれることを、心より願ってやまない。

＊　＊

本巻は、当初、入矢・柳田両先生によって執筆されるはずであった「総説」に代わるものである。なんの予備知識も前提せず、いきなりどこかのページを開いて、体当たりで読んでみる――『禅の語録』には、そんな読み方も決して悪くないと思う。だが、そのいっぽうで、ひろい見通しのもとに各巻を系統的に通読してみたい、あるいは、何冊かを読んだ後、それらを相互に関係づけて歴史的に理解してみたい、そのように思われる方も、きっと少なくないであろう。本巻は、そのような方々のために、入門的な手引きを提供しようとするものにほかならない。両先生によって書かれるはずであった解説にくらべれば、きわめて稚拙であることを認めざるをえないが、これから語録の世界に親しもうとされる方々にとって、まず最初の一歩を踏み出すための、足のとどく踏み台になりえていれば幸いである。

当初「総説」のために執筆されたと思われる入矢先生の「語録の言葉と文体」は『空花《くうげ》集――入矢義高短篇集』（思文閣出版、一九九二年）に、柳田先生の「語録の歴史」は『禅文献の研究・上』（柳田聖山集第二巻、法藏館、二〇〇一年）に、今、それぞれ再録されている。『禅の語録』各巻とともに、両篇があわせて読まれることを希望する。

小川　隆

二〇一五年十二月八日

中国禅宗史

「禅の語録」導読

第一章　「禅」とは

「禅」とは何か?

辞書によれば、精神の安定と統一を指すサンスクリット語「dhyāna」の俗語形「jhān」が漢語で「禅那《ぜんな》」と音写され、それが略されて「禅」になったという。「禅那」は「定《じょう》」という意訳語と合わせて「禅定《ぜんじょう》」ともいわれ、また、坐して行うことから「坐禅《ざぜん》」ともいわれた。だが、一般に「禅」という場合、そうした広義の坐禅・禅定でなく、中国で唐代に起った仏教の一派、「禅宗《ぜんしゅう》」を指すのがふつうではなかろうか。本書でも「禅」を、もっぱらその意で用いたい。

では、「禅宗」とはいかなる宗派か?

国語辞典でその項目をひくと、次のような説明が見える。

ぜんしゅう【禅宗】座禅《ママ》によって悟りを開き、人生の真意義を悟ろうとする、仏教の一派。（三省堂『新明解国語辞典』第五版）

国語辞典のみならず、有名な仏教辞典でも、「禅宗」は次のように定義されている。

【禅宗】ぜんしゅう　坐禅・内観の法を修めて、人間の心の本性をさとろうとする宗派をいう。……（中村元『仏教語大辞典』）

「禅」が坐禅の意味ならば、「禅宗」が坐禅の宗派と定義されるのはいかにも当然のことのように思われる。だが、ほんとうに、そうなのか？

そもそも坐禅が重要であるのは、禅宗に限ったことではない。坐禅は「八正道《はっしょうどう》」の第八、「六波羅蜜《ろくはらみつ》」の第五であり、仏教の他の多くの宗派でも、いや、宗派などというものができるずっと前から、仏教者共通の基本的修行の一つでありつづけた。中国でも、唐の時代に禅宗が形成される以前から、つとに『高僧伝《こうそうでん》』や『続高僧伝』という書物があり、そこには坐禅に精励した人々の列伝――「習禅篇《しゅうぜんへん》」――が設けられている。それどころか、もとはといえば、釈尊が坐禅をして悟りを開かれ、それで仏教ができたのだから、坐禅というものは、禅宗どころか仏教全体にさえ先んじている。坐禅はそれほど重要なのだ、とは言えるだろうが、それが、どうして禅宗という後出の一宗派の特徴といえるのか？　たとえば、一日三回ごはんを食べる、それは大部分の日本人に該当し、かつ大部分の日本人にとってきわめて重要なことであろう。しかし、だからといって、日本人の民族性の特徴はという問いに「一日三回ごはんを食べること」と答えたら、やはり相当ヘンではあるまいか？

むろん、禅宗でも坐禅は重要であり、古来、坐禅の作法や心得を記した禅僧の著述――「坐禅儀《ざぜんぎ》」「坐禅箴《ざぜんしん》」の類――は少なくない。しかし、そのいっぽうで、禅の書物のなかでは坐禅を斥《しりぞ》ける禅者のことばに事欠かない。成仏をめざして日々坐禅に励む若き日の馬祖《ばそ》道一《どういつ》（七〇九―七八八）に向かって、師の南岳懐譲《なんがくえじょう》（六七七―七四四）が、坐禅して仏に成ろうとするのは磚《せん》（しきがわら）を磨いて鏡に仕上げようとするような愚行だと戒めた故事は、よく知られている（のちに第二章で見る）。臨済義玄《りんざいぎげん》（?―八六七）もまた、次のように言っている。

乃至孤峯独宿、一食卯斎、長坐不臥、六時行道、皆是造業底人。（入矢義高訳注『臨済録』岩波文庫、一九八九年、頁一二八／禅の語録10、頁一三二）

乃至《たと》い孤峯《こほう》に独宿《どくしゅく》し、一食卯斎《いちじきぼうさい》、長坐不臥《ちょうざふが》、六時行道《ろくじぎょうどう》するも、皆な是れ造業底《ぞうごうてい》の人なり。

人跡を絶した山中にひとり隠棲し、戒律どおり日に一度のみの食事をとり、常に坐禅して横にもならず、定時の勤行を欠かさない。そのように完璧に仏事を修め得たとしても、それらは皆な、地獄落ちの業《ごう》つくりの輩にほかならぬ。

禅の性格は矛盾に満ちている。謹厳と洒脱、沈黙と哄笑、容赦なき聖性の否定と大らかな現実肯定……、「禅」とは、と、定義しようとしたとたん、それと相反する表現が禅籍の中から次々と出てきてしまう。矛盾する両極の緊張の上にこそ、無定形の禅の生命が活きて躍動しているのだと言ってもよい。禅では「一句合頭の語《いっくがっとうのご》、万劫の繋驢橛《ばんごうのけろけつ》」（船子徳《せんすとくじ》誠《よう》）ともいう。真理をピタリと言いとめた一句は、永遠にロバを繋ぎとめる——修行者をロバのように繋ぎとめる——棒クイとなるという意である。一つの規定に嵌入《かんにゅう》されず、絶対の「真理」に繋縛《けばく》されない、それこそがいにしえの禅僧たちのめざすあり方であった。少なくとも、坐禅によって悟りをめざす仏教の一派、という定義では、中国の禅は捉え難い。

では、禅宗を他と区別する、真の特徴は何であろうか？

歴史を超え、一切を超越した「禅」そのもの、というのでなく、あくまでも中国の唐宋代に形成された歴史上の禅宗についていうならば、その顕著な特徴として考えられるのは、次の三点である。

（1）「伝灯」の系譜：「初祖《しょそ》達摩《だるま》―二祖《にそ》恵可《えか》―三祖《さんそ》僧璨《そうさん》―四祖《しそ》道信《どうしん》―五祖《ごそ》弘忍《こうにん》―六祖《ろくそ》恵《え》能《のう》」という伝法の系譜を共通に信奉していること。

（2）「問答」と「語録」：師が正解を教えるのでなく、問答を通して修行者自身に悟らせるという手法をとること。その結果、その種のやり取りを記録した膨大な語録群をのこしていること。

(3)「清規《しんぎ》」：インド以来の戒律のほかに、「清規」という独自の規範をもち、それにもとづく独特の集団的修行生活を営むこと。

この三点は当初からこの形であったものではなく、しだいに形を成していったものであり、この三点がそろってゆくことで、禅宗という宗派が確立していった。このあと、第二章で禅宗の(1)の面について、ついで第三章で(2)の面について考察し、その後、第四章でそうした性格が歴史的にどのように形成されていったかを通覧する。(3)の面については、第二章と第四章の話の流れのなかで随時ふれてゆくこととする。

ここでは、それら各論に入る前の一種の導入として、まず唐代禅の基本的な思考と情緒を垣間見ておきたい。さきにいうように、一義的な規定を与えようとすることは、禅というものにそぐわない。ここでは定義を急がず、いくつかの例を通して、唐代禅の気分のようなものにじかにふれてみることを目ざしたい。

偶像破壊

一　丹霞焼仏

岡倉天心（一八六三―一九一三）の『茶の本』（一九〇六年）第三章は、茶の湯の精神の由って来るところとして中国の道家と禅を挙げ、その説明のなかで次のように説いている。

禅の宗徒は、事物の外的付属物をもっぱら真理の明晰《めいせき》な認識を妨げるものと見做《みな》し、事物の内在的本性と直接に交渉しようとこころざした。……禅宗徒の中には偶像破壊主義者〔iconoclastic〕になるものさえあったが、それは像と象徴によるよりはむしろ彼らの内なる仏陀を認識しようと努めた結果であった。

丹霞《たんか》和尚は或る冬の寒い日に、木の仏像をうち壊して焚火《たきび》にしたという。「何というもったいないことを！」とかたわらにみていた人が怖れに打たれて言った。「私は灰の中から舎利《しゃり》を拾うのだ」と、和尚は静かに答えた。「しかしこの仏像からあなたは舎利を拾えませんよ！」と怒って言い返すと、丹霞は答えた。「もし舎利が拾えなければ、これは仏陀でないことは確かだ、だから私は何ももったいないことをしていないのだ。」そしてくるりと背を向けると、焚火にあたった。（桶谷秀昭訳、講談社学術文庫、一九九四年、邦訳頁四七。附録英文頁一八五。〔　〕内は引用者）

ここに引かれているのは、唐の禅僧、丹霞《たんか》天然《てんねん》（七三九―八二四）が木の仏像を燃やして暖を取ったという、いわゆる「丹霞焼仏《たんかしょうぶつ》」の故事である。出典は示されていないが、おそらく次のような記録にもとづいた引用であろう。

後於慧林寺遇天大寒。師取木仏焚之。人或譏之。師曰、「吾焼取舎利」。人曰、「木頭何有?」師曰、「若爾者、何責我乎?」（『景徳伝灯録』巻十四・丹霞天然章、景徳伝灯録研究会編『景徳伝灯録・五』禅文化研究所、二〇一三年、頁二五三）

後、慧林《えりん》寺に於て天の大いに寒きに遇う。師〔丹霞〕木仏を取りて之を焚《や》く。人《ひと》或いは之を譏《そし》る。師曰く、「吾れ焼きて舎利を取らんとす」。人曰く、「木《き》頭に何か有らん?」師曰く、「若《も》し爾《しか》らば、何ぞ我れを責めん?」（「木頭」の「〜頭」は名詞の接尾辞で実義なし。「木頭」の二字で単に「木」の意）

『宋高僧伝』巻十一・丹霞天然伝にも、これとほぼ同じ文が見える。あまりにも有名なこの物語は、こののち多くの英文の禅の入門書に引用され、そして、しばしば、ここと同じく、禅の「偶像破壊」的〔iconoclastic〕な精神を表す好例として扱われた。たとえば胡適《こてき》（一八九一—一九六二）は中唐の学僧宗密《しゅうみつ》（七八〇—八四一）の記述にもとづきつつ安史《あんし》の乱《らん》（七五五—七六三）の前後に興起した禅宗各派の状況を列記したうえで、次のように言っている。

以上が九世紀の初頭に宗密が知っていた禅宗の諸派である。このうち保唐宗《ほとう》はあからさまに偶像破壊的〔iconoclastic〕であり、さらには反仏教的でさえあった。また他の三宗もひとしく急進的であり、哲学的な含みとしては、おそらくよりいっそう偶像破壊的であっただろう。

たとえば、馬祖の著名な弟子のひとり丹霞天然（八二四没）は、旅の途中、同学数人と荒れ寺で一夜を過ごしたが、その夜は身を切るような寒さで、おまけに薪もなかった。そこで彼は仏殿にゆき、木の仏像を下ろしてきて、好い気分で焚火をはじめた。仲間がこれを仏に対する不敬・冒瀆だと咎めると、彼は言った。「なに、仏舎利（神聖なる遺骨）を探しておるだけだ」。そこで仲間、「こんな木のかけらの中から、どうして舎利が見つかるものか」。すると丹霞答えていわく、「じゃあ俺はつまるところ、ただ木のかけらを燃しているだけではないか」。こうした話は、革命の時代における一般的な知的傾向の観点から看るのでなければ理解されまい。忽滑谷快天《ぬかりやかいてん》教授は *The Religion of the Samurai* において二度この話を引き、それを以て禅の偶像破壊性〔iconoclastic〕を示そうとしている。しかし、鈴木はこう言っている。「純禅の観点から看て丹霞にいかなる価値があろうとも、このような行為はすべての敬虔なる仏教徒からは、間違いなく、なみはずれた冒瀆、避けるべき行いと看做されるであろう」。

（"*Ch'an (Zen) Buddhism in China—It's History and Method*" 一九五三年／小川訳「胡適『中国における禅――その歴史と方法論』」、『駒澤大学禅研究所年報』第一一号、二〇〇〇年、頁九四）

これは有名な胡適・大拙《だいせつ》論争の際の文章で、文中にいう「鈴木」は鈴木大拙（一八七〇—一九六六）のことにほかならない。その論争のことには後に第五章でふれることとし、ここではたちいらない。また、大拙のこの故事の扱いは他とはいささか異なっているが、それもここでの問題ではない。[1] ここではさしあたり、禅に関する二十世紀前半の英文著作において、「偶像破壊」的〔iconoclastic〕という語が禅理解の関鍵となっていたこと、そして丹霞焼仏の話がその典型とされていたことがうかがわれれば、それでよい。そうした理解と表現は今日にも引き継がれており、近年、中国で出た研究書でも、丹霞の故事が次のように説明されている。

丹霞天然が木仏を焼いたという公案の趣旨は、真の信仏者にしてはじめて仏の慧命を続《つ》げるということを闡明するにある。偶像を仏とみなす者は、却って仏の慧命を損なうのである。（呉言生『趙州録校注集評』中国社会科学出版社、二〇〇八年、頁一一一）

たしかに、唐代禅においては、聖なる価値の措定に対する激烈で徹底的な否定の姿勢が顕著である。臨済が「乃至《ひい》ては三乗十二分教《さんじょうじゅうにぶんきょう》も、皆な是れ不浄《ふじょう》を拭《ぬぐ》う故紙（経典はみな尻を拭くクズ紙）」と言い、「仏《ほとけ》に逢《お》うては仏を殺し、祖《そ》に逢うては祖を殺す」と言いきったことは、あまりにも名高い。そうした特徴を一言で言い表すのに——特に禅の伝統となじみのうすい異国の人々に説明するのに——「偶像破壊」ということばは、確かに便利であり、また効果的でもあったと思われる。

仏に逢うては仏を殺し

ただし、それをさきの『茶の本』[2]のように「彼らの内なる仏陀を認識しようと努めた」と解するのは、適当でない。臨済は「道流《どうる》、一般の禿子《とくす》有り、便ち裏《うち》許に向《おい》て功を著《つ》け、出世の法を求めんと擬《ほっ》す。錯了也《あやまれり》！」（『臨済録』岩波文庫、頁一三八／禅の語録10、頁一四〇）と言っている。出世間の法を求めようとして自己の内面に修行の努力を向けるハゲ坊主どもは、料簡違いも甚だしい、というのである。[3]くだんの「仏に逢うては仏を殺し」云々の一句も、もとは次のような文脈のなかで言われたものであった。

道流、你欲得如法見解、但莫受人惑。向裏向外、逢著便殺。逢仏殺仏、逢祖殺祖、逢羅漢殺羅漢、逢父母殺父母、逢親眷殺親眷、始得解脱、不与物拘、透脱自在。（『臨済

録』岩波文庫、頁九六／禅の語録10、頁一〇一）

道流、你《なんじ》ら如法《にょほう》の見解《けんげ》を得んと欲さば、但《た》だ人惑《にんわく》を受くる莫《なか》れ。裏《うち》においても外においても（向裏向外）、逢著《あわ》ば便ち殺せ。仏に逢うては仏を殺し、祖に逢うては祖を殺し、羅漢《らかん》に逢うては羅漢を殺し、父母に逢うては父母を殺し、親眷《しんけん》に逢うては親眷を殺し、始めて解脱《げだつ》を得、物の与《ため》に拘《とら》われず、透脱自在とならん。

臨済はいう、「諸君、如法の見解を得たければ、ともかく人の惑わしを受けぬことだ。自己の内においても外においても、出逢えばすべて殺せ。仏に逢えば仏を殺し、祖師に逢えば祖師を殺し、羅漢に逢えば羅漢を殺し、父母に逢えば父母を殺し、親族に逢えば親族を殺す、かくて始めて解脱が得られ、何物にもとらわれず、自由自在となりうるのだ」と。

外部はもとより、自己の内面においてすらも、聖なる価値を定立しない。臨済はそれを「殺す」と言っているのである。いかにも物騒な物言いのようだが、ここにいう「殺す」の語義については、曹山本寂《そうざんほんじゃく》の次の問答が格好の注釈を与えてくれる。

問、「教中有言〝殺一闡提、獲福無量〟。如何是闡提？」師云、「起仏見法見者」。云、「如何是殺？」云、「不起仏見法見是殺」。……（『祖堂集《そどうしゅう》』巻八・曹山章／孫昌武・衣川

賢次・西口芳男点校『祖堂集』中華書局・中国仏教典籍選刊、二〇〇七年、頁三八三）

問う、「教《きょう》中に言うこと有り〝一闡提《いっせんだい》を殺さば、福を獲《う》ること無量〟と。如何《いか》なるか是れ闡提《せんだい》？」師（曹山）云く、「仏見《ぶっけん》・法見《ほうけん》を起す者なり」。云く「如何なるか是れ〝殺〟？」云く「仏見・法見を起さざる、是れ〝殺〟なり」。……

「一闡提を殺せば、無量の福が得られる、と経文にあります。その一闡提とは何のことでしょう？」一闡提とは仏性《ぶっしょう》（仏としての本性）をもたぬ者のこと。僧の問いの出典は未詳だが、『涅槃経《ねはんぎょう》』には「一闡提を殺すは、殺しの罪《つみ》有ること無し」という句が見える。曹山は答えていう、一闡提とは、「〝仏〟や〝法〟という聖なる観念を立てる者のことだ」。では、それを「殺す」とは、どういうことなのでしょう？「〝仏〟や〝法〟という観念、それを立てぬことである」。臨済が「仏に逢うては仏を殺し」「父母に逢うては父母を殺し」などと言っていたのも、これと同じく、自己の内面にいかなる聖性も定立しないという譬えだったのである。

こうした徹底的な否定精神は、まちがいなく唐代禅の重要な一面であり、唐代禅の説明にこの点が含まれていなかったら、致命的な欠落となろう。しかし、そのいっぽうで、唐代禅の否定精神が、決して単純な否定一辺倒のものでなかったことも見落としてはならない。

二　「仏」を焼いたのは誰の罪か？

眉毛堕落

丹霞焼仏の話の最も古い記録は、『祖堂集』巻四・丹霞和尚章の次の一段である。

後於恵林寺遇天寒、焚木仏以禦次、主人或譏。師曰、「吾荼毘覓舎利」。主人曰、「木頭有何也？」師曰、「若然者、何責我乎？」主人亦向前、眉毛一時堕落。（頁二一二）

後、恵林《えりん》寺に於て天の寒きに遇い、木仏《もくぶつ》を焚きて以って禦《ふせ》げる次《おり》、主人の或るもの譏《そし》る。師〔丹霞〕曰く、「吾れ荼毘《だび》して舎利《しゃり》を覓《もと》む」。主人曰く、「木《き》頭に何か有る！」師曰く「若《も》し然《しか》らば、何《なん》ぞ我れを責《せ》めん乎《や》？」主人亦《ま》た前に向かうや、眉毛《びもう》一時に堕《お》落《ち》たり。

その後、恵林寺で寒い日があり、丹霞が木の仏像を焚いて寒さをしのいでいたら、同寺の住僧のひとりが非難した。丹霞は答えて言う、「なに、荼毘にふして、仏舎利をいただこうと思いましてな」。僧、「木に何が有るか！」丹霞、「もしそうなら、何も責められるいわれはござらぬではないか」。僧が前に進み出ようとしたとたん、眉毛がいっぺんに抜け落ちてしまった。

「眉毛堕落《びもうだらく》」という記述は、偽りの法を説く者は法罰によって眉毛が抜け落ちるという信仰に基づいている。したがって、木仏を焚いた丹霞でなく、それを咎めた僧のほうが真実に背いていたのだ、というのが右の話の結論となるわけだが、それは、いったい何を意味しているのか？

『祖堂集』はこの話のあとに、さらに次のような後日談を書き添えている。

有人問真覚大師、「丹霞焼木仏、上座有何過？」大師云、「上座只見仏」。進曰、「丹霞又如何？」大師云、「丹霞焼木頭」。

人有り、真覚《しんかく》大師（斉雲霊照）に問う、「丹霞、木仏《もくぶつ》を焼きしに、上座《じょうざ》に何の過《とが》か有る？」大師云く、「上座は只だ〝仏〟を見しのみ」。進みて曰く、「丹霞は又た如何《いかん》？」大師云く、「丹霞は木頭を焼けり」。

「木仏を焼いたのは丹霞なのに、僧のほうに何の罪があったというのでしょう？」大師、「上座には〝仏〟しか見えていなかった」。「では、丹霞はどうだったのでしょう？」「丹霞は、木を焚いたのだ」。

「木仏」は丹霞にとっては「木」であり、僧にとっては「仏」であったというのである。

意識の筆頭

この論旨については『二入四行論《ににゅうしぎょうろん》』の次の一段が参考になる。

法無大小形相高下。譬如家内有大石在庭前。従汝眠上坐上、不驚不懼。忽然発心作像、雇人画作仏形像。心作仏解、即畏罪、不敢坐上。此是本時石、由你心作是。心復似何物？　皆是你意識筆子頭画作是、自忙自怕。石中実無罪福、你家心自作是。如人画作夜叉鬼形、又作竜虎形、自画還自見、即自恐懼、彩色中畢竟無可畏処。皆是你家意識筆子分別作是。阿寧有一箇物？　悉是你妄想作是。（柳田聖山『達摩の語録』〔六二〕、禅の語録1、頁二二六）

法には大小《だいしょう》・形相《けいそう》・高下《こうげ》無し。譬《たと》えば家内に大石有りて庭前に在るが如し。汝の上に眠り上に坐するに従《まか》せて、驚かず懼れず。忽然《こつねん》と心を発《おこ》して像を作らんとし、人を雇いて仏の形像を画《えが》き作《な》すや、心は〝仏〟の解《げ》を作し、即ち罪を畏れ、敢て上に坐らず。此れは是れ本時の石なるに、你《なんじ》の心に由りて是れを作すのみ。心は復《は》た何物《なに》にか似たる？ 皆な是れ你が意識の筆子頭《ふでさき》の是れを画《えが》き作《な》して、自ら忙《あわ》て自ら怕《おそ》るるなり。石中には実は罪福無し、你家《なんじ》が心の自ら是《こ》れを作《な》せるのみ。人の夜叉鬼《やしゃき》の形を画き作し、又た竜虎《りゅうこ》の形を作し、自らの画《え》をば還《かえ》って自ら見て、即ち自ら恐懼《きょうく》するも、彩色《さいしき》中には畢竟畏《おそ》る可《べ》き処《ところ》無きが如し。皆な是れ你家が意識の筆子の分別《ふんべつ》して是れを作せるなり。阿寧《いずくん》ぞ一箇の物有らん？ 悉く是れ你が妄想の是れを作せるなり。

「道」なるものも「妄想」の所産にすぎぬという喩えとして説かれた話である。いわく

——法には大きさも姿かたちも価値の上下も無い。たとえば家の庭に大きな石があるとする。その上で寝ようが坐ろうが好きほうだい。驚きもしなければ、恐れもしない。ところがふと像でもと思いたち、人を雇ってその石の上に仏の絵を画いたとする。すると心はそこに「仏」という観念を作り出し、たちまち罰があたるのが怖くなって、その上に坐れなくなってしまう。石はもとのままなのに、汝の心のためにそうなってしまうのである。

心とは何のようなものなのか？ そう、すべては汝の心意識の筆が画き出し、それに対して自分で勝手に慌てたり怖がったりしているだけのものなのである。石じたいには実は「罪福」——罰《ばち》もご利益《りやく》も——無い。汝らの心が、自分で勝手にそれらを作り出している

だけのことである。それはあたかも、人が悪鬼や竜虎の絵を画き、今度は自分でその絵を見て、自分で勝手に驚いたり恐れたりしているようなもの、絵の彩りじたいには、つまるところ、何の恐るべきものも無いのである。すべては汝らの心意識という筆が分別して画きなしたもの、実在のモノなど、一つとして有りはしない。すべては汝の妄想が作り出したものにほかならないのである。

ここにいう「石」を「木」に置きかえれば、この説明はそのまま真覚大師の語と重なりあう。「木仏」は丹霞にとってはただの「木」であった。だが、心で「〝仏〟の解を作し」ていた——「木」のうえに「仏」という記号を付していた——寺僧にとって、「木仏」は尊き「仏」以外の何物でもなかった。それゆえ彼は「仏」の聖性にともなう「罪福」を免れなかったのであった。寺僧が蒙った仏罰は、実は、彼の心の筆が自ら画き出した「仏」という聖なる「妄想」の産物だったというわけである。

論理的に説明すればそういうことだが、大寧道寛《だいねいどうかん》という宋代の禅僧は、同じことを一言で、あっさり次のように言ってのけている。

問、「丹霞焼木仏、院主為甚麼眉鬚堕落?」曰、「賊不打貧児家」。(大慧『正法眼蔵』巻三上)[4]

問う、「丹霞、木仏を焼けるに、院主《いんじゅ》、為甚麼《なにゆえ》にか眉鬚《びしゅ》堕落せる?」曰く、「賊《ぞく》は貧児《ひんじ》の家を打たず」。(「院主」は寺の事務局長)

僧、「木仏を焼いたのは丹霞なのに、なぜ寺僧のほうに罰があたったのですか?」師、「ドロボウは貧乏人の家には入らない」。盗人に入られたほうは、盗られるだけのモノを家のなかに抱えこんでいたのだ、というのである。

趙州と丹霞焼仏

このように考えてくると、一見不可解な唐の趙州《じょうしゅう》の次の問答も、意外にすんなりその意味が読み解けそうである。

有官人問、「丹霞焼木仏、院主為什麼眉鬚堕落?」師云、「官人宅中変生作熟是什麼人?」云、「所使」。師云、「却是他好手」。(秋月龍珉『趙州録』禅の語録11、頁五三)

官人《かんじん》有りて問う、「丹霞、木仏を焼くに、院主、為什麼《なにゆえ》にか眉鬚《びしゅ》堕落せる?」師云く、「官人の宅中、生《しょう》を変じて熟《じゅく》と作すは是れ什麼人《なんぴと》ぞ?」云く、「所使《しょし》なり」。師云く、「却《かえ》って是れ他《かれ》こそ好手なり」。

ある役人が問うた、「木仏を焼いたのは丹霞なのに、なぜ寺僧のほうに罰があたったのでしょうか?」趙州、「お宅で煮炊きをしているのは、どういうお人ですか?」「使用人ですが……」。「ふむ、むしろ、そのお人のほうがウワ手ですな」。
「生を変じて熟と作す」は、ナマの食材に火を通す意。[5]唐代のことであるから、おそらく薪を燃やしての調理であろう。しかし、それをやる使用人が、丹霞の焼仏といったい何の関わりがあるというのか? だが、趙州は言う、「却是他好手——却って是れ他《かれ》こそ好手なり」。「却是~」は、逆に~のほうが、という言い方で、あなたではなくむしろ彼のほうが、という含みである。それをやっているお人は、あなたなどとは違って、なかなかのものだ、と言うのである。趙州の言はいずれも問いと無関係なようであり、しかし、なぜか、官人に手厳しい。

だが、ここに、さきの真覚大師の言を添えてみれば、趙州の意は明らかであろう。趙州からみれば、官人は「只だ〝仏〞を見しのみ」であり、煮炊きをしている使用人は、ただ「木頭を焼けり」なのである。この問答の真意は、使用人を称賛することではなく、「仏」を画き出そうとする官人の心を払い去ることにこそあった。頭の中で「仏」という聖なる「妄想」を奉じながらこんな禅問答のマネゴトなどやっておられる貴公より、日日ただ「木」を燃やしている下働きのお人のほうが、よほど丹霞の意を体しているのではありませぬか？——趙州はそう諷しているのである。[6]

『景徳伝灯録』や『宋高僧伝』のように寺僧の眉毛堕落のことを記さない本文では、丹霞焼仏の話の主役は丹霞であり、丹霞の「偶像破壊」がこの話の主題となる。天心や胡適がそのような趣旨でこの話を引いていたのは、その意味で、けっして不当ではない。

だが、宋代以降の文献でも『聯灯会要《れんとうえよう》』『五灯会元《ごとうえげん》』など、『祖堂集』と同じく寺僧の眉毛堕落を結論としてこの話を録しているものは珍しくなく、その記述をふまえた、「丹霞が仏を焼いたのに、なぜ寺僧の眉毛が落ちたのか」という問答も少なくない。その系統の本文に従えば、この話の真の主役は、丹霞よりもむしろ寺僧であった。その場合、この話は、寺僧が己れの心の画き出す聖なる「妄想」のなかに生きていたことが、はしなくも露呈した話だったのである。[7]

禅の特徴を説明するのに「偶像破壊」という語を用いることが誤りだというのではない。だが、その際は、すでに確固として存在する偶像を勇ましく破砕する、という意ではなく、ものごとを偶像視する意識がそもそも無い、という意にこの語を解さねばなるまい。偶像は希求の投影として、人の心が自ら作り出し、そして自らそれに縛られるものであろう。百丈懐海《ひゃくじょうえかい》（七四九—八一四）や臨済は、それを「無縄自縛《むじょうじばく》」とよんだ。唐代の禅者たちが問題にしていたのは、すでに作られてある偶像よりも、そうした偶像産出の意識——聖なる「妄想」を描きなす「意識の筆《ふで》子」——のほうなのであった。

三　牛頭の未だ四祖に見《まみ》えざりし時……

猶お這箇有り

以上のような考え方は、けっして丹霞焼仏の故事にかぎった特異なものではない。同様の考え方にしたがって、もうひとつ、四祖道信（五八〇―六五一）と牛頭《ごず》法融《ほうゆう》（五九四―六五七）の次の故事を読んでみたい。

師指後面云、「別有小庵」。遂引祖至庵所。繞庵唯見虎狼之類。祖乃挙両手作怖勢。師曰、「猶有這箇在」。祖曰、「適来見什麼？」師無語。少選、祖却於師宴坐石上書一仏字。師覩之竦然。祖曰、「猶有這箇在」。（『景徳伝灯録』巻四・牛頭章）

師〔牛頭〕後面《うしろ》を指《ゆびさ》して云く、「別に小庵《しょうあん》有り」。遂《かく》て祖〔四祖〕を引《みちび》きて庵所に至る。庵《いおり》を繞《めぐ》りては唯だ虎狼《ころう》の類《たぐい》を見るのみ。祖乃ち両手を挙げて怖《おそ》るる勢《さま》を作《な》す。師曰く、「猶お這箇《コレ》有り」。祖曰く、「適来《さきほど》は什麼《なに》をか見し？」師、無語。少選《しばらく》して、祖却って師の宴坐《えんざ》せる石上に於て一の「仏」字を書く。師、之を覩《み》て竦然《しょうぜん》たり。祖曰く、「猶お這箇有り」。

この時、法融は牛頭山中で長年ひとり坐禅にはげみ、すでに相当の悟境に到っていた。その気象を感知した四祖道信が法融のもとを訪れ、高い境地にありながらなお最後の一歩を詰めきれないでいた牛頭法融に、決定的な転機をもたらすという話である。

初対面の挨拶ののち、法融は自身の住まう小庵に四祖をいざなった。行ってみれば、周囲を虎や狼などの猛獣がとりまいている。四祖はそこで両手を挙げ、やれ、恐ろしや、という仕草をした。牛頭は言った、「まだ、コレがお有りとは」。それを聞いて四祖は言う、「今、何を見て、そう言ったのか?」牛頭、「……」。

しばしの後、牛頭が日々坐禅をしている石の上に、四祖がいきなり「仏」の一字を書きつけた。牛頭はそれを目にしておののいた。今度は四祖のほうがこう言った。「まだ、コレがお有りとは」[8]。

これも一見、意味不明のやりとりと見える。だが、さきの丹霞焼仏に関する考察とつづけて読めば、後半の趣旨はすぐ解る。石上に書かれた「仏」の一字に驚懼し戦慄する牛頭法融の姿は、まさしく、さきに引いた『二入四行論』の比喩そのままである。彼にはまだ「這箇《コレ》」がのこっていた。つまり、「仏」という「解《げ》を作し」、それを実体視し、神聖視し、そしてそのことに自ら呪縛される意識が。牛頭はいまだ何かを得られずにいたのではない。

なお「這箇」を捨てられずにいたのである。

では、前半の虎狼の話はどうか。師ほどのお方に「まだコレが有ろうとは」と、牛頭は言った。それが、猛獣への恐怖心を指していることは見やすい。だが、その一言は、四祖のほうの不足ではなく、むしろ牛頭のがわの不足を露呈させる結果となった。では、牛頭の何がいけなかったのか？　禅定のつみかさねによって道力を体し神通を発揮するという考え方は、中国仏教に伝統的なものである。そして鳥獣、とくに虎からなつかれるということは、そうした道力の現われとしてよく挙げられるものであった。今その例をひとつだけ、『高僧伝』から引いてみる。巻三に見える求那跋摩《ぐなばつま》（三六七？—四三一）の記録である。

この山にはがんらい虎の被害が少なくなかった。跋摩はそこに住してから昼も夜も出歩き、時には虎に出会うこともあったが、杖で頭をさすり、戯れてから立ち去った。かくして山路を旅する者も川筋を旅する者も往来に障害はなくなり、徳に感じて帰依する者が十人のうち七、八人にものぼった。

跋摩はある時、別室で禅定に入って何日も覚めないことがあった。寺の僧が沙弥に様子を見に行かせたところ、一頭の白い獅子が柱をよじ上り、空一面にびっしりと青い蓮華が生じている。沙弥はびっくりして大声で叫び、獅子を追いかけようとすると、からりと何も見えなくなった。その霊異のつかみどころのないこと、おおむねかくの

通りであった。（吉川忠夫・船山徹訳『高僧伝』一、岩波文庫、二〇〇九年、頁二八一／引用に当たって新たに改行を加えた）

この種の話は、高僧伝の類において実に枚挙にいとまない。かかる伝統から見れば、虎狼が自然に身のまわりを囲み、わずかもそれを恐れる心がない牛頭法融の姿は、山中での坐禅修行の功業の高さを示すものであり、文句なしに称賛されてよいものであった。現にそうした価値観から、『続高僧伝』巻二十六、『弘賛法華伝《ぐさんほっけでん》』巻三、劉禹錫《りゅううしゃく》「牛頭《ごず》山第一祖《さんだいいちそ》融大師新塔記《ゆうだいししんとうき》」などの法融の諸伝には、神蛇がその禅定の姿を見て静かに去ったとか、山中の虎の害が絶えたとか、鹿がその説法を聴きに通ってきたという故事が特筆されている。『景徳伝灯録』牛頭章の初めのほうにも、「後、牛頭《ごず》山幽棲寺《さんゆうせいじ》北巌の石室に入るに、百鳥華《はな》を銜《くわ》うの異《い》（鳥たちが花をくわえて供えに来るという奇瑞）有り」という記述が見える。かかる基準から看れば、猛獣への恐怖心をのこしている四祖などは、まだまだ修行が足らぬと言われてもしかたない。[9]

トラとネコ

だが、禅宗は、こうした伝統的な禅定観[10]――禅定力の蓄積による神異・奇瑞の発現――を拒絶し放棄するところから始まった。次の逸話は、これだけ見ればどこかのどかで微笑ましい気分も感じられるが、これを右の求那跋摩の記録と並べてみると、『高僧伝』的価値観に対する痛烈な風刺の意味がにわかに浮かびあがってくるようではあるまいか。唐代禅の基調を確立したとされる馬祖道一の弟子、帰宗智常《きすちじよう》（生没不詳）と南泉普願《なんせんふがん》（七四八―八三四）の逸話である。

師共帰宗行次、帰宗先行、師落後。忽見大蟲草裏出。師怕、不敢行、便喚帰宗。帰宗転来一喝、大蟲便入草。師問、「師兄見大蟲、似箇什摩?」帰宗云、「相似猫児」。師云、「与王老師猶較一線道」。帰宗却問、「師弟見大蟲、似箇什摩?」師云、「相似大蟲」。（『祖堂集』巻十六、頁七一四）

師（南泉）帰宗と共に行きし次《おり》、帰宗先《さき》に行き、師落後《おく》る。忽ち大蟲《とら》の草裏より出《いず》るを見る。師怕《おそ》れて、敢《あえ》て行かず、便ち帰宗を喚ぶ。帰宗転じ来りて一喝するや、大蟲便ち草に入る。師問う、「師兄《すひん》の大蟲を見るに、箇の什摩《なに》にか似たる?」帰宗云く、「猫児《ねこ》に相い似たり」。師云く、「王老師《われ》に猶お較《おと》ること一線道なり」。帰宗却って問う、「師弟《すてい》の大蟲を見るに、箇の什摩にか似たる?」師云く、「大蟲に相い似たり」。

南泉の章なので南泉を「師」と記しているが、帰宗のほうが「師兄」、すなわち兄弟子にあたる。「王老師」は、俗姓にちなんだ南泉の自称。そのふたりが連れだって歩いていた時のこと、帰宗が先をゆき、南泉が後からとぼとぼ歩いている。すると、なんと南泉の目の前に、虎がぬっと姿を現した。南泉は震えあがって動けない。大声で帰宗をよぶと、帰宗はとってかえし、虎にむかって大喝一声。トラはたちまち、草むらの内にひっこんだ。ようやく人心地ついた南泉が帰宗に問う、「師兄はトラを見ると、何のように見えますか?」「まあ、ネコみたいなものだな」。帰宗、いささか得意である。すると南泉、「では、このわしには、いま一歩及びませぬな」。自分は足がすくんで動けなかったくせに、何という言いぐさであろう。そこで帰宗は、たぶんムッとしながら、問いかえした。「なら、おぬしは虎を見たら、いったい何みたいに見えるのだ」。南泉いわく、「いかにもトラのように見えまする」[11]。――「這箇《コレ》」がのこっていたのは、帰宗のほうだったのであった[12]。

四祖にあう前とあった後

ここからふりかえって見れば、さきほどの四祖と牛頭の故事は、牛頭がなおとどめていた、禅定の功業から生ずる聖性や「仏」という観念に対する物神化の意識、それを四祖が捨てさせてやったという物語なのであった。おそらく、こうした伝承をふまえてであろう、やがて、四祖に会う前と会った後の牛頭の変化を問題にする問答がたびたび見られるようになる。具体的には、さきにふれた「百鳥華《はな》を銜《くわ》うの異有り」の記録をふまえつつ、「牛頭がまだ四祖に逢っていない時、なぜ鳥獣が華をくわえて供えに来たのか?」という問いと「では、逢った後には、なぜそれが来なくなったか?」という問いを、一対にして提起するものである。『景徳伝灯録』牛頭章の注はそれらのいくつかを列挙し「諸方に挙唱《こしょう》多く、備《つぶ》さには録す可からず（多すぎてとても一々は記録しきれない）」と書き添えている。今そのなかから、まず、解りやすい、唐の洞山良价《とうざんりょうかい》（八〇七―八六九）の例を引いてみる。


「牛頭の未だ四祖に見《まみ》えざりし時、為什麽《なにゆえ》にか鳥獣華《はな》を銜《くわ》えて供養に来《きた》る?」

「掌《たなごころ》に珠《たま》を観ずるが如く、意、暫《しば》しも捨てず（如掌観珠、意不暫捨）」

「見えし後、為什麽にか来らざる?」

「通身去也《ゆけり》（通身去也）」


「牛頭がまだ四祖に逢っていない時、なぜ鳥獣が華をくわえて供えに来たのでしょうか?」

「手のひらの上の宝珠を見つめつづけるように、心は一瞬も逸れることがなかった」

「では、逢った後には、なぜそれが来なくなったのでしょうか?」

「身ぐるみ去ってしまったのだ」

四祖に会う前、牛頭はわずかのスキもない高度の三昧《さんまい》に入っていた（だから、そこから生ずる聖性に感応して鳥獣が供養にやって来た）。四祖に会った後、彼は身ぐるみどこかへ行ってしまった（鳥獣が感応すべきものがそこに存在しなくなった。だから鳥獣も来なくなったのだ）。牛頭は四祖に逢って悟りを得たのではない。四祖との出逢いによって、悟りを忘れ得たのだというのである。

この一対の問いに答えた最初の例は、さきほどの虎の話の南泉普願である。『景徳伝灯録』は右の洞山の問答の前に南泉の次の問答を録している。


「牛頭の未だ四祖に見えざりし時、為什麼《なにゆえ》にか鳥獣華を銜えて供養に来る？」

「只だ、歩歩、仏《ほとけ》の階梯を踏みしが為なり（只為歩歩踏仏階梯）」

「見えし後、為什麼にか来らざる？」

「直饒《たと》い来らずとも、猶《な》お王老師《われ》に校《おと》ること一線道なり（直饒不来、猶校王老師一線道）」


「牛頭がまだ四祖に逢っていない時、なぜ鳥獣が華をくわえて供えに来たのか？」

「一歩一歩、仏の階段をのぼっていたからだ」

「では、逢った後には、なぜそれが来なくなったか？」

「来なくなったところで、このわしには、いま一歩及ばない」

後の答えは、さきほどの虎の話のときと同じ言い方である。一見すると、理由も証拠もなく、ただ、おれさまのほうが上だと能天気に威張っているように見える。しかし、そうではない。南泉がこのように言うとき、そこには、そこが終点だと思ってはならぬ、という意が込められている。悟りを終極としてはならない、だが、悟りを忘れ去ったところがさらに新たな終極として措定されてはならない。南泉は「それでも、まだ（猶）、わしにはわずかに及ばない」という言い方で、そのことを示唆しているのである。

また、前の問いにも、後の問いにも、同じく次のように答えた「一尊宿」があったという。

――賊は貧児の家を打たず（賊不打貧児家）。

「牛頭がまだ四祖に逢っていない時、なぜ鳥獣が華をくわえて供えに来たのでしょうか？」

「ドロボウは貧乏人の家には入らない」（入られたのは、盗られるようなものが家のなかにあったからだ）。「では、逢った後には、なぜそれが来なくなったのでしょうか？」「ドロボウは貧乏人の家には入らない」（盗るものが無ければ、ドロボウも入りようがないではないか）。

丹霞焼仏の話についてもこれと同じ語で答えた人があったことは、さきに見た。鳥獣が供養に来たのは、供養を受けるべき「這箇《コレ》」が牛頭の内面に有ったからであり、来なくなったのはそれが無くなっただけのことだ、というのであろう。

南泉と土地神

だが、南泉にも、実は、次のような失敗談があった。文中に見える「土地神《とちしん》」（禅門では「どじしん」とよみならわす）とは「土地爺」「土地公」などとも称されるその土地の守り神で、中国の民間諸神のなかでは最も格の低い卑近な神とされるものである（窪徳忠『道教の神々』講談社学術文庫、一九九六年、頁二五七）。

師擬取明日遊荘舎。其夜、土地神先報荘主。荘主乃預為備。師到、問荘主、「争知老僧来、排辦如此？」荘主云、「昨夜土地報道和尚今日来」。師云、「王老師修行無力、被鬼神覰見！」有僧便問、「和尚既是善知識、為什麼被鬼神覰見？」師云、「土地前更下一分飯」。（『景徳伝灯録』巻八・南泉章／景徳伝灯録研究会編『景徳伝灯録・三』禅文化研究所、一九九三年、頁一一四）

師、明くる日、荘舎《しょうしゃ》に遊ばんと擬《ほっ》す。其の夜、土地神《どじしん》、先に荘主《しょうしゅ》に報《しら》す。荘主乃ち預《あらかじ》め為に備う。師到りて、荘主に問う、「争《いか》でか老僧《われ》の来るを知りて、排辦《したく》すること如此《かくのごと》し?」荘主云く、「昨夜、土地、和尚の今日来《きた》らんことを報道《しら》せり」。師云く、「王老師《われ》修行無力、鬼神に覰見《うかがいみ》らるとは!」僧有りて便ち問う、「和尚既《すで》に是れ善知識なるに、為什麼《なにゆえ》にか鬼神に覰見らる?」師云く、「土地の前に更に一分の飯を下せ」。

南泉は心のなかで、明日はひとつ、荘園のようすでも看にゆくか、と思った。すると、その夜、土地神が、荘主(荘園の管理をする僧)にその旨を知らせるお告げを与えた。そこで荘主は前もって仕度をととのえ、南泉を迎えた。

南泉、「なぜわしが来ることがわかって、こんな仕度がしてあるのか?」

荘主、「昨晩、土地神のお告げがございました」

南泉、「ううむ、わしの修行もまだまだだ。鬼神ごときに心のうちをうかがい見られるとは……」

そこでひとりの僧が、すかさず南泉に問うた、

「和尚さまはれっきとした善知識であられますのに、なぜ、鬼神などに心のうちをうかがい見られるのです?」

南泉、「ええい、土地神にもう一膳、お供えの飯をくれてやれ!」

土地神が南泉のために便宜をはかってくれたわけで、これが高僧伝の類なら、さすがは南泉、鬼神までもがその徳に感じて加護を与えていたかとなるところである。だが、禅の語録では、そうならない。南泉はいたく嘆いた。「ああ、わしはまったく修行ができておらぬ！　鬼神なんぞに心のうちをうかがい見られようとは……」。

そこで、伴の者であろうか、ひとりの僧がすかさず問うた。「善知識であるはずの和尚に、なぜ、このようなことが？」南泉はおそらく、腹だたしげに言ったのであろう、「この土地神さまに、もう一膳、お供えの飯を足してやれ！」

来訪を予見されただけでも自分の失態だったのに、そのうえ弟子からこんな皮肉——僧の意図はともかく、南泉からすれば最も気分の悪い一問——を言われては、さらにもう一つ、恥の上塗りと認めるしかない。いまいましいが、しかたない、土地神にもう一つ供え物を追加してやれ！　さすがの南泉も、ここでは「猶お王老師《われ》に校《おと》ること一線道」とはいかなかったのであった。

カラスの柿供養

こんなふうに考えてくると、唐の潙《い》山霊祐《さんれいゆう》（七七一—八五三）とその弟子仰山慧寂《きょうざんえじゃく》（八〇七—八八三）の次の問答からも、文字面から想像されるのとは正反対の含意が読み取れそうである。『景徳伝灯録』の仰山の章に記されているので、仰山のほうが「師」と書かれているが、潙山が師匠で仰山が弟子である（禅籍の一般的な体例として、甲の語録では、甲が弟子として師に発言する場面も含めて、常に甲のことを「師」と表記する）。

潙山与師遊行次、烏銜一紅柿落前。祐（潙山）将与師、師接得以水洗了却与祐。祐曰、「子什麼処得来？」師曰、「此是和尚道徳所感」。祐曰、「汝也不得空然」、即分半与師。（『景徳伝灯録』巻十一・仰山章／『景徳伝灯録・四』禅文化研究所、一九九七年、頁一七九）

潙山、師（仰山）と遊行《ゆぎょう》せる次《おり》、烏《からす》、一紅柿《こうし》を銜《くわ》えて前に落す。祐（潙山）将《も》って師に与う。師接《うけと》り水を以て洗《あら》い了《おわ》るや却って祐に与う。祐曰く、「子《そなた》、什麼処《いずく》よりか得来《えきた》る？」師曰く、「此れは是れ和尚《おしょう》の道徳《どうとく》の感ずる所なり」。祐曰く、「汝《なんじ》も也《ま》た空《くう》然《ねん》たるを得ず」、即ち半《なかば》を分《わか》ちて師に与う。

潙山と仰山が、つれだって山歩きをしていた。すると一羽のカラスが、くわえていた真っ赤な柿を、二人の前に落とした。潙山はそれを、仰山にわたした。仰山は水で洗い、また潙山にわたした。

潙山、「君はこれをどこから得たのか？」

仰山、「ははっ、これは和尚さまの徳に感応して、もたらされたものにございます」
潙山、「しかし、おぬしも、何も無しというわけにはまいるまい」
そういうと、潙山は、半分を仰山に手わたした。

よく熟れた赤い柿が、歩いている師弟の目の前にポトリと落ちてきた。見れば、飛んでいたカラスがくわえていたものである。師は黙ってそれを拾い、弟子に与える。ほれ、貴公が食うがよい。弟子は水できれいに洗ってそれを師に返す。いえ、いえ、せっかくのみごとな柿、どうぞ老師がお上がりください。そこで師はあらためて問う、「君はこの柿をどこから恵まれたのか？」弟子は恭しく、「はい、和尚さまのお徳に感応して、もたらされたものにございます」。そこで師は、「しかし、そういうお前も、何も無しというわけにはまいるまい」、そう言うと柿を二つに割って、半分を弟子に与えた、という話である。偶然、目の前に落ちてきたうまそうな柿を、師弟が譲りあい、最後に仲良く分ちあった、そんな、ほのぼのとした、ちょっとイイ話のようである。

だが、右の一段には、玄沙師備《げんしゃしび》（八三五―九〇八）という後代の僧の、次のような寸評が付されている。

玄沙云く、大小《さし》もの潙山も仰山に一坐せられて、今に至るも起ち得《たえ》ず（大小潙山被仰山一坐、至今起不得）。

さすがの潙山も、ドスンと仰山の尻の下に敷かれ、今日に至るまで起ちあがれずにいる。つまり、潙山が弟子の仰山に、再起不能なほどの完敗を喫した話だというのである。右のやりとりでは、つねに潙山が主導的に話を進め、仰山は受け身で応答しているにすぎない。なのに、なぜ、このような評価になるのか？

カラスのほうは、重さのために、柿をくわえきれなかっただけであろう。だが、目の前にポトリと柿が落ちて来た時、潙山の脳裏に浮かんだのは、おそらく、かの四祖と牛頭の故事であった。鳥獣から供養を受けるなどとは、とんでもない。そこで、その柿を拾って仰山にわたす。ほれ、これは君のだ。だが、仰山は受け取らない。きれいに洗って、恭しく師に返す。いえいえ、何を仰せられます、これはほかでもない、老師の柿でございます。

そこで、潙山は問題を明言する、「君は、これをどこから得たか？」あくまでも君（子）にもたらされた柿として問題を立てようとしているようである。だが、仰山は受けつけない。「むろん、和尚さまの聖性のたまものです」。大まじめで丁寧な口調が、かえって小面憎い。潙山はムッとしながら言ったのであろう、「ふん、そういうお前（汝）だって何も無しというわけにはまいるまい」。鳥獣の供養など受けてしまったこの責めを、わし一人に負わせる気か。はじめ「子」という丁重な二人称で呼んでいたのが、ここではぞんざいな「汝」に変っている。そして潙山は柿を半分に分け、仰山に手わたした。では、連帯責任の痛み分けということで、この場はひとまず収めよう、と。

潙山から問題を提起し、そして潙山が自ら収拾した話のようである。だが、考えてみれば、事は、カラスのくわえていた柿が、たまたま目の前に落ちて来た、ただそれだけのはなしである。なのに、ただそれだけのことの上に、ことさら「聖性」の責任などという意味づけをし、そして自ら付したその意味に煽られて、その責任の所在をムキになって争ったりしたのは、いったい誰か……。仰山が余裕をもって受け流すほど、平地に波瀾をおこしてしまった潙山の大人げなさが際立ってしまう。ここで潙山は「聖性にとらわれてはならぬ」という理念にとらわれてしまっているのであり、玄沙はおそらくそこをとらえて、このような評価を付し、そしてその評価にもとづいて、この話は、終始受け身のように見える仰山の章のほうに記録されているのであろう。[13]

鳥獣から供養を受けるような「這箇《コレ》」があってはダメである。だが、「這箇」が無いことを証明しようと躍起になることは、かえって「這箇」を裏返しに実体化することにほかならない。「聖性」の獲得を終極としてはならない、だが、「聖性」の忘却が次なる終極となってもいけない。南泉も、仰山も、そう考えていたのであろう。

ている。

四　神通妙用　運水搬柴

第一節で引いた一段につづけて、胡適は大拙との論争の文章で、さらに次のように書いている。

だがそのような敬虔なる仏教徒たちには、永遠に中国の禅は理解できまい。そして彼らには馬祖のもう一人の弟子、龐居士《ほうこじ》が遺した次の言葉も理解できぬであろう。「但だ願わくは諸もろの所有《う》を空ぜよ、慎んで諸もろの所無を実とする勿れ」。これはかの名高き「オッカムのかみそり（Occam's razor）」、すなわち「存在は不必要に増加されてはならぬ」という一言にも比すべき鋭さと破壊力を具えた、真に見事な一句である。「非実在の事物を実体視してはならぬ」と説く龐老の言は、「龐のかみそり」あるいは「中国禅のかみそり」と称してよいものであろう。これによって中世の鬼神も仏菩薩も、また四禅も四無色定も六神通も、なにもかもすべてが斬りすてられ、打ち砕かれたのであった。これが八世紀の禅である。しかし、それは既に述べたように、もはやまったく禅でも何でもないものになっていた。これは仏教の中国的な改革ないし革命だったのである。

ここに引かれているのは、龐居士が臨終の際にのこした文字どおりの「末後の一句」であり、このあとに「好住《さらば》！　世間《せけん》は皆な影響《えいきよう》の如し」という句がつづいて終る。[14]すべては影や響きのような、実体無き空虚なものだというのである。だが同じ龐居士その人に、有名な次の句があったことも忘れることはできない。

神通并妙用　神通《じんずう》并《なら》びに妙用《みようゆう》
運水与搬柴　水を運びまた柴《まき》を搬《はこ》ぶ[15]

一切を空無と看るにもかかわらず、右のような語があったのではない。すべてを空無と看、自己の内外にいかなる聖性も定立せず、いかなる奇特の事も希求しない、だからこそ、取るに足りない平凡な日常の営みが、一つ一つありのままに肯《うけが》われる——それが唐代禅の論理であった。[16]胡適が「あからさまに偶像破壊的〔iconoclastic〕であり、さらには反仏教的でさえあった」という「保唐宗」の無住にも、次のようなことばがある。

道無形段可修、法無形段可証。只没閑、不憶不念、一切時中総是道。（柳田聖山『初期の禅史Ⅱ——歴代法宝記』禅の語録3、頁二七〇）

道は形段《すがたかたち》の修む可き無く、法は形段の証《さと》る可き無し。只没《ただ》に閑にして、不憶不念、一切時中総て是れ道なり。

道には修めるような姿形はなく、法にも悟るべき姿形はない。ただ「閑」であって、過去も思わず明日をも思わず、「一切時中総《すべ》て是れ道なり」――あらゆる時がすべて道なのである、と。唐代禅における激烈な聖性否定・偶像破壊の精神は、そのまま他愛もないような日常性の即自的肯定と表裏一体となっていたのであった。

＊本章は「唐代禅宗における「偶像破壊」精神について」（中国文史研究会『中国文史論叢』第八号・下定雅弘教授退休記念号、二〇一二年）に大幅な加筆を施して成った。

第二章　伝灯の系譜

第一章で述べたように、禅宗の重要な特徴として、系譜の宗教という一面がある。坐禅や問答がいかに重要であろうとも、また、それによっていかにみごとに悟りが開けようとも、それだけならば、個々人の解脱の方途とはなりえても、共通の信仰で結ばれた宗派や教団にはなりえない。禅が「禅宗」という一個の集団として存続し、つねに新たな天地へと伝播しつづけることができたのは、多数の禅者が、個々人の開悟・解脱にとどまらず、さらに伝法の系譜という共通の紐帯によって、時と処を超えながらひとつの「想像の共同体」をたもちつづけてきたからにほかならない。特定の教祖や聖典を戴かず、無数の祖師たちの系譜の総体に宗教的アイデンティティーの根拠を求めること、それは禅宗の、欠くべからざる特徴のひとつであった。[1]

禅門の伝承において、禅の歴史は、「師《し》資相承《しそうじよう》」「以《い》心伝心《しんでんしん》」の「伝灯《でんとう》」の系譜として語りつたえられてきた。師の心から弟子（資）の心へ、代々、直に、法が伝えられていったという語り方であり、「伝灯」というのは、その過程を一本の蠟燭からもう一本の蠟燭に灯火を伝えてゆくさまに喩えたものにほかならない。禅は自力門だとよく言われる。だが、禅宗の多くの物語が示しているのは、禅の悟りが個人の求道のみでは完結せず、必ず「師」と「資」、あるいは「資」どうしの間の、双方向の交流と激発によって達成されるということである。そして「資」として開悟し伝法された者は、今度は自身が「師」となって、さらに次の代の「資」に道を伝えてゆかねばならない。

いにしえの禅者たちが信じたのは、特定の教祖でも聖典でもなく、無限に延び拡がることの「伝灯」の系譜の総体であった。この系譜のうちの誰か一人の師から「印可《いんか》」を受けて法をつぐことは、そのままこの系譜の全体に繋がり、自らもこの「想像の共同体」の一員となることを意味した。この系譜の一部となることで、禅者は、自らの悟りの心がいにしえの祖師たちと同質かつ等価であることを、自らも信じ、人にも信じさせることができた。そして、そう信じている者どうしの間で一体感・連帯感をたもちつつ、同時に、相互の間の上下・親疎の関係を整合的に秩序だてることができた。宗教と系譜のむすびつきは禅に限ったことではあるまいが、少なくとも禅宗は、強い求心力と無限の遠心力を兼ねそなえた——過去に遡って一元的に由緒の正しさを証明しつつ、未来に向かってはどこまでも多元的に延び拡がってゆく方向性をもった——かかる「伝灯」系譜の柔構造ゆえに、言語・文化の境界を越えて、近世においては東アジア諸地域に、そして二十世紀には欧米諸国に、ひろく伝播しつづけることができたのであった。

こうした「伝灯」の系譜は、人名と人名を線でつなぐだけでなく、両者のあいだでおこった開悟と伝法の物語をともなって成り立っていた。それらの物語が史実でないことは、つとに禅宗史研究の常識となっている。だが、ここで重要なのは、それが史実であるか否かということではなく、そうした系譜の観念とそれに付随する無数の物語のうえにこそ、禅宗の伝統が成り立ってきたということである。禅門ではこの伝灯の系譜の枠組みにしたがって禅者たちの言行を集成した書物がいくつも編まれ、「伝灯録《でんとうろく》」「広灯録《こうとうろく》」「普灯録《ふとうろく》」などと題された。それらの書物を、日本の禅宗史研究者は「灯史《とうし》」、中国の学者は「灯録《とうろく》」と総称しているが、これらの書物によって系譜の観念が可視化され、禅門の伝統が支えられてきた意味は小さくない。この章では、禅の書物を読むための前提となる「伝灯」系譜の大枠を、敢えて旧来の伝承と古い通説にしたがって紹介してみたい。古めかしいようでも、禅の伝統は現にこのような枠組みの上にこそ成り立ってきたのである。かかる伝承が歴史的にどのように形成されていったかについては、のちに第四章であらためて考察したい。

一　西天二十八祖

拈華微笑

第一章でもふれたように、岡倉天心の『茶の本』は茶の湯の精神的なルーツとして道家と禅を挙げているが、そこで禅に関する記述は、次のように説き起こされている。

禅とは瞑想を意味するサンスクリット語「ディヤーナ」から出た名である。禅は、ひたすら瞑想を通して最高の自己実現に到達しうると主張する。瞑想は仏性に達する六つの道の一つであり、禅宗徒の断言するところによれば、釈迦《しやか》牟尼《むに》はその晩年の教えの中でこの方法をとくに力説し、その主要な弟子カーシャパ〔迦葉《かしよう》〕にその規則を伝えた。彼らの言い伝えによれば、禅の始祖迦葉はその奥義をアーナンダ〔阿難陀〕に伝え、アーナンダから順次にそれを祖師相伝していって、ついに第二十八代目菩提達磨《ぼだいだるま》に至った。菩提達磨は六世紀の前半に中国北部に渡り、中国禅宗の第一の始祖となった。これらの始祖とその教義の歴史については不確実なところが多い。……（桶谷秀昭訳、講談社学術文庫、一九九四年、邦訳頁四五、附録英文頁一八七／〔　〕内は訳者。引用に当たってふりがなを一部訂正）

ここにいうように、「伝灯」の系譜は、釈尊から摩訶迦葉への伝法を起点とする（その前にさらに「過去七仏《かこしちぶつ》」を列する伝承もある）。その伝法の因縁は「拈華微笑《ねんげみしよう》」とよばれる次のような物語であった。ところはインドの霊山《りようぜん》、すなわち、釈尊がいつも仏弟子たちを集めて説法をしていた、かの霊鷲山《りようじゆせん》である。

世尊昔在霊山会上、拈花示衆。是時衆皆黙然。惟迦葉尊者破顔微笑。世尊云、「吾有正法眼蔵、涅槃妙心、実相無相、微妙法門。不立文字、教外別伝。付嘱摩訶迦葉」。

（『無門関』第六則、禅の語録18、頁三七）

世尊《せそん》、昔、霊山会上《りょうぜんえじょう》に在《あ》りて、花《はな》を拈《と》りて衆《しゅ》に示す。是《こ》の時《とき》、衆皆《み》な黙然《もくねん》たり。惟《た》だ迦葉尊者《かしょうそんじゃ》のみ、破顔微笑《はがんみしょう》す。世尊云《いわ》く、「吾《われ》に正法眼蔵《しょうぼうげんぞう》、涅槃妙心《ねはんみょうしん》、実相無相《じっそうむそう》、微妙《みみょう》の法門《ほうもん》有り。不立文字《ふりゅうもんじ》、教外別伝《きょうげべつでん》。摩訶《まか》迦葉に付嘱《ふしょく》す」と。

釈尊が昔、霊鷲山での説法の際、一本の花を手にとってみなに見せた。みな黙りこんだままだったが、摩訶迦葉尊者だけが、ひとりにっこり微笑《ほほえ》んだ。釈尊は言われた、「わたしには、真理の核心、無上なる悟りの心、真実相であり且《か》つ無相である妙なる法門がある。それは文字を立てず、経典の外に別に伝えられるものだ。今、それを摩訶迦葉にゆだねる」と。

一本の花を介した沈黙と微笑のうちに、仏陀の、教えではなく、悟りの心そのもの――「正法眼蔵　涅槃妙心」――が迦葉にそっくり伝えられたという故事である。[2] こうして伝えられた心そのものは文字・言語で規定できないということから「不立文字」といわれ、文字で記された経典（「教」）の外で心から心に直《じか》に伝えられていったということから「教外別伝」「以心伝心」などと形容された。この時、伝法の証として、金襴の袈裟《けさ》があわせて迦葉に授けられたという伝承があり（『天聖広灯録』巻二・摩訶迦葉章）、その後の伝法にあたっては、その衣、または衣鉢《えはつ》（衣と応量器）が、伝法の証として代々伝授されていったとされている。漢語や邦語で師の学問や技芸の継承を「衣鉢をつぐ」などと表現するのは、禅宗のこの伝承に由来する。

西天二十八祖

こののち「西天《さいてん》」（インド）で、第一代の摩訶迦葉から第二代の阿難《あなん》へ、ついで阿難から第三代の商那和修《しょうなわしゅ》へと、代々、法と袈裟が伝えられていった。その後も、さまざまな因縁をへて伝法が重ねられ、やがて第二十八代の菩提達磨まで伝わった（達磨は、唐代の文献では「達摩」、宋代以降は「達磨」と書かれることが多い）。このように釈尊以来の「正法眼蔵、涅槃妙心」を「以心伝心」で伝えていった代々の人々を「祖師《そし》」とか「仏祖《ぶっそ》」とよぶ。各代の「祖師」「仏祖」は、みな釈尊と同じ「仏」なのである。西天では二十八代にわたって伝法が行われたことから、これを「西天二十八祖」と総称する。

二　東土六祖

祖師西来

西天の第二十八祖、菩提達磨は、師の命をうけ、その法を伝えるべく震旦《しんだん》（神丹）、すなわち中国にやって来た。

達磨遥観此土有大乗根器、遂泛海得得而来、単伝心印、開示迷塗、不立文字、直指人心、見性成仏。（『碧巌録』第一則・本則評唱／入矢義高・溝口雄三・末木文美士・伊藤文生訳注『碧巌録（上）』岩波文庫、一九九二年、頁三八）

達磨遥《はる》かに此《こ》の土《ど》（中国）に大乗《だいじょう》の根器《こんき》有るを観て、遂《かく》て海を泛《わた》りて得得《とくとく》として来《きた》り、心印《しんいん》を単伝《たんでん》して、迷塗《めいと》に開示《かいじ》し、文字《もんじ》を立てず、直《じき》に人心《にんしん》を指《さ》して、見性成仏《けんしょうじょうぶつ》せしむ。

達磨は中国に大乗の資質があることを見て、海を渡ってはるばるとやって来た。ただひとり悟りの心を伝え、迷える者たちに開示した。文字を立てず（「不立文字」）、直に人の心を指し示し（「直指《じきし》人心《にんしん》」）、己《おの》が本性を見て仏と成らせたのである（「見性成仏」）。「直指人心」は文字を介さず直截に人の心を指さす意、「見性成仏」は自己の本性を見て仏と成る、ということである。一見、二つのことのようだが、実は、一つのことである。そこには人の心こそが仏であり、人はみな仏としての本性を具えている、という大前提がある。そうした本性のことを「仏性」ともいう。「直指人心、見性成仏」とは、もともと仏である各自の心をずばりと「直指」し、各人に自身の仏性を見させて仏と成らせる——実はもともと仏であったという事実に立ち返らせる——というわけである。達磨の絵のかたわらには、よくこの「直指人心、見性成仏」の一句が書き添えられている。

　達磨が中国にやって来たのは、南北朝の時代だったとされている。伝説によれば、達磨は船で海を渡って広東の港から上陸し、まず南朝の都である建康《けんこう》（今の南京）に赴いて梁《りょう》の武帝《ぶてい》と対面した。

> 達磨初見武帝。帝問、「朕起寺度僧、有何功徳?」磨云、「無功徳」。（『碧巌録』第一則・本則評唱／岩波文庫、上、頁四〇）
>
> 達磨、初めて武帝に見《あ》う。帝問う、「朕《ちん》、寺を起て僧を度《ど》す、何の功徳《くどく》か有る?」磨云く、「無功徳《むくどく》」。

達磨がはじめて梁の武帝に会った時のこと。武帝が問うた、「朕は寺院を建立し、人々を出家させた。どのような功徳が有るだろうか？」達磨、「功徳など無い」。出家者は納税や徭役《ようえき》などの義務が免除されるため、いにしえの中国では、朝廷が出家者の人数や資格を厳しく管理・制限していた。しかし、熱心に仏教を信仰し「仏心天子《ぶっしんてんし》」などもてはやされていた梁の武帝は、惜しみなく財貨をつぎこんで寺塔を建立し、多数の人々の出家を気前よく認めていた。むろん、その功徳によって大きな利益《りやく》がもたらされると信じてのことである。だが、その期待に対して、達磨の答えはニべもないものだった。

——「無功徳《むくどく》」

何の功徳も有りはしない、と。

達磨と武帝の間には、さらに次のような問答も伝えられている。

梁武帝問達磨大師、「如何是聖諦第一義？」磨云、「廓然無聖」。帝曰、「対朕者誰？」磨云、「不識」。帝不契、達磨遂渡江至魏。……（『碧巌録』第一則・本則／岩波文庫、上、頁三六）

梁の武帝、達磨大師に問う、「如何《いか》なるか是《こ》れ聖諦第一義《しょうたいだいいちぎ》？」磨云く、「廓然無聖《かくねんむしょう》」。

帝曰く、「朕に対する者は誰《たれ》ぞ?」磨云く、「識《し》らず」。帝、契《かな》わず、達磨遂て江《こう》を渡りて魏《ぎ》に至る。……


梁の武帝が達磨大師に問う、「聖なる真理とは如何なるものか?」

達磨、「からんとして、聖もなにも無い」

「しからば朕に対面しているのは、何者か?」

「識《し》らぬ」

武帝は機縁《きえん》かなわなかった。達磨はそのまま長江を渡って北魏《ほくぎ》に行った。

「聖諦第一義」とは、世俗を超えた聖なる根本的真理のこと。武帝は仏教を崇拝するだけでなく、自ら仏典の講義をするほどであった。武帝のこの質問は自らの知識を誇ろうとしてか、あるいは西天から来たばかりの僧から最新の教義を聴こうとしたものか。いずれにせよ、それに対する達磨の答えは、またしてもとりつくシマのない冷ややかなものだった。

――「廓然無聖」――からんと空虚で、聖も何も存在しない。「廓然」は乾いたからっぽの空間が、空しくはてしなくひろがっている感じを表す擬態語である。

武帝は気色ばんで問い返した――「朕に対する者は誰ぞ?」。ならば、こうして朕に対面しているのは、何者か？　そういう汝自身が、現に聖なる者としてここに立っているではないか！　だが、達磨の答えは、いっそうソッケないものだった。

――「不識《ふしき》」

そのような者は、見も知らぬ。「識」には、単に知識や情報として知っているのでなく、直に見知っている、顔見知りである、という語感がある。あなたの問うているような者は、顔を見たこともない。

かくして機縁かなわず、達磨は長江を渡り、北魏の地へと向かった。その際、達磨が蘆《あし》の葉にのって長江を渡ったという伝説があり、後世「蘆葉《ろよう》の達磨」と称される画題となった。足下に細長い葉のようなものを描いた達磨図が、それである。

その後、達磨は洛陽《らくよう》の近くの嵩山少林寺《すうざんしょうりんじ》におちつき「面壁九年《めんぺきくねん》」、九年間、壁にむかったまま黙然と坐禅をつづけた。人々は達磨のことを「壁観《へきかん》の婆羅門《ばらもん》」とよんだという（『景徳伝灯録』巻三・菩提達磨章、『碧巌録』第一則・本則評唱）。

慧可断臂

やがて神光《しんこう》という名の中国僧が、深い悩みを抱えて達磨のもとを訪れる。その時のことを、たとえば『碧巌録』第九十六則・頌評唱が大略次のように語っている――

その頃、神光という名の僧が洛陽のあたりで学問に励んでいた。道を求めてあまねく群書を読みあさったが、得心がいかない。少林寺に達磨がいると聞き、朝夕たずねていって道を問うたが、しかし、達磨は面壁したまま何も語ってはくれなかった。

その後、十二月八日の成道会《じょうどうえ》の日に釈尊求道の辛苦のさまを思いかえした神光は、翌九日の大雪の夜、決死の覚悟で達磨のもとを訪れた。夜通し石段の下に立ち尽くし、やがて雪は膝のうえまで降り積もった。

そこでようやく声をかけた達磨に、神光は涙ながらに道を乞うた。しかし、達磨はなおも非情に突き放した。「諸仏の道は行じ難きを行じ、忍び難きを忍ぶもの。賢《さか》しらや慢心で得られるものではない」。すると神光は刀を取り出し、自らの左腕を断ち切ってぐいと差し出した。達磨はようやくその機根を認め、問いかけた。


遂問曰、「汝立雪断臂、当為何事?」二祖曰、「某甲心未安。乞師安心」。磨云、「将心来、与汝安」。祖曰、「覓心了不可得」。達磨云、「与汝安心竟」。(『碧巌録』第九十六則・頌評唱/岩波文庫、下、一九九六年、頁二二〇)

遂《かく》て問う、「汝、雪に立ち臂《うで》を断《た》つは、当《は》た何事の為ぞ?」二祖曰く、「某甲《それがし》、心《こころ》、未《いま》だ安《やす》らかならず。乞《こ》う師《し》、心を安んぜよ」。磨《ま》曰く、「心を将《も》ち来《きた》れ。汝《なんじ》が与《ため》に安んぜん」。祖《そ》曰く、「心を覓《もと》むるも了《つい》に不可得《ふかとく》」。達磨云く、「汝が与《ため》に心を安んじ竟《おわ》れり」。

「雪の中に立ち、腕を断ち切るのは、いったい何事の為か?」

「わたくしは心が安らかでありません。どうか師よ、この心を安らかにしてください」

「ならば、その〝心〟をもってまいれ。安んじてやろう」

「心を探し求めましたが、まったく捉えることができませぬ」

「ふむ、これで、汝のために心を安らかにしおわった」

これを機に神光は悟りを得て達磨の法をつぎ、名を「慧可《えか》」と改めたのであった（慧可も、唐代には多く「恵可」、宋代以降は多く「慧可」と書かれる）。

西天四七　唐土二三

雪舟《せっしゅう》の絵でも有名な、「慧可断臂《だんぴ》」の故事であるが、「臂《ひ》」は「ひじ」ではなく、漢語で「うで」のこと（中国語では「鉄腕アトム」を「鉄臂阿童木」、「手長ザル」を「長臂猿」という）。

かくして菩提達磨は中国の初祖、慧可は第二祖となり、以下、「初祖達磨―二祖慧可―三祖僧璨―四祖道信―五祖弘忍―六祖慧能」と伝法が重ねられていった（慧能も唐代は多く「恵能」、宋代以降は多く「慧能」と表記される）。これをさきの「西天二十八祖」とあわせて「西天二十八祖、唐土（東土）六祖」あるいは「西天四七《ししち》、唐土（東土）二三《にさん》」などと総称する。達摩が両方に重複して数えられているので、合計は三十三人となる。道元《どうげん》（一二〇

〇—五三）はいう、

仏仏正伝の衣法《えほふ》、まさに震旦《しんだん》に正伝することは、少林の高祖のみなり。高祖はすなはち釈迦牟尼仏より第二十八代の祖師なり。西天《さいてん》二十八代、嫡嫡《ちやくちやく》あひつたはれ、震旦《しんだん》に六代、まのあたりに正伝す。西天東地都盧《とろ》三十三代なり。（『正法眼蔵』伝衣／水野弥穂子校注『正法眼蔵（二）』岩波文庫、一九九〇年、頁二四七）

仏から仏へと正しく伝えられた袈裟と法、それを震旦《しんたん》（中国）へ正しく伝えたのは、少林寺の高祖（菩提達摩）にほかならない。高祖は釈迦牟尼（世尊）から第二十八代にあたる祖師《そし》である。西天の二十八代にわたって代々相承され、震旦の六代にわたって現に相伝されてきた。かくて西天・東土、あわせて三十三代となるのである。

南能北秀　南頓北漸

唐土の第六代たる六祖慧能について、鈴木大拙は、次のように書いている。

菩提達摩から六代目の祖師慧能（六三七—七一三）が、中国の禅の実際上の開祖であった。すなわち、慧能およびその直弟子たちによって、禅ははじめてインドから借用した衣服を脱ぎ捨てて、みずからの手で裁断し、縫いあげたものを着用できるようになった。禅の精神は、もちろん、仏陀から脈々と受けつがれて中国に渡ったものと同じであったが、その表現の形は完全に中国的であった。つまりそれは、かれらがみずから創造したものであった。（「禅と仏教一般との関係」／工藤澄子訳『禅』ちくま文庫、一九八七年、頁一一八）

達磨の西来によってもたらされた禅が、中国的に咀嚼《そしやく》され血肉化されたのが六祖慧能からだという、すこぶる高い評価である。慧能が五祖のあとをついで「六祖」となったことについては、有名な物語があるが、あまりに長くいりくんでいるので、ここでは後代の類書（元の『禅林類聚』）によってその梗概を紹介する。[3] 慧能は文化はつる「嶺南《れいなん》」の地（「五嶺」という山なみの南。今の広東省や広西チワン族自治区の一帯）の出身とされ、しかも貧しく無学で文字の読み書きもできず、当時、漢民族から蔑視を受けていた少数民族「獦獠《かつりよう》」の出身だったとも伝えられている。

六祖大師、家貧売薪養母。因往五祖求法。祖問、「汝自何来？」師云、「嶺南来」。祖云、「欲須何事？」師云、「唯求作仏」。祖云、「嶺南人無仏性。若為得仏？」師云、「人有南北、仏性豈然！」祖知異器乃訶云、「著糟廠去」。師遂入碓坊、腰石舂米。

因五祖示衆索偈、欲付衣法。堂中上座神秀大師呈偈、云、「身是菩提樹　心如明鏡台　時時勤払拭　莫遣惹塵埃」。師聞乃和之、云「菩提本無樹　明鏡亦非台　本来無一物　何処惹塵埃」。祖黙而識之。夜呼師入室、密示心宗法眼、伝付衣鉢、令渡江過大庾嶺、南帰曹渓、開東山法門。（『禅林類聚』巻八・祖偈）

六祖大師、家《いえ》貧しく、薪《まき》を売りて母を養う。因《ちな》みに五祖に往《ゆ》きて法を求む。祖〔五祖〕問う、「汝《なんじ》、何《いず》くより来《きた》る？」師〔六祖〕云く、「嶺南《れいなん》より来る」。祖云く、「何事《なにごと》をか須《もと》めんと欲す？」師云く、「唯《た》だ仏《ほとけ》と作《な》ることを求むるのみ」。祖云く、「嶺南の人、仏性《ぶつしょう》無し。若為《いか》んが仏を得ん？」師云く、「人には南北《なんぼく》有り、仏性豈《あ》に然《しか》らんや！」祖、異器《いき》なるを知り乃《すなわ》ち訶《か》して云く、「糟廠《そうしょう》に著《つ》き去《ゆ》け」。師、遂《かく》て碓坊《たいぼう》に入《い》り、石を腰にして米を舂《つ》く。

因みに五祖、衆《しゅ》に示して偈《げ》を索め、衣法《えほう》を付《さず》けんと欲す。堂中《どうちゅう》の上座《じょうざ》、神秀大師《じんしゅうだいし》、偈を呈す。云く、「身は是《こ》れ菩提《ぼだい》の樹《き》　心《こころ》は明鏡《めいきょう》の台《うてな》の如《ごと》し　時時《じじ》に勤《つと》めて払拭《ほっしき》し　塵《じん》埃《あい》を惹《ひ》かしむる莫《なか》れ」。師聞《き》きて乃ち之に和《わ》す。云く「菩提本より樹無し　明鏡も亦《ま》た台に非《あら》ず　本来無一物《ほんらいむいちもつ》　何《いず》れの処《ところ》にか塵埃を惹かん」。祖黙《もく》して之《これ》を識《し》る。夜、師を呼びて入室《にっしつ》せしめ、密《ひそ》かに心宗《しんしゅう》の法眼《ほうげん》を示し、衣鉢を伝付《でんぷ》す。江を渡り大庾嶺《だいゆれい》を過ぎ、南のかた曹渓《そうけい》に帰りて、東山法門《とうざんほうもん》を開かしむ。

六祖慧能大師は、家が貧しく、薪売りをして母を養っていた。縁あって、法を求めるため、はるばる五祖弘忍禅師のもとをたずねた。

五祖、「どこからまいった?」

慧能、「嶺南よりまいりました」

「何を求めてまいった?」

「仏となること、ただその一事のみにございます」

「嶺南の人間には仏性が無い。どうして仏になどなれよう」

「人には南北の別がございます。しかし、仏性がそのようでありましょうか?」

五祖は慧能がただものでないことを看ぬき、それゆえわざと「作業場に行って働け」と叱りつけた。慧能は作業小屋に行き、腰に石をくくりつけて米搗《こめつ》きをした。

あるとき五祖は修行僧たちに告げた、世尊以来の袈裟と正法を授けるゆえ、偈《うた》を作って提出するように、と。そこで門下の首席、神秀大師が偈を提示した——

身是菩提樹　　身は是れ菩提の樹
心如明鏡台　　心は明鏡の台の如し
時時勤払拭　　時時に勤めて払拭し

莫遣惹塵埃　塵埃を惹かしむる莫れ

この身は菩提《さとり》の樹
心は澄みし鏡《かがみ》の台
つねに怠りなく　拭き清め
塵ほこり　つかせることのなきように

慧能はこれを耳にし、合わせて次の一首を作った――

菩提本無樹　菩提本より樹無し
明鏡亦非台　明鏡も亦た台に非ず
本来無一物　本来無一物
何処惹塵埃　何《いず》れの処《ところ》にか塵埃を惹かん

菩提《さとり》には樹など無い
澄みし鏡の台でもない
本来無一物

どこに　塵ほこりなどありえよう

五祖は黙ったまま、その深意を知った。夜、慧能を室内に呼び、ひそかに法の核心を告げ、伝法の証である衣鉢を授けた。そして、長江をわたり、大庾嶺を越え、南方の曹渓の地に帰ってわが「東山法門」を開示せよ、そう命ぜられたのであった。

最後に見える「東山法門」は、五祖弘忍の一門を指す。彼らは蘄州黄梅《きしゅうおうばい》（今、湖北省）の双峰山《そうほうざん》に定住し、大規模な集団による修行生活を営んでいたと伝えられる。

かくして慧能は「六祖」となり、達磨以来の法と袈裟を受け伝えた。この後、禅宗は六祖慧能の「南宗《なんしゅう》」と神秀の「北宗《ほくしゅう》」という二つの系統に分かれたとされ、前者が正統とされるようになる。「南宗」は「頓悟《とんご》」（段階をふまない瞬時の直観的悟り）、「北宗」は「漸悟《ぜんご》」（持続的修行による段階的・漸進的な悟り）を、それぞれ旨とするものとされ、そこから「南能北秀《なんのうほくしゅう》」「南頓北漸《なんとんほくぜん》」などの成語が生まれた。上に引いた慧能の物語は『六祖壇経』[4]という書物に慧能の自述という形式で詳しく書き記され、ひろく人口に膾炙した。

三「南宗」の正統——南岳系と青原系

南岳と青原

その後、六祖慧能の下に、南岳懐譲《なんがくえじょう》と青原行思《せいげんぎょうし》（？―七四〇）の二大弟子が出、さらに南岳の下に江西の馬祖道一《ばそどういつ》、青原の下に湖南の石頭希遷《せきとうきせん》（七〇〇―七九〇）が出て、それぞれの門下から多数のすぐれた禅者が輩出して唐代禅の黄金時代が現出したとされている。

大拙は六祖の偉大さを詳しく説いた後で、次のように語っている（文中「嶽」は「岳」の旧字）。

> しかしながら、本当に中国化したというのは、六祖においてもまだいくらかインド臭はあったが、それから後に至って出て来たところの、一方には青原行思という人、また一方には南嶽懐譲という人、この二人が禅宗というものを非常に発達させる縁になった。この二人のほかにも沢山の禅者が、そのころいたのであるが、この二人の系統が続いて今日までである。ことに南嶽懐譲という人からは、馬祖道一という人が出ている。この人から禅が異常な発達をなしたのである。禅は六祖でまず一転化し、それから馬祖に至って、も一遍一転化さしたのである。こういう風に見てよかろうと思う。……そしてこの南嶽の下に馬祖道一があったごとく、青原行思の下に石頭希遷という人が出た。この二人が出て、江西湖南地方に大飛躍をした。そこで中国の禅は確立し

たのである。(『禅とは何か』角川ソフィア文庫、一九九九年改版、頁二四五)

かくして盛時の禅の歴史は、「南岳―馬祖」系と「青原―石頭」系の二つの主流の歴史として、回顧され憧憬されるようになった。いわゆる「灯史」の類も、全体を南岳系と青原系に二分し、そのうえで、それぞれの「伝灯」の系譜を記してゆくのを通例とする。ちなみに「江湖《ごうこ》」という漢語は、大きな河川や湖沼という意味から、あるいは天下や世間を指し(いわゆる渡世人のことを中国語で「江湖人」とか「江湖客」という)、あるいは人間社会から離れた隠遁・隠棲の地を指すが、日本の禅門ではこの語をしばしば、「江西」の馬祖と「湖南」の石頭を中心とするひろい禅の世界という意味で使っている。

磨磚作鏡

南岳から馬祖への伝法については、次のような故事が語り伝えられている。文中に見える「甎《せん》」(「磚《せん》」「塼《せん》」とも書かれる)は、簡単に「かわら」と訓読みされることもあるが、屋根瓦でなく、「れんが」や「敷きがわら」の類である。

在庵中坐次、譲和尚問曰、「在遮裏作什麼?」師曰、「坐禅」。譲曰、「坐禅図什麼?」師曰、「図作仏」。譲有間取甎、於庵前磨。師曰、「磨甎作什麼?」譲曰、「磨甎作鏡」。

師曰、「磨甎豈得成鏡？」讓曰、「磨甎既不成鏡、汝坐禅豈得成仏？」師悚然、起立問曰、「如何即是？」讓曰、「汝若坐禅、禅非坐臥。汝若坐仏、仏非定相。譬人駕車、車若不行、打車即是？　打牛即是？」師忽頓悟。侍奉十年、日益微奥。後在江西、随処伝正法眼。（『建中靖国続灯録』巻一・江西馬祖道一章）

庵中《あんちゅう》に在りて坐《ざ》せる次《おり》、讓《じょう》和尚（南岳懐譲）問うて曰く、「遮裏《ここ》に在りて什麼《なに》をか作《な》す？」師曰く、「坐禅《ざぜん》」。讓曰く、「坐禅して什麼をか図《はか》る？」師曰く、「作仏《さぶつ》を図る」。讓、有間《しばし》して甎《しきがわら》を取り、庵の前に於て磨《みが》く。師曰く、「甎を磨きて什麼をか作す？」讓曰く、「甎を磨きて鏡《かがみ》と作す」。師曰く、「甎を磨きて豈《あ》に鏡と成るを得んや？」讓曰く、「甎を磨きて既《すで》に鏡と成らざるに、汝《なんじ》坐禅して豈に仏と成るを得んや？」師悚然《しょうぜん》とし、起立して問うて曰く、「如何《いか》にせば即ち是《よ》き？」讓曰く、「汝若《も》し坐禅せば、禅は坐臥《ざが》に非ず。汝若《も》し坐仏なれば、仏は定相《じょうそう》に非ず。譬《たと》えば人の車《くるま》を駕すに、車若し行かざれば、車を打つが即ち是きか？　牛を打つが即ち是きか？」師忽《たちま》ち頓悟《とんご》す。侍奉《じほう》すること十年、日び微奥《びおう》を益《ま》す。後《のち》、江西《こうぜい》に在りて、随処に正法眼《しょうぼうげん》を伝う。

馬祖が庵《いおり》で坐禅しているところへ、南岳懐譲禅師が問いかけた。

「ここで、何をしておる？」

「坐禅です」

「坐禅して何をめざす？」

「はい、仏に成ることでございます」

しばしののち、懐譲は甎《せん》（しきがわら）を手に取り、庵の前で磨き始めた。

馬祖、「甎など磨いて、どうなさいます？」

南岳、「うむ、鏡にするのだ」

「甎を磨いて、どうして鏡になど成り得ましょう？」

「甎を磨いても鏡に成らぬのに、どうして、おぬしが坐禅すると仏になれるのだ？」

馬祖は戦慄し、立ち上がって問うた。「で、では、どうすれば……？」

懐譲は説く、「坐禅すると申すなら、禅そのものは、坐っているか臥《ね》ているかとは関わりない。坐仏であると申すなら、仏には決まった姿かたちなどありはしない。人が牛車を進めているとしよう。車が動かなくなった時、さあ、車を打つがよいか、牛を打つがよいか？」

馬祖はそこで、ハッと悟った。それから十年、懐譲禅師にお仕えし、日々、玄妙を究めていった。のち、江西の地のいたるところで、「正法眼」を伝えたのであった。

尋思去

いっぽう青原から石頭への伝法については、次のような故事が伝えられている。六祖の最晩年にその下で沙弥《しゃみ》（小僧）になっていた石頭希遷が、六祖の没後、その遺命によって兄弟子の青原行思をたずねて行って開悟するという話である。ここでは六祖ののこした「尋思去《じんしこ》」の一句が、漢語で「尋思してゆく」（すじみちに沿ってふかく考えてゆく）という意味と「思を尋ねてゆく」（行思という人をたずねてゆく）という意味の二重の意味にとれることが、物語の鍵になっている。

六祖将示滅、有沙弥希遷（即石頭和尚）問曰、「和尚百年後、希遷未審当依附何人？」祖曰、「尋思去」。及祖順世、遷毎於静処端坐、寂若忘生。第一座問曰、「汝師已逝、空坐奚為？」遷曰、「我稟遺誡、故尋思爾」。座曰、「汝有師兄思和尚、今住吉州。汝因縁在彼。師言甚直、汝自迷耳」。遷聞語、便礼辞祖龕、直詣静居参礼。師曰、「子何方来？」遷曰、「曹谿」。師曰、「将得甚麼来？」曰、「未到曹谿亦不失」。師曰、「若恁麼、用去曹谿作甚麼？」曰、「若不到曹谿、争知不失？」（『五灯会元』巻五・青原章）

六祖将《まさ》に示滅《じめつ》せんとするに、沙弥《しゃみ》希遷なる有り（即ち石頭和尚）、問うて曰く、「和尚百年後、希遷《それがし》、未《いま》だ審《しら》ず、当《まさ》に何人《なにびと》にか依附《えふ》すべき？」祖曰く、「尋思去」。祖の順世するに及び、遷、毎《つね》に静処《じょうしょ》に於て端坐《たんざ》し、寂として生を忘るが若《ごと》し。第一座《だいいちざ》問うて曰く、

「汝が師、已《すで》に逝《ゆ》けるに、空《むな》しく坐して奚《なに》をか為す？」遷曰く、「我れ遺誡《ゆいかい》を稟《う》く、故に尋思する爾《のみ》」。座曰く、「汝に師《す》兄《ひん》思和尚なる有り、今、吉州に住す。汝が因縁《いんねん》、彼《かしこ》に在り。師の言、甚だ直《じき》なるに、汝自《みずか》ら迷いし耳《のみ》」。遷、語を聞くや、便ち祖龕《そがん》に礼辞し、直《じき》に静居《じょうご》に詣《いた》りて参礼《さんらい》す。師曰く、「子《そなた》、何方《いずかた》より来《きた》る？」遷曰く、「曹谿なり」。師曰く、「甚麼《なに》をか将《も》ち得て来る？」曰く、「未《いま》だ曹谿に到らざるも亦《な》お失わず」。師曰く、「若《も》し恁麼《しか》らば、曹谿に去《ゆ》くを用いて甚麼《なに》をか作《な》す？」曰く、「若し曹谿に到らざれば、争《いかで》か失わざるを知らん？」

六祖がまもなく遷化されようという時、希遷という名の沙弥（すなわち後の石頭禅師）がおたずねした、「和尚さま亡き後、わたくしは、いったいどのようなお方につけばよろしゅうございましょう？」六祖は「尋思去」と仰せられた。

六祖が身まかられた後、希遷はいつも静かな処で坐禅し、まるで生きることを忘れたかのごとき寂滅のさまであった。そこで首座《しゅそ》が問う、「老師はすでに亡くなられたというに、空しく坐してどうするのだ？」希遷、「老師の遺されたお教えにしたがえばこそ、こうしてただ〝尋思〟しているのです」。首座、「おぬしには思和尚（行思）という兄弟子があって、今、吉州に住持しておられる。おぬしの因縁は、そこにある。老師がたいそう直截《ちょくせつ》に仰せられたのを、おぬしが勝手に取り違えておるだけだ」

希遷はその言葉を聞くと、ただちに六祖の墓塔に礼拝して別れを告げ、まっすぐ吉州の静居寺に参上した。

青原、「そなた、どちらよりまいられた?」

希遷、「曹谿(の六祖のところ)でございます」

「そこから何を持って来た?」

「曹谿に行く前から、何も失ってはおりませぬ」

「ならば、わざわざ曹谿になど行ってどうする?」

「曹谿に行っていなかったら、どうして、何も失っていなかったことが解りましょう」

四　一日作さざれば、一日食わず

百丈と清規

かくして釈尊から達摩をへて六祖まで一筋に伝わってきた法は、六祖の下で「南岳―馬祖」と「青原―石頭」の二系統に分かれ、そして馬祖と石頭の門下にそれぞれ多数のすぐれた禅者が登場して唐代禅の隆盛がもたらされたとされている。タテひとすじに伸びるものであった「伝灯」の系譜はここからヨコに広がるものにかわってゆく。

「馬祖より八十四人の善知識《ぜんちしき》出たり」（『天聖広灯録』巻八・百丈章に見える潙山の語）などといわれるほど、馬祖には数多くの弟子があったが、そのなかのひとりに百丈懐海《ひゃくじょうえかい》という人があった。中国や日本の禅院で、しばしば達磨などとともに禅門の最重要の祖師の一人として像が祀られたり、「百丈忌」という法要が営まれたりしているのを見ることがある。百丈がそのように突出した扱いをされるのは「清規《しんぎ》」という禅宗独自の規範を確立した祖師と信じられているからである。『茶の本』にいわく、

> 今日われわれが知っているような禅を最初に説いたのは中国の六代目の祖師慧能《えのう》（六三八年―七一三年）にちがいない。彼は、南方中国に幅をきかせていた事実からそう呼ばれた「南方禅」〈Southern Zen〝南宗《なんしゅう》禅〟〉の開祖である。慧能のすぐあとを継いだのは馬祖（七八八年歿）で、中国人の生活に禅の生きた感化を及ぼした。馬祖の弟子百丈（七二〇年―八一四年）は、はじめて禅叢林《そうりん》を創設し、その管理のための儀式と諸規正〔「禅林清規」〕を定めた。……（桶谷秀昭訳、講談社学術文庫、一九九四年、邦訳頁四五、附録英文頁一八六／〔　〕内は訳者、〈　〉内は引用者、引用に当たってふりがなを一部訂正）

馬祖が「慧能のすぐあとを継いだ」というのは思い違いで、すでにいうように、六祖の

弟子が南岳、南岳の弟子が馬祖という関係である。右にいう「清規」とは、インド以来の戒律とは別に定められた禅門独自の規範であり、戒律では禁じられていた生産労働・肉体労働を、逆に「作務《さむ》」「普請《ふしん》」などと称して仏道修行の一環と位置づけていることが特徴とされる。「一日作《な》さざれば、一日食《くら》わず」ということばは、労働を尊ぶ百丈の精神をよく表すものとして、ながく語り伝えられている。たとえば道元は、その話を次のように書き記している、

百丈山大智《ひやくぢやうざんだいち》禅師、そのかみ馬祖《ばそ》の侍者とありしより、入寂《にふじやく》のゆふべにいたるまで、一日も為衆為人《ゐしゆゐにん》の勤仕《ごんじ》なき日《ひ》あらず。かたじけなく「一日不作《ふさ》、一日不食《ふじき》」のあとをのこすといふは、百丈禅師すでに年老臘高《ねんらうらふかう》なり、なほ普請作務《ふしんさむ》のところに、壮齢《さうれい》とおなじく励力《れいりき》す。衆《しゆ》、これをいたむ。人、これをあはれむ。師、やまざるなり。つひに作務《さむ》のとき、作務の具をかくして師にあたへざりしかば、師、その日一日不食なり。衆《しゆ》の作務にくはゝらざることをうらむる意旨なり。これを百丈の「一日不作、一日不食」のあとといふ。いま大宋国に流伝《るでん》せる臨済の玄風ならびに諸方の叢林《そうりん》、おほく百丈の玄風を行持するなり。（道元『正法眼蔵』行持上／岩波文庫、一、頁三一二）

百丈山の大智禅師は、むかし馬祖の侍者だった時から、逝去の日の夜にいたるまで、一

日として、人々のために働かなかった日は無かった。もったいなくも「一日作さざれば、一日食わず」という事跡をのこされたが、それはこういうことである。百丈禅師はすでに高齢であられたが、一同総出で「普請作務」の作業をするときは、壮年の者たちと同じように力を尽くして励まれた。みなはそのお姿に心を痛め、お気の毒に思った。しかし、禅師は、それを止められなかった。とうとうある日の作業の時、みなが道具をかくして禅師に持たせなかったので、禅師は、その日いちにち、食事をお摂りにならなかった。共同作業に加われなかったことを、遺憾に思われてのことである。これが「一日作さざれば、一日食わず」の事跡である。いま大宋国に伝わっている臨済宗の宗風でも、また他の諸方の僧堂でも、おおむねこの百丈のすばらしき宗風が保持され実践されているのである。

生産と勤労

実際には百丈が定めた「清規」の条文などは存在せず、明文化された「清規」として禅門で用いられたのは宋の『禅苑清規《ぜんねんしんぎ》』や元の『勅修百丈清規《ちょくしゅうひゃくじょうしんぎ》』などであった。しかし、百丈が定めたとされる「清規」の意義については、二十世紀の著名な仏教学者も次のように評価している。「この方向」とあるのは、この前に述べられている、言葉を介さず瞑想によって直観的に真理を把握する方向のことである。

禅は仏教の修行をこの方向に徹底して行ったが、志を同じくする人々が増えるにつれて、かれらは人里はなれたところで共住するようになった。放浪者・遍歴者的生活から集団的定住生活への転換は、第四祖道信（五八〇―六五一）の頃にすでに起こっている。ところで人里離れた山間で共同生活を行う場合には、村里に托鉢乞食に出かけることができないから、禅僧は自給自足の生活を行わなければならなかった。かれらは自ら田を耕し、樹を伐り、家を建てるという仕事に従事した。ここでは僧侶が生産に従事し、勤労を尊重することとなった。（これは従前のインドやシナの仏教教団には見られなかったことである。）このような活動を禅林では作務《さむ》と呼んでいる。こういう新しい共同生活を営むことになると、教団の新しい生活規定が必要となる。その生活規定を清規《しんぎ》と呼ぶが、それは百丈懐海（七二〇―八一四）がはじめて組織したと伝えられている。ここで教団としての禅宗が確立したのである。（中村元「魚返善雄『禅問答四十八章』解説」学生社、一九五五年／引用は一九七八年新装版、頁一三三）

このような勤労の精神と自給自足の態勢を具えていたために、唐の終わりごろにおこった「会昌《かいしょう》の破仏《はぶつ》」でも、禅宗はさして大きな打撃をうけず、他宗が衰退するなかで逆に存在感を増していったのだとしばしば説明されてきた。また、伝統的な戒律では禁じられていた生産労働・肉体労働を逆に仏道修行として積極的に肯定した点を中国版の「世俗内的禁欲」と評価する説もある。[5]

五　五家七宗

その後、「会昌の破仏」や「黄巣《こうそう》の乱」などの苦難を受けながらも、禅宗は唐末五代の時代、南方を中心に着実に勢力をひろげていった。そうしたなか、禅宗のなかにいくつかの派別が生じ、それらはやがて五つの宗派として整理され、「五家《ごけ》」とよばれるようになった。宗門で伝承されてきたそのような「伝灯」の系譜の大枠を、たとえば道元の『辨道《べんどう》話《わ》』は次のように要約している。

大師《だいし》釈尊、霊山会上《りやうぜんゑじよう》にして法を迦葉《かせふ》につけ、祖々正伝して菩提達磨尊者にいたる。尊者、みづから神丹国《しんだんこく》におもむき、法を慧可《ゑか》大師につけき。これ東地の仏法伝来のはじめなり。かくのごとく単伝して、おのづから六祖大鑑《だいかん》禅師にいたる。このとき、真実の仏法まさに東漢に流演《るえん》して、節目《せちもく》にかゝはらぬむねあらはれき。ときに六祖に二位の神足《じんそく》ありき。南岳の懐譲《ゑじやう》と青原の行思《ぎやうし》となり。ともに仏印《ぶつちん》を伝持して、おなじく人天《にんでん》の導師《だうし》なり。その二派の流通《るづう》するに、よく五門ひらけたり。いはゆる法眼宗《ほふげんしゆう》・潙仰《ゐぎやう》宗《しゆう》・曹洞宗《さうとうしゆう》・雲門宗《うんもんしゆう》・臨済宗《りんざいしゆう》なり。見在《げんざい》、大宋には臨済宗のみ天下にあまねし。五家《け》

ことなれども、たゞ一仏心印なり。（『正法眼蔵（一）』岩波文庫、頁一四）

釈尊は霊鷲山で摩訶迦葉に法をさずけられ、それが仏祖から仏祖へと伝えられて菩提達磨尊者に至った。尊者は自ら中国におもむいて、慧可大師に法をさずけられた。これが、東土における仏法伝来の初めである。

このように一代から一代へと法が伝えられ、やがて第六代の祖師大鑑慧能《たいかんえのう》禅師（六三八―七一三）に至った。そこで真の仏法が東土中国でもひろく行われるようになり、項目・分類にかかわらぬ真実そのものが明らかとなったのであった。

当時、六祖の下にお二人の高弟があった。南岳の懐譲禅師と青原の行思禅師である。いずれも仏法の証明を伝え、人間界・天上界の大導師たるお方であった。

その二派が伝わってゆくうちに、五つの門流に展開された。法眼《ほうげん》宗・潙仰《いぎょう》宗・曹洞《そうとう》宗・雲門《うんもん》宗・臨済《りんざい》宗とよばれているものが、それである。現在、大宋国では臨済宗のみが天下にひろまっている。だが、五家の別はあっても、そこに伝えられているのは、ただ一つの仏心にほかならないのである。

以上が唐末五代から宋代にかけて形成され、その後ながく語り伝えられてきた禅の「伝灯」系譜の大枠であった。

釈尊―摩訶迦葉……菩提達磨―二祖慧可……六祖慧能―┬南岳懐譲―馬祖道一……《臨済宗》
《潙仰宗》
└青原行思―石頭希遷……《曹洞宗》
《雲門宗》
《法眼宗》

いわゆる「五家」のうち、宋代の初期に勢力を持っていたのは、雲門宗だった。やがて臨済宗が取って代わり、北宋のなかば以降、禅門は臨済宗にほぼ席巻された。道元が「見在、大宋には臨済宗のみ天下にあまねし」と言っていたのも、また栄西《えいさい》（一一四一―一二一五）の『興禅護国論《こうぜんごこくろん》』（第五宗派血脈門）に「この宗は六祖より以降《このかた》、漸《ようや》く宗派を分ち、法は四海に周《あま》ねし。世は二十に洎《およ》び、脈は五宗を注《そそ》ぐ。謂く、一に法眼宗、二に臨済宗、三に潙仰宗、四に雲門宗、五に曹洞宗なり。今、最も盛んなるは、これ臨済なり」と言っているのも、ともに宋代禅門における臨済宗の圧倒的優勢という状況を指したものにほかならない（市川白弦・入矢義高・柳田聖山『中世禅家の思想』岩波書店・日本思想大系十六、一九七二年、頁五六／引用に当たってふりがなを追加。傍点引用者）。そうしたなか、曹洞宗は勢力としては弱小ながら独特の思想と行法を守って命脈を保ち、道元によって日本に伝えられた。なお、臨済宗は北宋の時期、さらに「黄龍《おうりょう》」派と「楊岐《ようぎ》」派の二系統に分かれたので、のちには全体を「五家七宗《ごけしちしゅう》」と総称する数え方もうまれた（「五家」のほかに別に「七宗」があるわけではない）。[6] 鎌倉・室町の時代に次々と日本に伝えられた禅宗は、大部分が臨済宗楊岐派の流れに属するものであった。

＊ジョン・R・マクレー『虚構ゆえの真実――新中国禅宗史』（大蔵出版、二〇一二年）第一章は、伝灯系譜の枠組みにしたがって禅の歴史を考えることの問題点を批判的に分析しているが、その分析を通じて、禅における伝灯系譜の重要性が反面から明らかにされており、本章はそこから大きな影響と啓発を受けている。同書は *Seeing through Zen: Encounter, Transformation, and Genealogy in Chinese Chan Buddhism* (University of California Press, 2003) の日本語版。

第三章　問答・公案・看話

「伝灯」の系譜とならぶ禅宗の最も重要な特徴は、問答である。禅の古典をみるかぎり、黙って坐禅をしてそのまま悟ったという人は出てこない。むろん、坐禅は重要であろう。だが、坐禅の枠を打ち破って大悟にいたる、あるいは悟りの枠を打ち破って平常にかえる、そうした決定的な激発の契機をもたらすのは、問答であった。むろん、禅の古典の大半は問答を記すために編まれているのだから、そういう書物を見ている限り、問答以外の方途で道を得た人が出てこないのは当たり前だと言われるかも知れない。しかし、特定の聖典をもたず、所依《しょえ》の経典をたてず、かわりに個々の禅者の大量の問答を記した書物——灯史・語録——それを無数に遺していること自体が、そもそも他の宗教・宗派と異なった禅宗の顕著な特徴なのであり、そのことはとりもなおさず禅が本質的に問答の宗教であったことを物語っている。そして、問答の宗教であることと系譜の宗教であることとは、たがいに表裏をなしている。この二つの性格は、ともに、禅が個人のうちで完結するものでなく、二人の人間の間の双方向の出逢いと交渉のうえに成り立つものであることを示している。「師」と「資」、あるいは「資」どうしの、問答を通じた交流と激発の記録がたてよこ幾重にもつらなって「伝灯」の系譜が形成され、灯史や語録が累積されていったのである。

だが、禅の問答は、難解、さらには不可解・不条理の代名詞のように言われている。ほんとうにそうなのか？　もしそうなら、どのようにしてそうなったのか？　実は禅の問答にも論理があり、歴史的な変遷もあった。本章では、禅の問答のしくみと用法、およびその歴史的変遷について考えてみたい。

一　今夜は問話するを得ず――唐代の問答

徳山の上堂

禅の問答は、当初から、不可解で意味不明なものだったのではない。一例として『景徳《けいとく》伝灯録《でんとうろく》』巻十五・徳山宣鑑《とくさんせんかん》章の、次の一段を看てみたい――

師上堂曰、「今夜不得問話。問話者、三十拄杖」。時有僧出、方礼拝、師乃打之。僧曰、「某甲話也未問、和尚因什麼打某甲？」師曰、「汝是什麼処人？」曰、「新羅人」。師曰、「汝上船時、便好与三十拄杖」。（景徳伝灯録研究会編『景徳伝灯録・五』禅文化研究所、二〇一三年、頁四五三）

師（徳山）上堂して曰く、「今夜は問話《もんな》するを得ず。問話する者は、三十拄杖《しゆじよう》」。時に僧有りて出で、方《まさ》に礼拝するや、師乃ち之を打つ。僧曰く、「某甲《それがし》、話《わ》すら也お未《な》だ問わざるに、和尚、因什麼《なにゆえ》にか某甲を打つ？」師曰く、「汝は是れ什麼処《いずく》の人ぞ？」

曰く、「新羅《しらぎ》の人」。師曰く、「汝、船に上《の》りし時、便ち好《よ》し三十拄杖を与えんに」。

徳山（七八二—八六五）が上堂して言った、

「今宵は質問をしてはならぬ。質問する者には罰として、拄杖で三十打を下す」

すると一人の僧が進み出た。ちょうど礼拝したところで、徳山はそれを打ちすえた。

僧、「わたくしはまだ問いの言も発しておりませぬ。何ゆえわたくしを打たれます」

徳山、「おぬし、何処の出か」

「新羅の者にございます」

「おぬしが船に乗った時点で、はや三十拄杖ものであったのだ」

僧は一言も発せぬうちに、なぜ打たれねばならなかったか？　それと僧の出身地に何の関係があったのか？　そして、故国で船に乗った時、僧にいったい何の過失があったというのか？

徳山の言動にはいかにも脈絡がないようであり、しかも、あまりに理不尽に見える。ここから禅の問答について、やはり不可解で意味不明だという印象が生ずることは、自然であろう。

だが、そうではない。徳山の他の言葉や同時代の他の禅者たちの所説と関連づけながら読み解くならば、右の一段から思想的な意味を読み取ることは不可能ではない。否、唐代の禅の問答は、むしろ、そのようにこそ読まれるべきものであった。[1]

では、この一段で、徳山は何を言い表そうとしているのか。

右の一段で、徳山は最後にこう言っている、「汝、船に上りし時、便ち好し三十拄杖を与えんに」。この一言は、こう言い換えることができる――今こうして問話の前に打ったのでさえ、晩すぎるほどだ。唐土に渡ろうと新羅から船に乗った、その時はや、汝は三十拄杖に当たる罪を犯していたのだ、と。では、僧が故国を旅立とうとした時にすでに犯していた罪過とは、いったい何であったのか。

一法の人に与うる無し

弟子の雪峰《せっぽう》(八二二―九〇八)から「従上の宗風は何の法を以ってか人に示す」と問われた際、徳山はきっぱり、こう答えている。

――我が宗に語句無く、実に一法の人に与うる無し。[2]

わしのところには、人に授けるべき言句など存在しない。人に与えるような宗風など、もともと有りはしないのだ、と。したがって、貴き「語句」や「一法」を求めて徳山を訪ねようとすることは、空虚な幻想と見当ちがいの期待にもとづく、とんだ誤りだと断ぜざるを得ない。

・こうした考えは、徳山のみならず、唐代の禅者の間にひろく見出されるものである。臨済はいう、「一念心の仏果を希求する無し」と。また、「若《も》し人〝仏〟を求めなば、是《こ》の人、仏を失わん。若し人〝道〟を求めなば、是の人、道を失わん。若し人〝祖〟を求めなば、是の人、祖を失わん」と。[3]丹霞天然が「〝禅〟可《なん》ぞ是れ你《なんじ》が解《げ》する底の物ならん？豈《あ》に〝仏〟の成《な》る可《べ》き有らん？〝仏〟の一字は、永《とこしな》えに聞くを喜ばず」、そう言っているのも、これと同じ精神を表していよう。[4]隆寿無逸《りゅうじゅむいつ》という禅僧が自らの開堂にあたってまず次のように宣言せねばならなかったのも、正に同じ理由からであった。

諸上座、若是上根之士、早已掩耳。中下之流、競頭側聴。（『景徳伝灯録』巻二十四・隆寿章）

諸上座よ、若《も》し是れ上根の士ならば、早已《つと》に耳を掩わん。中下の流《やから》は、頭《こうべ》を競いて側聴せん。

優れた人物ならば、わしが「仏法」を説こうとしたとたん、耳を塞いでしまうだろう。

先を争い耳をそばだててそれを聴こうとするのは、みな二流三流の輩でしかない。

これらの言をふまえつつ冒頭の徳山の一段を振り返ってみれば、こう言えよう。新羅から来たかの僧は、今、この場で問話しようとした時に誤ったのではない。彼は心のうちに「仏見・法見」を起し、唐土に渡って「仏法」を「希求」しようとした、その時点ですでに、徳山の三十拄杖をくらうべき過誤を犯していたのである、と。

汝の口を開くを待たば

このような思路をふまえれば、『景徳伝灯録』徳山章の次の一段から同一の旨趣を読み取ることは難しくない。

師上堂曰、「問即有過、不問又乖」。有僧出礼拝、師便打。僧曰、「某甲始礼拝、為什麼便打?」師曰、「待汝開口堪作什麼?」(頁四六二)

師(徳山)上堂して曰く、「問わば即ち過《とが》有り、問わざれば又た乖《そむ》く」。僧有り出て礼拝するや、師便ち打つ。僧曰く、「某甲《それがし》、始めて礼拝せるに、為什麼《なにゆえ》にか便ち打つ?」師曰く、「汝の口を開くを待たば什麼《なに》を作《な》すにか堪《た》えん?」

徳山は上堂していう、「問えば罪となり、問わねば道は得られぬ」。そこへひとりの僧が進み出て礼拝した。だが礼拝するやいなや、徳山はすぐさまそれを打ちすえた。僧は不審にたえぬ。「いま礼拝したばかりで（一言の問いも発しておりませぬのに）、なぜ、打たれねばならぬのです」。徳山はいった、「口を開いてからでは、どうにもならぬ」（「始〜」は〜したばかり、「待〜」は〜してから）。

口を開き、問いの言葉を発するに至って、はじめて罪過となるのではない。問うべき何ものか、あるいは問いによって得るべき何ものか、それを希求の対象として心中に措定した時点で汝ははや打たれるべきであったのだ。それが語として発せられた後では、もはや取り返しがつかぬ。ここでも徳山は、そのことを僧自身に気づかせようとしているのである[5]。

二　五祖法演の「鉄酸餡」

五祖法演

冒頭に引いた徳山の「三十拄杖」云々の一段は、宋代の禅門でしばしば取り上げられた。たとえば宋代に最も広く行われた公案集『宗門統要集《しゅうもんとうようしゅう》』巻七・徳山章において、この話は次のように記されている。

鼎州徳山宣鑒禅師、小参、示衆云、「今夜不答話。有問話者、三十棒」。時有僧出礼拝、師便打。僧云、「某甲話也未問、為甚打某甲?」師曰、「你是甚処人?」曰、「新羅人」。師云、「未跨船舷、好与三十」。(臨川書店・禅学典籍叢刊一、一六一下)

鼎州《ていしゅう》徳山宣鑒禅師、小参《しょうさん》して、衆《しゅ》に示して云く、「今夜は答話《とうわ》せず。問話《もんな》する者《もの》有らば、三十棒」。時に僧有り、出て礼拝するや、師便ち打つ。僧云く、「某甲《それがし》、話《わ》すら也《な》お未《いま》だ問わざるに、為甚《なにゆえ》にか某甲を打つ?」師曰く、「你《なんじ》は是れ甚処《いずく》の人ぞ?」曰く、「新羅《しらぎ》の人」。師云く、「未だ船舷《ふなべり》を跨《また》がざるに、好《よ》し三十を与えんに」。

説法の出だしが「今夜は問話するを得ず」でなく「今夜不答話——今夜は答話せず」となり、「三十拄杖」が「三十棒」となっている。この書物に限らず、宋代ではこの形の本文が一般的となる。しかし、この二点も含めて、内容に関わるような字句の異同は無い。だが、にもかかわらず、この話の捉え方、扱い方は、宋代になって決定的に異なってくる。といっても、この話に対する新たな解釈が生まれ、ここから別種の旨趣が読み取られるようになった、というのではない。解釈するという行為、旨趣を読み取ろうとする営み、それ自体が厳しく禁じられるようになるのである。

たとえば、北宋の五祖《ごそ》法演《ほうえん》（?—一一〇四）は、説法のなかでこの話を次のように取り上げている。

> 小参。僧問、「如何是仏?」師云、「肥従口入」。乃挙、「徳山示衆云、今夜不答話。有問話者三十棒。衆中挙者甚多、会者不少。且道向什麼処見徳山? 有不顧性命底漢、試出来道看。若無、山僧為大衆与徳山老人相見去也。待徳山道今夜不答話、問話者三十棒、但向伊道、某甲話也不問、棒也不喫。儞道還契他徳山老人麼? 到者裏、須是箇漢始得。況法演遊方十有余年、海上参尋見数員尊宿、自謂了当。及到浮山円鑑会下、直是開口不得。後到白雲門下、咬破一箇鉄酸餡、直得百味具足。且道餡子一句作麼生道?」乃云、「花発鶏冠媚早秋　誰人能染紫糸頭　有時風動頻相倚　似向堦前闘不休」。（『法演禅師語録』大正四七、六四九下／『古尊宿語録』巻二十、中華書局点校本、頁三七一）

> 小参《しょうさん》。僧問う、「如何《いか》なるか是れ仏?」師云く、「肥は口より入る」。乃ち挙《こ》す、「徳山示衆《じしゅう》して云く、〝今夜は答話せず。問話《もんな》する者《もの》有らば三十棒〟と。衆中に挙《こ》する者《もの》甚だ多く、会《え》する者《もの》少からず。且《ま》ずは道《い》え、什麼処《いずく》に向《お》いてか徳山に見《まみ》えん? 性命《いのち》を顧《かえりみ》ざ

る底の漢《おとこ》有らば、試みに出《い》で来りて道《い》いて看《み》よ。若《も》し無ければ、山僧《われ》、大衆の為に徳山老人と相《あ》い見《まみ》えに去《ゆ》かん。徳山の〝今夜は答話せず。問話する者は三十棒〟と道《い》うを待ちて、但《た》だ伊《かれ》に向て道わん、〝某甲《それがし》、話《わ》も也《ま》た問わず、棒も也た喫せず〟と。儞《なんじ》ら道え、還《は》た他《か》の徳山老人に契《かな》える麼《や》? 者裏《ここ》に到りては、須是《すべから》く箇《ひとかど》の漢にして始めて得《よ》し。況《いわ》んや法演、遊方《ゆほう》すること十有余年、海上に参尋《さんじん》して数員の尊宿《そんしゅく》に見《まみ》え、自ら了当《りょうとう》せりと謂《おも》えり。浮山円鑑《ふざんえんかん》の会下《えか》に到るに及びては、直是《じき》に口を開き不得《えず》。後、白雲《はくうん》〔白雲守端〕の門下に到り、一箇の鉄酸餡《てつさんあん》を咬《か》み破《やぶ》りて、直《じき》に百味《ひゃくみ》具足するを得たり。且《まず》は道《い》え、餡子《あんす》の一句、作麼生《いかに》か道《い》わん?」乃ち云く、

花発《ひら》く鶏冠　早秋に媚《うる》わし
誰《たれ》人か能《よ》く染めん　紫の糸《いと》の頭《さき》
有る時　風《かぜ》動きて　頻《しき》りに相《あ》い倚《よ》り
堦《きざはし》の前に向《おい》て闘《たたか》いて休《や》まざるが似《ごと》し

小参での説法で、まず僧が問うた、「仏とは何ぞや」。法演いわく、「肥満のもとは口から入る」。

これは「病《やまい》は口より入り、禍《わざわい》は口より出ず」などというのと同旨の諺《ことわざ》で、いうこころは省かれた下の句、すなわち、口はわざわいのもと、というほうに在る。現に法演は他の場

面で「如何なるか是れ仏」と問われた際には、ずばり「口是禍門——口は是れ禍の門」と答えている。[6]

言葉で「仏」を説こうとすることは最も「仏」を損なうことである。この大前提を示したうえで、法演は、おもむろにかの徳山の語をとりあげる。

——今夜は答話せず。問話する者有らば三十棒。

かの一段の、開頭の一句であることは言うまでもない。だが、ここではそれが、構成も脈絡も切り捨てた、ただの一句として引かれている。法演はこの一句を提起して言う。この一段はたいそう多くの修行者にとりあげられ、これを会得したという者も少なくない。だが、汝らはこの一句において、いかに徳山その人と見《まみ》えるか。命知らずの者がおれば、出て来てそれを言うてみるがよい。もし、おらねば、わしが代って徳山老人に会いにまいろう、と。

そう言って法演が示した会い方は、こうであった——徳山が「今夜は答話せず。問話する者有らば三十棒」といったところで、こう言うのだ、「それがしは、問話もせねば、棒もくらいませぬ！」と。どうだ、これは徳山の意思に適っているかどうか。ここまで来れば、あとはもう、ひとかどの男でなければ通用せぬ。このわしなども、諸方を行脚《あんぎゃ》すること十数年、何人かの著名な禅匠にも会って、自分もいっぱし会得したつもりでおった。ところが、浮山円鑑《ふざんえんかん》禅師（九九一—一〇六七）に参じてたちまち一言も言えぬようになってしまい、のちに白雲守端《はくうんしゅたん》禅師（一〇二五—七二）のもとで「鉄酸餡《てっさんあん》」を咬み破って、ずばり、あらゆる味を味わいつくすに至ったのであった。しからば、その「鉄酸餡」の一句とは、如何なるものか？

　そしておもむろに次の一首を詠んで、この小参はむすばれた——

咲きほこる鶏頭の花は　初秋にうるわしく
誰が染めたわけでもなく　その糸さきは鮮やかな紫に染まる[7]
そこへふと風が吹き来たって　花どうしがさかんにふれあい
あたかも階《きざはし》の前　とめどなく争いつづけているかのごとくである[8]

法演は言う。かつて自分は諸方の行脚のなかで相当の見解を得たものと自負していた。
だが、浮山のもとで険しい拒絶にあってゆきづまってしまった。のち白雲の下で「鉄酸餡」を咬み砕くに至って、にわかにそこが打破され、味無きところにあらゆる味を味わいつくすことを得たのであった、と。ここで法演は、究極的な閉塞状況の打開を「鉄酸餡」を「咬破」する、と表現している。これは何を譬えたものなのか。

鉄酸餡

「酸餡」はすっぱい野菜の餡の包子《パオズ》ということで、具に肉類を用いない、いわば精進の中華マンである。宋代から俗に「酸」を「餕」と書いたり、「餡」（漢音カン・唐音アン）を「饀」（漢音トウ）に誤ったりする表記が行われ、そのほか「餡」のかわりに、豆でできた餡をさす「豏」（音は「餡」に同じ）という字をあてる場合もある。[9] いずれにせよ、それが「鉄」でできたとなれば、味気ないうえに歯も立たぬ、ということで、いわば一切の言語や思考をさしはさむ余地のない、頑とした無意味の塊りという形象となる。説法の冒頭で「仏」を言葉で説いてはならぬという大前提が掲げられていたのは、この「鉄酸餡」を提起する伏線であった。そして、そのあとに文脈ぬきの片言隻句として引かれた徳山の語は、まさにその「鉄酸餡」の実例として、学人たちに「咬破」を迫るものであった。

法演の最も代表的な弟子である圜悟《えんご》克勤《こくごん》（一〇六三―一一三五）の次の評は、「鉄酸餡」の語義とそれに象徴される法演の禅のありかたをよく示している。

五祖老人平生孤峻少許可人、乾曝曝地壁立。只靠此一著、常自云、「如倚一座須弥山。豈可落虚弄滑頭謾人？」把箇没滋味鉄酸餡、劈頭拈与学者令咬嚼。……（『圜悟心要』示隆知蔵、禅宗全書四一、四一四／『圜悟語録』巻十四、禅宗全書四一、三二一下、参照）

五祖老人〔法演〕、平生《へいぜい》孤峻、人を許可すること少《まれ》にして、乾曝曝《かんばくばく》地に壁立《へきりゅう》す。只だ此の一著《いちじやく》にのみ靠《よ》りて、常《つね》自に云く、「一座の須弥山《しゅみせん》に倚《よ》るが如し。豈《あ》に落虚《らっきょ》〔＝掠虚《りやつきよ》〕し滑頭《かっとう》を弄《ろう》して人を謾《くらま》す可けんや？」箇の没滋味《もつじみ》の〝鉄酸餡〟を把《と》りて、劈頭《へきとう》に学者に拈与《ねんよ》して咬嚼《こうしやく》せしむ。……

五祖法演老師はひごろより峻厳で、めったに人を印可せず、カリカリに干からびたありかたで険しく聳《そび》え立っていた。〔方便を用いず〕ひたすら究極の一手にのみ依拠し、常にこう言うのであった、「〔究極絶待の一者たる〕須弥山を拠りどころとするようなもの。どうして上っ面の巧妙さで人をごまかしたりできようか」と。かくて味もソッケもない〝鉄酸餡〟を真っ向から学人に圧しつけ、それを噛み砕かせるのであった。……

乾曝曝

「乾曝曝地」はカラカラに乾ききったさまをいう擬態語で、いかなる情理もよせつけぬ無機質な感覚を表す。[10]五祖法演の門下はしばしばこの語で師の禅を形容する。たとえば、「圓悟《えんご》・仏眼《ぶつげん》・仏鑑《ぶつかん》、同《とも》に五祖に在り。一日相い謂いて曰く、〝老和尚〔法演〕は秖《た》だ是れ乾曝曝地。往往、説心説性《せつしんせつしょう》し得ず〟」[11]。仏果禅師こと圜悟克勤と仏眼清遠《ぶつげんせいおん》〔一〇六七—一一二〇）・仏鑑慧懃《えごん》（一〇五九―一一一七）の三人は、「三仏」の称で名高い五祖法演門下の三大弟子だが、その彼らも若き日には、法演の禅が理論的な言説（「説心説性」）を受けつけず、ひたすら「乾曝曝」であることに閉口しきっていたというのである。圜悟は自らの悟道の過程をふりかえるなかで、こうも言っている、「老漢《われ》昔初めて老師（五祖法演）に見《まみ》えて、所得を吐呈するに、皆な眼裏耳裏《げんりにり》の機鋒語句《きほうごんく》の上、悉く是れ仏法心性《ぶっぽうしんしょう》の玄妙《げんみょう》なるも、只だ此の老子《おやじ》に乾曝曝の両句を挙《こ》されて、〝有句無句《うくむく》、藤の樹に倚るが如し〟と云わるるのみ[12]」。最初に法演と相見した際、諸方で見聞してきた禅機の語や深遠な理論的所説（「仏法心性の玄妙」＝「説心説性」）をことごとく斥けられ、ひたすら「乾曝曝」の話頭を課せられて手も足も出なかったという回憶である。

無味

さきに引いた圜悟の「五祖老人平生孤峻」の一段によれば、その「乾曝曝」たる法演の接化が、「没滋味」の「鉄酸豏」を力ずくで学人に食らわせるようなやり方だったというわけである。では「没滋味」とはどういうことか。「没滋味」は何の味も無いという口語で、文語でいえば「無味」となる。たとえば洞山守初《とうざんしゅしょ》（九一〇―九九〇）に「言《ごん》無味、食《じき》無味、法《ほう》無味。無味の句、人の口を塞断《そくだん》す」という句があり、宋代の禅門でさかんに用いられた[13]。たとえば圜悟は『碧巌録』において、第十七「香林《きょうりん》西来意」の則を次のように評している。

古来答祖師意甚多。唯香林此一則坐断天下人舌頭、無你計較作道理処。僧問、「如何是祖師西来意?」林云、「坐久成労」。可謂言無味句無味。無味之談塞断人口。無你出気処。(岩波文庫、上、頁二三二)

古来、祖師意に答えしもの(「祖師西来意」とは何かという問いに答えたもの)甚だ多きも、唯だ香林の此の一則のみは天下人の舌頭《ぜっとう》を坐断《ざだん》して、你《なんじ》の計較《けきよう》して道理《どうり》を作《な》す処《ところ》無し。僧問フ、「如何ナルカ是レ祖師西来ノ意?」林云ク、「坐久成労《ザキウジヤウラウ》」。謂《い》う可《べ》し、言に味無く、句に味無く、無味の談、人の口を塞断して、你《なんじ》の気《いき》を出す処無《な》し、と。

「舌頭を坐断」し「人の口を塞断」し、それゆえ「計較」によって「道理を作す」余地の無い「無味の談」、そのようなものとして香林の語を讃えた一段である。このように、言語を遮断し論理的思考を拒絶して如何なる意味にも還元不可能な「無味の談」、そのようなものとして古人の言句を参究することを、法演や圜悟は「没滋味」の「鉄酸餡」を咬むと表現したのであった。法演のもうひとりの弟子、仏眼清遠も、師の接化のさまを次のように回顧している。

先師有言曰、「祇従咬破一箇鉄餕餡、直得百味具足」。此老子所以一生口硬、好説硬話。……（『舒州竜門仏眼和尚語録』／『古尊宿語録』巻二十八、中華書局点校本、頁五二六）

先師〔法演〕、言うこと有り、「祇《た》だ一箇の〝鉄餕餡〟を咬破《こうは》するに従《よ》りて、直に百味《ひゃくみ》具足するを得たり」と。此の老子《おやじ》、所以《ゆえ》に一生、口《くち》硬く、好んで硬話を説く。……

三　圜悟の接化

鉄饅頭

以上の引用から、「乾曝曝」＝「鉄酸餡」＝「没滋味」＝「無味」＝「坐断舌頭」「塞断人口」という一連の同義語の系列を導き出すことができる。「没滋味」の「鉄酸餡」とは、意味を奪われ論理を断ち切られた絶待無分節の語句の譬えであり、それを学人に圧《お》しつけて無理やり嚙み砕かせるような接化のさまが「乾曝曝」と形容されるのであった。一見とりつくシマのないようなやりとりの裏に実は読み取られるべき旨趣を含んでいたかつての問答は、かくして、脈絡を遮断し解釈を拒絶する頑とした無意味な言葉の塊り、すなわち「公案」となったのであった。

夢窓疎石はいう――

その故は、宗師の人にこの公案を与ふること、往生浄土のためにもあらず、成仏得道《じやうぶつとくだう》の求めにもあらず。世間の奇特にも非ず。法門の義理にも非ず。惣《すべ》て情識《じやうしき》のはからざる処なり。故に公案と名づく。これを鉄饅頭《てつまんぢゆう》に譬《たと》へたり。ただ情識の舌をつくるあたはざる処に向かつて、咬《か》み来《きた》り嚼《か》み去らば、必ず咬み破る時分あるべし。その時始めて、この鉄饅頭は、世間の五味《ごみ》・六味《ろくみ》にも非ず、出世の法味《ほふみ》・義味《ぎみ》にも非ざることを知るべし。(『夢中問答集』巻中、川瀬一馬校注、講談社学術文庫、二〇〇〇年、頁一〇七)

「鉄饅頭」と書き換えられてはいるものの、「鉄酸餡」の語義と語感がきわめて的確に表現された一文と言えよう。[14]

圜悟と表自

だが、法演や圜悟の画期的な点は、先人の問答を脱意味的な「公案」とする考え方にあったのではない。彼らの斬新な点は、この「没滋味」の「鉄酸餡」を無理やり口につっこむことで学人を実地に開悟せしめるという、「公案」の実践的な活用法にこそあった。たとえば、法演の禅を我が物とした圜悟は、のちに件の徳山の話を使って次のように師弟《すてい》（おとうと弟子）の接化を行っている。先人の問答を解するのでなく、それをあくまでも「鉄酸餡」という道具として使いこなした頗《すこぶ》る精彩ある一段と言ってよい。

西蜀表自禅師参演和尚於五祖。時圜悟分座摂衲。五祖使自親炙焉。圜悟曰、「公久与老師法席、何須来探水？　脱有未至、挙来品評可也」。自乃挙徳山小参話。圜悟高笑曰、「吾以不堪為公師、観公如是、則有余矣」。遂令再挙、至「今夜不答話」処、圜悟驀以手掩自口、曰、「止！　只恁看得透、便見徳山也」。自不勝其憤、趨出、以坐具摵地曰、「那裏有因縁只教人看一句！」於是朋儕競勉、自従圜悟指示、未幾有省。（『羅湖野録』巻一、禅宗全書三二、二〇六下）

西蜀の表自《ひょうじ》禅師、演和尚（法演）に五祖（五祖山）に参ず。時に圜悟は分座して摂衲《しょうのう》す。五祖は自（表自）をして焉《これ》（圜悟）に親炙《しんしゃ》せしむ。圜悟曰く、「公、久しく老師の法席《ほっせき》に与《あずか》る、何ぞ来りて探水するを須《もち》いん。脱《も》し未だ至らざるところ有らば、挙《こ》し来って品評するも可なり」。自乃ち「徳山小参《とくさんしょうさん》」の話を挙す。圜悟高笑して曰く、「吾れ、公の師と為《た》るに堪えずと以《おも》いしに、公の如是《かよう》なるを観《み》れば則ち余《あま》り有り」。遂《かく》て再び挙せしめ、「今夜は答話《とうわ》せず」の処に至るや、圜悟蓦《にわ》かに手を以って自の口を掩《おお》い、曰く、「止《や》みね！　只だ恁《かくのごとく》に看《み》得《ぬ》透《け》ば、便ち徳山に見《まみ》えん」。自は其の憤《いきどお》りに勝《た》えず、趨《はし》り出《いで》て、坐具を以って地を摵《はら》いて曰く「那裏《いずく》にか因縁《いんねん》有りて只だ人をして一句をのみ看せしめん！」是《ここ》に於いて朋儕《ともがら》は競いて勉《はげま》し、自、圜悟の指示に従う、未《いま》だ幾《いくば》くならずして省《せい》有り。

西蜀（四川）の表自禅師は五祖山で法演禅師に参じた。当時、圜悟がすでに法演を補佐して修行僧の指導にあたっており、法演は表自に、圜悟から直接指導を受けるよう命じた。圜悟も同郷であったから、言葉も気持ちもよく通じようという配慮であろう。圜悟は表自に言った、「貴公も、うちの老師の法席に参じてもう長い。今さらわしがところへ来て、境地の深浅を試みるにも及ぶまい。しかし、まだ不十分な点があるというなら、提起して品評してみるのも悪くはない」。

そこで表自は「徳山小参」の一段について申し述べた。おそらく本人にとって、最も自信ある見解の呈示だったはずである。だが、圜悟は、それを聞くなり高笑いして言い放った、「貴公の師など自分には務まるまいと思うておった。だが、この程度なら、わしでも余裕があるようだ」。そして、いまいちどその話を述べるよう命じた。

そこで表自が「今夜は答話せず」の一句を言いかけたところで、圜悟はなんと、いきなりその口を手でふさいだ。「ここでやめよ！　かく看ぬけば、ただちに徳山と相い見えることができる」。

表自は憤懣やるかたない。その場を走り出て、坐具で床を叩く。「ただの一句しか看させぬような問答が、ドコにある！」

しかし、朋輩たちが先を争うて励ましたので、表自は圜悟の指教に従い、やがてほどなく、ハタと気づくところが有ったのであった。

事後の不満の言から察するに、表自にとって古人の「因縁」は、一句ごとの旨趣を仔細にたどってゆくべきものであったのだろう。だが、圜悟はそうでなかった。さきの法演の説法でも、徳山の一句は原話の構成から切り離して単独で引かれていた。ここではさらにその一句さえもが途中で切断され、もはや句にさえならぬ言葉の破片として、だしぬけに表自に突きつけられている。唐代にはそれなりの趣旨と論理を含んでいた徳山の語は、ここで突如「鉄酸餡」として表自の口に押し込まれたのであり、かの徳山の一段について圜悟を前にとくとくと語るだけの一家言を有していた表自も、これによって、突如、その言を遮断され、そこで始めて省悟の契機を得たのであった。

四　大慧の「看話」禅

鉄橛子

五祖法演の「鉄酸餡」の手法は、このように圜悟にひきつがれた。だが「鉄酸餡」の語が五祖法演その人の像とあまりにも強くむすびつき、ほとんど彼の禅を象徴する固有名詞のようになっていたためであろう、圜悟は同じ形象を表すのに「鉄橛子《てつけつす》――鉄の棒くい」という語を用いている。いわく、「若《も》し事上に向《お》いて覰《み》れば則ち易し。若し意根《いこん》下に向いて尋ぬれば、卒《つい》に摸索《さぐ》り著《あて》えざらん。這箇《これ》は〝鉄橛子〟の如くに相い似て、擺撥《はらいの》け得ず、嘴《くち》を挿《さしい》れ得ず[16]」。

圜悟についだ大慧宗杲《だいえそうこう》（一〇八九―一一六三）も、この用語法を踏襲する。「凡《およ》そ経教《きようきよう》及び古徳入道《ことくにゆうどう》の因縁《いんねん》を看《よ》みて、心《こころ》未だ明了ならず、迷悶して〝没滋味〟なること〝鉄橛《てつけつ》〟を咬《か》むが如くに相い似たりと覚《おぼ》得ゆる時、正に力を著《つ》くるに好《よ》し、第一《ゆめゆ》め放捨《ほうしや》する不得《なか》れ[17]」。

看話と無字

「嘴《くち》を挿《さしい》れ得ず」とは、言語をさしはさむわずかの隙も無いということ。[18]「没滋味」は再三看てきたとおり、如何なる意味も抽出し得ず、如何なる意味にも還元し得ないということである。「鉄橛子」（「〜子」は名詞の接尾辞）の語がかつての「鉄酸餡」の言い換えであることは明らかであろう。[19]次に引くのは、大慧がかの趙州無字《じょうしゅうむじ》の公案を用いて「看話《かんな》」の方法を説いた数多くの例の一つだが、ここにも「生鉄橛《さんてつけつ》を咬むが如くに没滋味なる時」という表現が見出される（「生鉄」は精錬をふる前の鉄。銑鉄）。

当恁麼時、善悪路頭相次絶也。覚得如此時、正好著力。只就這裏看箇話頭。「僧問趙州、狗子還有仏性也無？　州云、無！」看時不用摶量、不用註解、不用要得分暁、不用向開口処承当、不用向挙起処作道理、不用堕在空寂処、不用将心等悟、不用向宗師説処領略、不用掉在無事甲裏。但行住坐臥、時時提撕、「狗子還有仏性也無？　無！」提撕得熟、口議心思不及、方寸裏七上八下、如咬生鉄橛没滋味時、切莫退志。得如此時、却是箇好底消息。……（『大慧普覚禅師語録』巻二十一「示呂機宜（舜元）」禅宗全書四二、三九一上／大正四七、九〇一下）

恁麼《かくのごと》き時に当り、善悪の路頭《みち》相い次いで絶《た》えん。如此《かくのごと》くなるを覚《おぼ》得えし時こそ、正しく力《ちから》を著《つ》くるに好《よ》し。只《まさ》に這裏《ここ》に就《つ》きて箇の話頭を看よ。「僧、趙州ニ問フ、狗子《クシ》ニ還《ハ》タ仏性有リ也《ヤ》無？　州云ク、無《ム》！」と。看る時、摶量《おしはか》る不用《なか》れ、註解する不用れ、分暁《あきらか》なるを得んと要《もと》むる不用れ、口を開く処に向《お》いて承当《うけが》う不用れ、挙起《こき》する処に向《お》いて道理を作《な》す不用れ、空寂の処に堕在《おつ》る不用れ、心を将《も》って悟りを等《ま》つ不用れ、宗師の説く処に向《お》いて領略《さと》る不用れ、無事甲裏《ぶじこうり》に掉在《おちい》る不用れ。但《た》だ行住坐臥《ぎょうじゅうざが》、時時に提撕《ていぜい》せよ、「狗子《クシ》ニ還《ハ》タ仏性有リ也《ヤ》無？　無《ム》！」と。提撕し得て熟し、口議も心思も及ばず、方寸《こころ》の裏《うち》、七上八下して、生鉄橛を咬むが如く没滋味なる時、切に退志する莫《なか》れ。如此くなるを得し時、却って是れ箇の好底《よき》消息なり。……

事ここに到れば、善悪のスジミチが次々と断ち切られる。それが感じられたら、そこそが力の入れどころだ。まさにそこにおいて一箇の話頭を看よ――「僧、趙州ニ問フ、狗子ニ還タ仏性有リ也無？　州云ク、無！」と。話頭を看る時、推量してはならぬ。解釈してはならぬ。明晰を求めてはならぬ。話頭を口にした瞬間をよしとしてもならぬ。提起したところに理屈をつけてもならぬ。空寂に陥ってもならぬ。心で悟りを待ちかまえてもならぬ。老師の言によって理解してもならぬ。平常無事に陥ってもならぬ。ともかく行住坐臥、ありとあらゆる営みのなかで、時々刻々、常に参究するのだ――

「狗子ニ還タ仏性有リ也無？　無！」と。かくて参究が熟し、弁舌も思考も及ばず、胸のうちが上へ下へといりみだれ、鉄の棒くいを咬むように、如何なる味わいも絶え果てたところ、そこから決して退いてはならぬ。それはむしろ、大悟の兆しなのだ。……

「看話」の方法を説くなかで、「没滋味」なる「鉄橛」を咬むことが「無字」の参究と重ねあわせられている。そして、それとともに、趙州無字の公案本文も、二者の対話から、一息に読み下されるひとかたまりの一句に変わっている。古人の問答を活きたやりとりでなく、語路を遮断した無意味で無機質な言葉の塊りと看なし、そのうえでそれを理屈ぬきでつきつめさせることで実地に大悟に至らしめる。そのような接化の方法が、五祖から圜悟をへて大慧にひきつがれ、「看話」の方法に結実していった。かくして唐代の活きた問答は、宋代に「鉄酸餡」に変じ、最後に「無字」に凝結した。柳田聖山「看話と黙照」（『花園大学』研究紀要六、一九七五年）は、大慧の「看話」禅の形成が曹洞系の黙照《もくしょう》禅、とくに真歇清了《しんけつせいりょう》（一〇八八―一一五一）への批判を重大な契機としていたことを解明している。だが、大慧において黙照批判がそうした契機となりえたのは、やがて「看話」に結晶すべき方法が、すでに五祖―圜悟の法脈のなかで形成され、脈々とうけつがれていたからに外ならない。[20]

五　趙州無字

最後に参考資料として『無門関《むもんかん》』第一則「趙州狗子《じょうしゅうくし》」の全文を付録する（禅の語録18、頁一四）。『無門関』は南宋末期の無門慧開《むもんえかい》（一一八三—一二六〇）が編んだ公案集で、中国ではあまり用いられなかったようだが、日本では「無字」の参究にあたってもっぱらこの書物が用いられてきた。これだけを単独で読めば意味不明の呪文のようにも見えるが、以上の論述の延長線上にこれを置いてみれば、これが大慧の「無字」の教えを一つの典型的な型に集約したものであることがわかるだろう。

趙州和尚因僧問、「狗子還有仏性也無?」州云、「無」。

無門曰、参禅須透祖師関、妙悟要窮心路絶。祖関不透、心路不絶、尽是依草附木精霊。且道、如何是祖師関? 只者一箇無字、乃宗門一関也。遂目之曰禅宗無門関。透得過者、非但親見趙州、便可与歴代祖師把手共行、眉毛廝結、同一眼見、同一耳聞。豈不慶快! 莫有要透関底麼? 将三百六十骨節八万四千毫竅、通身起箇疑団、参箇無字。昼夜提撕、莫作虚無会、莫作有無会。如吞了箇熱鉄丸相似、吐又吐不出、蕩尽従前悪知悪覚。久久純熟、自然内外打成一片、如啞子得夢、只許自知。驀然打発、驚天動地、如奪得関将軍大刀入手、逢仏殺仏、逢祖殺祖、於生死岸頭得大自在、向六道四生中遊戯三昧。且作麼生提撕？　尽平生気力、挙箇無字。若不間断、好似法燭一点便著。

頌曰、

狗子仏性　全提正令
纔渉有無　喪身失命

趙州和尚因《チナ》ミニ僧問フ、「狗子《クシ》ニ還《ハ》タ仏性有リ也無《ヤ》？」州云ク、「無《ム》」。

無門《むもん》曰く、参禅は須《すべから》く祖師の関を透《とお》るべし、妙悟は心路を窮《きわ》めて絶せしめんことを要す。祖関透らず、心路絶せずんば、尽《ことごと》く是れ依草附木《えそうふぼく》の精霊《せいれい》ならん。且《まず》は道《い》え、如何《か》なるか是れ祖師の関？　只《まさ》しく者《こ》の一箇の〝無〟字こそ、乃ち宗門の一関なり。遂《かく》て之を目《なづ》けて「禅宗無門関」と曰《い》う。そを透得過《つきぬけう》る者は、親しく趙州に見《まみ》ゆる非但《のみなら》ず、便ち歴代の祖師と手《て》を把《と》りて共《とも》に行《ゆ》き、眉毛廝《あ》い結び、同一の眼《まなこ》に見、同一の耳《みみ》に聞く可《べ》し。豈《あ》に慶快ならざらんや！

この関を透《とお》らんと要する底《もの》有るに莫《あら》ず麼《や》？　三百六十の骨節、八万四千の毫竅《けあな》を将《も》って、通身に箇《ひとつ》の疑団を起し、箇の〝無〟字に参ぜよ。昼夜に提撕《ていぜい》し、虚無の会《え》を作《な》す莫《なか》れ、有無の会を作す莫れ。箇の熱鉄丸を吞了《まるのみ》せるが如くに相似《あいに》て、吐《は》かんにも又た吐不出《はきいだせず》、従前の悪知悪覚《あくちあくかく》を蕩尽《とうじん》せん。久久に純熟して、自然《じねん》に内外打成一片《ないげだじよういっぺん》なれば、唖子《あす》の夢を得る如く、只だ自から知るを許すのみ。驀然《まくねん》と打発《たはつ》せば、天を驚かし地を動かし、関将軍の大刀を奪得《うば》いて手に入れしが如く、仏に逢《お》うては仏を殺し、祖に逢うては祖を殺して、生死《しようじ》の岸頭《がんとう》に於て大自在を得、六道四生《ろくどうししよう》の中に向《おい》て遊戯三昧《ゆげざんまい》せん。且《まず》は作麼生《いかに》か提撕《ていぜい》せん? 平生の気力を尽《つ》くして、箇《ひとつ》の〝無〟字を挙《こ》せ。若《も》し間断せずんば、好《あたか》も法燭の一点して便ち著《とも》るが似《ごと》くならん。

頌して曰く――

狗子《くし》の仏性《ぶつしよう》　全て正令《しようれい》を提《あ》ぐ

纔《わず》かに有無《うむ》に渉《わた》らば　喪身失命《そうしんしつみよう》せん

趙州和尚因ミニ僧問フ、「狗子ニ還タ仏性有リ也無?」州云ク、「無」。

無門〔無門慧開〕いわく――参禅には、祖師《そし》の関門《かんもん》を突破せねばならぬ。妙悟《みようご》には、思路を追い詰めそれを断絶する必要がある。祖師の関門を突破せず、思路が断絶されなければ、みな草木にとりすがる亡霊となりはてよう。しからば、祖師の関門とは如何なるものぞ? まさしく、この〝無〟の一字こそ、禅門の第一の関門にほかならぬ。かくしてこれを「禅宗無門関」と名づける次第である。そこを突破しうるものは、親しく趙州禅師に対面するのみならず、歴代の祖師たちとも手をとりあってともに歩み、互いの眉毛を結びあわせて、一つ眼で見、一つ耳で聞くことができるであろう。これを痛快といわずして何といおう！

さあ、この関門を突破しようという者があるであろう。ならば、骨の節々から一つ一つの毛穴まで、すべてを挙げて体まるごとに一個の疑いのカタマリを立て、〝無〟の一字を参究するのだ。昼も夜もこれにとりくみ、そこに虚無という理解も、有る無しという理解も加えてはならぬ。まっ赤に焼けた鉄の玉を丸呑みにしたように、吐こうにも吐き出せぬまま、これまでの悪しき知見をすべて滅し尽すのだ。すると、じっくり熟成するうちに、自ずと内と外とが一枚になってくる。それは口のきけぬ者が夢を見たように、ただ自身がうべなうほかない境地である。そして、そこが突如打破されると、あとはもう関羽将軍の大刀を我が手に奪い取ったがごとく、仏に逢うては仏を殺し、祖に逢うては祖を殺し、生死の崖っぷちで大自在を得、六道輪廻《ろくどうりんね》のただなかで心おきなく遊び戯れることができようというものだ。では、この〝無〟の一字に、如何にとりくめばよいのか。日ごろの気力の限りを尽くし、この〝無〟の一字を念ずるのだ。とぎれることなくそれをやってゆけば、あるとき仏前の灯明のように、そこにぽっと灯がともされるであろう。

その趣旨を詩に詠んでいう——

狗子の仏性で
根本の使命はすべて開示

そこに有る無しの分別をくわえれば
たちまち命を落とすことになる

＊本章は「鉄酸餡――問答から公案へ　公案から看話へ」(臨済宗妙心寺派教化センター『臨済宗妙心寺派教学研究紀要』第八号、二〇一〇年)に少許の加筆を施して成った。

第四章　唐宋禅宗史略

禅宗の主要な特徴として、(1)「伝灯」の系譜、(2)「問答」と「語録」、(3)「清規」、の三点を考え、第二章で(1)と(3)、第三章で(2)について、それぞれ概観してきた。

この章では、この三点が、中国の歴史のなかで実際にどのように形成され、禅宗が禅宗の形になっていったのかを通覧してみたい。歴史のすじみちをたどることが主眼となるので、これまでの章とは体裁を変え、引用は現代語訳を主とし、原文と訓読はそのあとに小字で付記することとする。

一　初期の禅宗

一—一　達摩・恵可と『二入四行論』

『続高僧伝』と「楞伽宗」

唐初の道宣《どうせん》(五九六—六六七)の『続高僧伝《ぞくこうそうでん》』に、最初期の禅宗の姿の一端が記されている。いや、厳密には、のちの禅宗の人々が遡って自分たちの祖と仰ぐことになる幾人かの習禅者の記録、それがそこに断片的に見出される、と言うべきであろう。北朝の時代の菩提達摩やその弟子とされる恵可たちの伝がそれであるが、かれらは、まだ禅宗というものを予想していないし、まして自分たちが後世、その祖師として奉ぜられようことなど、夢にも思っていなかったにちがいない。

それらの記録からうかがわれるのは、求那跋陀羅《ぐなばったら》訳の四巻『楞伽経《りょうがきょう》』を拠り所としつつ、樹下石上で無一物の生活を送る「頭陀行《ずだぎょう》」の実践者たちの姿である。そこから胡適《こてき》は、この人々を「楞伽宗《りょうがしゅう》」と名づけた（「楞伽宗考」一九三五年）。たとえば『続高僧伝』巻十六・僧可《そうか》（恵可）伝に記された彼らの苦行の姿は、次のようなものであった。

初め達摩《だるま》禅師は、四巻『楞伽経』を恵可に授けてこう言った。「わしの見るところ、中国に、拠るべき経典はこれしかない。そなたがこれのとおりに行じてゆくならば、おのずと俗世を超脱することができよう」。かくして恵可《えか》がこの経の〔言句でなく〕深意をのみ伝えたことは、すでに記したとおりである。

恵可はあるとき賊に襲われ、腕を切り落とされてしまった。しかし、法によって心を統御し、苦痛を感ずることがなかった。彼は傷口を火で焼き、血が止まるとそこを絹布で包み、その後はふだんと変わることなく托鉢して、人には一切告げなかった。のちに林法師〔おそらく曇林のこと〕も盗賊に腕を切り落とされ、夜通し叫び声をあげた。恵可はそれを手当てしてやり、托鉢で食を得て林に与えた。恵可の手つきがままならぬのを咎めて林が怒ると、恵可は言った。「餅《ビン》は目の前にあるのだ、自分で食うたらよかろう」

林「私は腕が無いのだ。知らぬわけではあるまい!」

恵可「私も腕は無い。何をそう怒ることがある」

そこでようやく子細をたずね、林は始めて恵可の修行の深さを知ったのであった。これより彼は、世に「無臂林《むひりん》——腕なしの林」と称されるようになった。

恵可は説法が終るごとに、こう言っていたという、

「この四巻『楞伽経』も、四代ののちにはただの教理の分析に堕してしまうであろう。まったく、なんと嘆かわしきことか!」

初、達摩禅師以『四巻楞伽』授可曰、「我観漢地、惟有此経。仁者依行自得度世」。可専附玄理、如前所陳。遭賊斫臂、以法御心、不覚痛苦。火焼斫処、血断帛裹、乞食如故、曾不告人。後林又被賊斫其臂、叫号通夕。可為治裹、乞食供林。林怪可手不便怒之。可曰、「餅食在前、何不自裹〔食〕?」林曰、「我無臂也。可不知耶!」可曰、「我亦無臂。復何可怒?」因相委問、方知有功。故世云無臂林矣。毎可説法竟曰、「此経四世之後、変成名相。一何可悲!」(大正五〇、五五二中)
初め、達摩禅師、『四巻楞伽』を以て可〔恵可〕に授けて曰く、「我れ漢地を観るに、惟《た》

だ此《こ》の経《きょう》有るのみ。仁者《そなた》、依りて行えば自ら世を度《わた》る〔俗世を超脱する〕ことを得ん」。可の専《もっぱ》ら玄理を附《さず》けしこと、前《さき》に陳《の》ぶる所の如し。賊《ぞく》に遭《あ》いて臂《うで》を斫《き》られしも、法を以て心を御し、痛苦を覚えず。火もて斫られし処を焼き、血断《とま》らば帛《きぬ》もて裹《つつ》み、乞食《こつじき》すること故《もと》の如く、曾て人に告げず。後、林も又た賊に其の臂を斫られ、叫号《さけ》びて夕《よ》を通ず。可、為に治裹《てあて》し、乞食して林に供す。林、可の手の不便なるを怪《とが》めて之に怒る。可曰く、「餅食《へいしょく》、前に在り、何ぞ自ら食わざる?」林曰く、「我れ臂無きなり。可《なん》ぞ知らざるや!」可曰く、「我れも亦《ま》た臂無し。復《は》た何ぞ怒る可き?」因りて相い委《くわ》しく問い、方《はじ》めて功有るを知る。故に世に無臂林《むひりん》と云えり。毎《つね》に可、説法し竟《おわ》りて曰く、「此の経〔四巻『楞伽』〕四世の後は、変じて名相と成らん。一《ひとえ》に何ぞ悲しむ可き!」

このような伝承が、やがて、求道の志を示すために恵可が自らその左臂《ひだりうで》を断ったという、いわゆる「恵可断臂《えかだんぴ》」の物語に発展することはすでに第二章で見た。だが、それはまた後の話である。

『二入四行論』

この人々はいまだ集団を形成しておらず、中国の北地に散在しながら、書翰や口頭で道を論じあっていたらしい。その記録をまとめた書物が、いわゆる『二入四行論《ににゅうしぎょうろん》』である（柳田聖山『達摩の語録』禅の語録1、一九六九年）。この書物は、大まかに次の三つの部分から成っている。

第一は冒頭の短い序文〔一〕と、それにつづけて「二入四行」の説を記す〔二〕。のちに『楞伽師資記』達摩章や『景徳伝灯録』巻三十等が収める「菩提達摩略弁大乗入道四《ぼだいだるまりゃくべんだいじょうにゅうどうし》行《ぎょう》、弟子曇林《どんりん》序」とも一致し、一書の中核と看られてきた部分である。『続高僧伝』巻十六・菩提達摩伝の記述も、主にこの〔一〕〔二〕を要約・抜粋したものとなっている。

第二は書翰〔三〕と〔四〕。誰から誰への何通分の書信であるか不明であるが、〔四〕の後半は、『続高僧伝』僧可伝が向《しょう》居士から恵可への手紙として引く文章と重なっている。[1]

第三はこの系統の人々の説述と問答を収録する〔五〕～〔七四〕。[2] 現代の研究においては、〔四九〕までの諸段（朝鮮刊本『禅門撮要《ぜんもんさつよう》』所載の『菩提達摩四行論《ぼだいだるましぎょうろん》』と重なる部分）が「雑録第一」、それ以後の諸段が「雑録第二」と称されている。分段も判然とせず、話者も達摩を祖とあおぐ人々という以上に具体的なことは知られないが、「雑録第一」の主たる発話者を恵可とする推定が有力である。[3]

このような本書の状況や『続高僧伝』の記述などから、ジョン・R・マクレー『虚構ゆえの真実――新中国禅宗史』（大蔵出版、二〇一二年）[4]は、この書物を形成し共有した人々について、次のように述べている。

第一に、歴史的な資料から得られる全体的な印象からすると、ゆるやかな紐帯で結ばれたこの修行者たちの中心人物は、菩提達摩よりも、むしろ恵可であった。師のもとで修行していたころ、恵可はすでにかけだしの修行者ではなく、成熟した大人であった。そして恵可にとって菩提達摩は、何よりも彼が達成した悟りのレベルを証明し、彼の教化活動を正当化する手段として機能した。第二に、恵可や菩提達摩と関わりをもった人々のうちには、遊行《ゆぎょう》の苦行者、(どちらかといえば神秘的な種類の)儒教の実践者、そして『楞伽経』の研究の専門家など、多様な人脈が含まれていた。第三に、疎遠な関係の者若干も含め、恵可や彼と交わりをもった人々は、洛陽のみならず中国北部のいくつかの場所に散在して居住していた。これは部分的には時代の転変――たとえば五七四年には北周《ほくしゅう》で深刻な廃仏が起こっている――によるものであるが、しかし、いかなる理由によるにせよ、彼らが固定的・継続的な活動拠点を確立することは、ついぞ無かったのであった。(頁四七)

そして、同書は、この人々の「最も重要な特徴は、彼らが共通に保持していた『二入四行論』への関心であろう」としつつ、この書物の成り立ちについて次のようにいう。

彼らは書簡のなかでこのテキストについて論じ、書面上の問答の枠組みとしてその内容を利用した。そして、それらが時の流れとともに、テキストそのものに追加されていったのであった。……敦煌《とんこう》文献を通じて伝えられているそのテキストには、多量の追加が含まれている。その合計量は本論そのものよりも大部であり、そのどこを取っても年代の特定は不可能である。我々が知ることができるのは、その増添の過程が、おそらく八世紀前半まで続いていたであろうということである。（頁四八）

要するに、恵可を中心とするごくゆるやかなつながりをもった各地の習禅者たちが、菩提達摩の所説と信ずる「二入四行」の説を共通の拠り所としつつ書翰や口頭で道を論じあった記録、それが何代かにわたって集積されてできたのがこの書物だと言ってよいであろう。

理入と行入

では、「二入四行」とは如何なる説か？[5] 詳細は『二入四行論』（『達摩の語録』〔二〕、頁三二）に見えるので、ここでは『続高僧伝』達摩伝の記述でその梗概を見ておこう。きりつめた表現で解りにくいが、『二入四行論』との対照によって文意を補いながら読んでみる。

道に入るにはいろいろな方途があるが、つまるところ二種を出ない。すなわち「理《り》入《にゆう》」と「行入《ぎようにゆう》」である。
経典をたよりに真理を悟り、一切衆生に同一なる真実の本性があることを深く信ずる。それが外来の迷妄――「客塵《きやくじん》」――に覆われて顕現しえずにいるので、偽を捨てて真に帰らせる。かくて「壁観《へきかん》」に凝集し、自他・凡聖の境を超えつつ、堅固にそこに止まりつづけ、外在の字句につきしたがうことなく、ひそかに道と契合してひっそりと無為のままにある、これを「理入」というのである。

然則入道多途、要唯二種。謂理行也。藉教悟宗、深信含生同一真性。客塵障故、令捨偽帰真、凝住壁観。無自無他、凡聖等一、堅住不移、不随他教、与道冥符、寂然無為、名理入也。(大正五〇、五五一下)

然れば則ち道に入ること多途なるも、要は唯だ二種のみ。謂く「理《り》」と「行《ぎよう》」なり。教《きよう》を藉《か》りて宗《しゆう》を悟り、深く含生同一《がんしようどういつ》の真性《しんしよう》を信ず。客塵《きやくじん》に障《さ》えらる故に、偽《ぎ》を捨てて真《しん》に帰し、壁観《へきかん》に凝住《ぎようじゆう》せしむ。自《じ》無く他《た》無く、凡聖《ぼんしよう》等一にして、堅《かた》く住して移らず、他教に随わず、道と冥《ひそ》かに符《かな》いて、寂然無為《じやくねんむい》たる、「理入《りにゆう》」と名づくるなり。

「客塵」煩悩に覆いかくされたその奥に一切衆生に同一なる真実の本性――『二入四行論』では「含生凡聖同一《がんしょうぼんしょうどういつ》の真性《しんしょう》」――が実在することを深く信じ、「壁観」によってその本性を堅持して「道」とともにある、それが「理入」の説である。

「壁観」については諸説あるが、マクレー『虚構ゆえの真実』（頁五〇）が天台智顗《てんだいちぎ》（五三八―五九七）の『摩訶止観《まかしかん》』に見える「壁定《へきじょう》」と同定しているのが、最も穏当であるように思われる。『摩訶止観』巻五に「止《し》は是れ壁定、八風《はっぷう》悪覚〔心を乱す順逆さまざまな条件〕の入《い》る能《あた》わざる所なり」（大正四六、五八上）と説き、唐の荊渓湛然《けいけいたんねん》（七一一―七八二）がその一文を「壁定とは、室に四壁《しへき》有れば則ち八風入らざるなり。若《も》し止を得れば已に界の内外の違順悪覚を離るるなり」と釈しているのが、それである（『止観輔行伝弘決』巻五、大正四六、二〇五下）。かりにこの理解にたてば、右の「理入」の説は、禅定によって心を壁で囲ったようにして、「客塵」の侵入をふせぎ、「含生凡聖同一の真性」を堅固に保持する、という説として無理なく解釈でき、後世、中唐の宗密《しゅうみつ》が「達摩は壁観を以て人に教えて安《あん》心《じん》せしむ。外に諸縁《しょえん》を止め、内心に喘ぐこと無く、心、牆壁の如くなれば、以て道に入る可し」と書いているのとも符合する。[6]

　これにつづけて、「行入」が説かれる。「行入」とは、具体的には「四行」、すなわち四つの行法のことである。「理入」が禅定による「道」への帰一を説くものだとすれば、「行入」は日々の具体的な生き方を説くものだと言える。

「行入」とは「四行」のことである。すべての行は、みなこの四行に包摂される。第一「報怨行《ほうおん》」。道を修めていながら苦に襲われたときは、こう考えよ――前世で根本を忘れて枝末を追い求め、多くの愛憎の思いを起こしてきた。今はそういうことをしていなくとも、前世の行いの報いでこういう目に遭うのだ、と。そう観念し甘んじてその苦を受けいれ、怨みつらみをまったく申さぬようにせよ。経典にも「苦にあっても憂えない。認識が透徹しているからだ」とある〔典拠未詳〕。そのような心になれば、道と違背することはない。怨みを我が身に体して、道を進んでゆくからである。第二「随縁行《ずいえん》」。衆生には〔苦楽を受ける〕自己という実体は無い。苦楽は縁にしたがって起こるのみである。栄誉が得られたとて、それは前世の行為の結果が今になって現れたものにすぎず、縁が尽きれば、それはまた無に帰する。何の喜ばしきことがあろう。得失は縁によるものでしかなく、心がそれによって増減することはない。順境にも逆境にも、風雨にも静寂にも、ひそかに道とともにあるのみである。第三「無所求行《むしょぐ》」。世俗の人が永く迷い、到るところで貪り執着することを「求」という。だが、道に生きる人は真理を悟り、その真理は俗と反する。心安らかで無為であり、その身は事のなりゆきにしたがうだけである。すべてが苦であるこの三界で、いったい誰が安らかでありえようか。だから経典にもいっている、「求むることがあればすべては苦、求めるものが無ければまさしく楽である」と（典拠未詳）。

第四、「称法行《しょうぼう》」。本来清浄なる本性のままにあることである。

行入四行、万行同摂。初報怨行者、修道苦至、当念往劫捨本逐末、多起愛憎、今雖無犯、是我宿作、甘心受之、都無怨訴。経云、「逢苦不憂、識達故也」。此心生時、与道無違。体怨進道故也。二随縁行者、衆生無我、苦楽随縁。縦得栄誉等事、宿因所構、今方得之。縁尽還無、何喜之有？ 得失随縁、心無増減。違順風静、冥順於法也。三名無所求行、世人長迷、処処貪著、名之為求。道士悟真、理与俗反。安心無為、形随運転。三界皆苦、誰而得安？ 経曰、「有求皆苦、無求乃楽也」。四名称法行、即性浄之理也。（大正五〇、五五一下、大正蔵の校記にもとづいて文字を一部変更）

「行入」は「四行」なり、万行同《とも》に摂《おさ》まる。

初めの「報怨行《ほうおん》」は、道《みち》を修めて苦《く》至らば、当《まさ》に、往劫《おうごう》、本《もと》を捨てて末《すえ》を逐《お》い、多く愛《あい》憎《ぞう》を起し、今、犯すこと無しと雖《いえど》も、是れ我が宿作《しゅくさ》なりと念じて、甘心《かんしん》して之を受け、都《すべ》て怨訴《おんそ》すること無かるべし。経に云く、「苦に逢《あ》うも憂えず、識《しき》達するが故に」と。此《こ》の心《こころ》生ずる時、道と違《たが》う無し。怨《おん》を体して道《みち》を進むが故なり。

二の「随縁行《ずいえん》」は、衆生《しゅじょう》には我《が》無し、苦楽《くらく》は縁に随うのみ。縦《たと》い栄誉《えいよ》等の事を得るも、宿因《しゅくいん》の構える所、今方《はじ》めて之を得《う》るのみ。縁《えん》尽くれば還《ま》た無し、何《なん》の喜《よろこ》びか之れ有らん？　得失《とくしつ》は縁に随い、心には増減《ぞうげん》無し。違にも順にも風にも静にも、冥《ひそ》かに法に順うのみ。

三は「無所求行《むしょぐぎょう》」と名づく。世人長《とこしな》えに迷い、処処《しょしょ》に貪著《たんじゃく》す、之を名づけて「求《ぐ》」と為す。道士《どうし》は真を悟り、理《り》は俗と反す。心《こころ》を安んじ無為《むい》にして、形《み》は運《うん》に随いて転ず。三界《さんがい》は皆な苦なり、誰《たれ》か安きを得ん？　経に曰く、「求《ぐ》有るは皆な苦《く》、求《ぐ》無きは乃ち楽《らく》なり」と。

四は「称法行《しょうぼうぎょう》」と名づく。即ち性浄《しょうじょう》の理なり。

第一の「報怨行」は、今生で受ける苦をすべて自身の過去世の結果と観念して、忍耐し甘受するという行である。『二入四行論』（二〇）に次のように説くのなども、この行に生きる人の実際的なありかたを示すものと言えるであろう。「道を修むる人、数数《しばしば》賊に物を盗まれ、奪《うば》われんも、愛著《あいじゃく》の心《こころ》無く、亦た懊悩《おうのう》せず、数《しばし》ば人に罵辱《めじょく》・打謗《たぼう》せられんも（非難罵倒や暴力を受けても）、亦た懊悩せず。若《も》し此《かく》の如《ごと》くなれば、道心漸漸《しだい》に壮《さか》んにして、積年已《や》まず、自然《おの》ずと一切の違順《いじゅん》（順境・逆境）に於て都《すべ》て無心《むしん》ならん」（『達摩の語録』頁一〇八）。恵可が賊に腕を斬られた時に苦痛を制しえたのも、このような行によったものであろうか。

つづく第二の「随縁行」は、今生で受ける楽も、所詮は過去業の果報にすぎぬ実体なきものと達観し、喜ぶことなく、すべて縁のままに受け流すという行である。第一と第二あわせて、苦・楽の両面から、現実の境遇をすべて過去世の業の結果と受けとめ、所与の現実への受動的随順によって、その業を消化し清算し解消してゆくという姿勢が説かれている。

これに対して苦楽の「因」の断絶――新たな業を作らぬ方途――を説くのが、第三の「無所求行」である。その趣旨は、一切は空であるから何も求めるな、ということだが、この説の基調となっているのは、事物の非実体性を説く空観の哲理よりも、むしろ、無常なる現世、苦の原因としての欲求、欲求の原因としての自己、それらに対する切実な厭悪《えんお》の情であるように思われる。右の「三界《さんがい》は皆な苦なり、誰《たれ》か安きを得ん」のところを『二入四行論』はこう書いている、「三界に久しく居るは、猶《な》お火宅《かたく》の如し。身有るは皆な苦なり、誰《たれ》か得て安らかならん」(『達摩の語録』頁三二)。

かくして、第一と第二で過去から現在にかけての、第三で現在から未来への、それぞれ業の消滅が説かれ、そして最後に第四の「称法行」で現在なすべきことが説かれて全体が完結する。『続高僧伝』のここの記述はいたって簡略だが、『二入四行論』ではその具体的な方途として「檀波羅蜜《だんはらみつ》」(布施)をはじめとする六波羅蜜の実践を説いている。一切皆空の達観にたち、六波羅蜜そのものをも空じつつ、ひたすら六波羅蜜を行じてゆけ、という趣旨である。ともすれば消極的・悲観的な厭世思想に陥りかねないさきの三行を、最後にこの「称法行」によって、菩薩行の実践へと強く方向づけようとしているようである。

物に任せて「己れ」に任さず

とはいえ、『二入四行論』一書に通底するのは、やはり、我が身心の存在そのものを苦と感ずる、悲観的な情緒であるように思われる。さきに言うように、(五)以下のいわゆる「雑録」には、達摩を第一祖と仰ぎ「二入四行」の説をその法の要義と奉ずる人々の、説述や問答が輯《あつ》められている。雑然と並べられたこれらの言葉を一元的に解するのは難しいが、そこにある種の傾向ないし基調を見出すことはできる。それは、一、苦悩・迷妄の原因としての自己の否定、二、虚妄な主体・客体を幻出する「心」の否定(第一章で引いた「意識の筆頭」の話を参照。『達摩の語録』(六二)頁二二六)、三、老荘・玄学ふうの無為と随順の思想、の三点である。[7] たとえば(二五)にも次のような言葉が見える(『達摩の語録』頁一二五)。

「己れ」というものを見るから、道が得られない。「己れ」を見なければ、道が得られる。「己れ」とは「我《が》」(実体的自我)のことである。聖人が苦に逢うて憂えず、楽に逢うて喜ばぬのは、その「己れ」というものを見ぬからである。苦楽に陥らぬのは、

「己れ」というものを忘れ去るからである。……「己れ」を忘れることができれば、一切は、本来、無である。「己れ」によってみだりに分別・はからいを生じ、それによって生老病死、憂悲苦悩、寒熱風雨といった、あらゆる不如意の事がらが現出するのである。それらは、すべて妄想の所産にほかならない。……もし、そうした、虚妄にして無常なる所与の事象に逆らわなければ、あらゆる事物において自在であり、あらゆる事物において悔い無しにいられよう。

由見己故、不得道。若能不見己、即得道。己者、我也。聖人所以逢苦不憂、遇楽不喜者、由不見己故。所以不苦楽者、由亡己故。……若能亡己時、一切本無。己者横生計挍、即感生老病死・憂悲苦悩・寒熱風雨、一切不如意事、此並妄想現。……若不逆幻化者、触物無碍。若能不逆変化者、触事不悔。

「己れ」を見るに由るが故に道を得ず。若《も》し能《よ》く「己れ」を見ざれば即ち道を得ん。「己れ」とは、我《が》なり。聖人の苦《く》に逢うも憂えず、楽《らく》に遇うも喜ばざる所以《ゆえん》は、「己れ」を見ざるに由る。苦楽《くらく》せざる所以は、「己れ」を亡《わす》るるに由るが故なり。……若し能く「己れ」を亡《わす》るる時、一切は本より無なり。「己れ」は横ざまに計挍《けきょう》を生じ、即ち生老病死《しょうろうびょうし》・憂悲苦悩《うひくのう》・寒熱風雨《かんねつふうう》、一切の不如意《ふにょい》の事を感ず。此れらは並《すべ》て妄想《もうぞう》の現ずるなり。……若《も》し幻化《げんけ》に逆らわざる者は、触《あらゆ》る物に無碍《むげ》ならん。若《も》し能《よ》く変化《へんげ》に逆らわざる者は、触《あらゆ》る事に悔いざらん。

自己の存在を忘れ去り、外在の所与の現実のながれに随順せよというのであり、「四行」の第三で「無所求」の具体的なありかたが「心を安んじ無為にして、形は運に随いて転じ」と説かれていたのと照応する。〔三〇〕にも次のようにいう。

智者は所与の現実にしたがい、「己れ」にはしたがわない。さすれば、取捨の分別もなければ、順境・逆境の別も存在しない。いっぽう愚者は、「己れ」にしたがって、所与の現実にしたがわない。そのため、そこには取捨の分別があり、順境・逆境の別が生ずる。もし、心を虚しくしてゆったりと開放し、天下を忘れ去ることができたなら、外在の事物と時の流れに身を任せることができるだろう。……すべて身を任せ、逆らうことがなければ、いかなる時と処においても、ありのままに逍遥自在でありえよう。

智者任物不任己、即無取捨、亦無違順。愚者任己不任物、即有取捨、即有違順。若能虚心寛放、大亡天下者、即是任物随時。……若任而不拒、縦而不逆者、何処何時而不逍遥?(『達摩の語録』頁一四五)

智者《ちしゃ》は物に任せて「己れ」に任さず、即ち取捨《しゅしゃ》無く、亦た違順《いじゅん》無し。愚者《ぐしゃ》は「己れ」に任せて物に任さず、即ち取捨《しゅしゃ》有り、即ち違順《いじゅん》有り。若《も》し能《よ》く心《こころ》を虚《むな》しくして寛《ゆる》やかに放ち、大いに天下《てんか》を亡《わす》れなば、即ち是れ物《もの》に任せ時《とき》に随わん。……若し任《まか》せて拒《こば》まず、縦《したが》いて逆《さか》らわざれば、何《いずれ》の処《ところ》、何《いずれ》の時《とき》としてか逍遥《しょうよう》せざらん。

ここも、やはり、自己の存在を忘れ去り、所与の現実に身をまかせて時処とともに逍遥自在であれという趣旨である。鈴木大拙はこれを「その口吻は全く道家者流である」と評し（『禅思想史研究第二』岩波書店・鈴木大拙全集巻二、頁一三二）、『達摩の語録』はこの一段が『荘子《そうじ》』の郭象《かくしょう》注に拠っていることを注記している（頁一四九）。

こうした道家ふうの無為・逍遥は、いっぽうで修行における人為的な目的意識の排除をもたらし（「你《なんじ》、心《こころ》を発《おこ》して道に向かわんと欲さば、奸巧《かんこう》起こり、有心《うしん》の中に堕ちん」（五五）頁二〇九）、もういっぽうで日常の営為の肯定にもつながってゆく（「行住坐臥《ぎょうじゅうざが》、施為挙動《せいこどう》、皆な是れ淳朴《じゅんぼく》」（二二）、「挙足下足《こそくあそく》、一切皆な是れ菩提《ぼだい》の処」（三六）頁一六一）。これらの点と、のちに唐代禅の主流となる馬祖禅の「平常無事《びょうじょうぶじ》」との連続性は明らかである。しかし、それが「己れ」が存在すること自体の苦悩という意識と一体になっている点は、馬祖禅と対蹠的と言わねばならない。後に見るように現実態の自己のおおらかな肯定が、馬祖禅の身上だからである。つまるところ『二入四行論』は、「身有るは皆な苦なり」という悲観を基調としつつ、「苦」からの解脱のための自己否定と現実随順を説く書物であり、その人間観は、のちの禅宗に比べて、はなはだ暗く重いと言わざるを得ない。

一—二　則天武后と東山法門

両京の法主　三帝の国師

このような、いわば史前時代のあと、禅宗が一個の宗団としての実体をもって中国の歴史社会の表面に登場してくるのは、唐の時代のことであった。具体的には、初唐の則天武《そくてんぶ》后《こう》の久視《きゅうし》の年（七〇〇年）、神秀《じんしゅう》（？—七〇六）という老僧が武后によって宮中に迎えられ、破格の帰依を受けたのがその始まりであった。神秀の碑文である張説《ちょうえつ》撰「荊州大通禅師碑《けいしゅうだいつうぜんじひ》銘《めい》」に、次のように見える。

久視の年、禅師はすでにご高齢であった。宮中に招かれ、坐禅の姿を解くことなく武后に対面し、輿《こし》にかつがれたまま殿中にのぼった。禅師は逆に武后のほうから拝礼を受け、宮中の人々に清らかなる教化を施した。尊き仏道を伝える者には仕えるべき君主なく、すぐれた徳を具えた者には、臣下としての礼法が当てはまらぬからである。かくして禅師は「両京《りょうけい》の法主《ほっしゅ》、三帝《さんてい》の国師《こくし》」と仰がれた。それは仏陀の再来のごとくに輝かしく、優曇華《うどんげ》の開花に比せられるほど、希有《けう》でめでたきごとであった。

久視年中、禅師春秋高矣。詔請而来、趺坐覲君、肩輿上殿。屈万乗而稽首、灑九重而宴居。伝聖道者不北面、有盛徳者無臣礼。遂推為両京法主三帝国師、仰仏日之再中、慶優曇之一現。(柳田聖山『初期禅宗史書の研究』資料二、頁四九九/法蔵館、一九六七年。現、柳田聖山集第六巻、法蔵館、二〇〇〇年)

久視年中、禅師は春秋高《よわい》し。詔請《まね》かれて来《きた》り、趺坐《ふざ》して君を覲《み》、肩輿《けんよ》にて殿に上る。万《ばん》乗《じょう》〔王者〕を屈して稽首《けいしゅ》せしめ、九重《きゅうちょう》〔宮中〕を灑《そそ》ぎて宴居《えんご》せしむ。聖道《しょうどう》を伝うる者は北《ほく》面《めん》せず、盛徳《せいとく》有る者には臣礼《しんれい》無し。遂《かく》て推されて両京《りょうけい》の法主《ほっしゅ》、三帝《さんてい》の国師《こくし》と為り、仏日《ぶつにち》の再中を仰ぎ、優曇《うどん》の一現を慶《よろこ》べり。

「両京の法主、三帝の国師」とは、長安・洛陽の両都において、武后・中宗《ちゅうそう》・睿宗《えいそう》と三代の皇帝の尊崇を受けたことを指している。『伝法宝紀《でんほうぼうき》』という敦煌出土の初期禅宗史書にも、この時の様子が次のように記されている(柳田聖山『初期の禅史I』禅の語録2、一九七一年)。

久視の年、則天武后は宮中の使者をつかわして、神秀禅師を洛陽に鄭重にお迎えした。

出家・在家の人々が花を撒いてそれを迎え、貴人の車が街路にあふれた。禅師はしゅろの輿に乗ったまま宮中に上り、武后はそれに付き従って殿内に身をおいた。武后はさらに地に頭を着けて礼拝し、ずっと跪《ひざまず》いたままでおり、禅師を仰ぎ見、身を清らかに保った。禅師は宮女たちに戒を授け、四方より集まった人々は、父母を慕うがごとくに禅師に帰依した。王公以下の人々も、みな集まり来たって禅師に帰依したのであった。

久視中、則天発中使、奉迎洛陽。道俗翻花、幢蓋充溢衢路。乗栟櫚上、従登御殿。頂拝長跪、瞻奉潔斎。授戒宮女、四会帰仰、有如父母焉。王公已下、歙然帰向。(〔一五〕頁四〇三)

久視中《じゅういっ》、則天、中使《ちゅうし》を発して、〔神秀禅師を〕洛陽《らくよう》に奉迎《ほうげい》す。道俗《どうぞく》花を翻じ、幢蓋《どうがい》衢路に充溢《じゅういつ》す。栟櫚《けいりょ》に乗りて上るや、〔則天武后は〕従いて登り殿《でん》に御《ぎょ》す。〔武后は〕頂拝《ちょうはい》して長く跪《ひざまず》き、瞻奉《せんぶ》して潔斎《けっさい》す。〔禅師は〕戒を宮女《きゅうじょ》に授け、四《よ》もより会《あつま》りて帰仰《きごう》すること、父母の如きこと有り。王公《おうこう》已下、歙然《きゅうぜん》として帰向《きこう》す。

神秀は唐王朝の正史『旧唐書《くとうじょ》』にも専伝を立てられている。儒教的価値観に立脚する中国の正史において、仏教関係の記録が重視されることは多くない。だが、五代の時代に編まれた『旧唐書』には、玄奘《げんじょう》・一行《いちぎょう》とともに神秀の伝が立てられており、それは他の禅僧の略伝や達摩以来の禅の伝法系譜などをも記した一種の禅宗概論となっている。今日、玄奘の名を知らぬ人はおそらく稀であり、神秀の知名度はそれに比すべくもあるまいが、しかし、唐の王朝の歴史においては、神秀の入内を契機とする禅宗の登場に、玄奘の訳業に勝るとも劣らぬほどの重大な意義と影響が認められていたのであった。

『旧唐書』神秀伝は神秀が「蘄州双峰山東山寺《きしゅうそうほうざん》の僧、弘忍《こうにん》」の弟子であったこと、そして、弘忍らの一門が「東山法門」と称されていたことなどを記しつつ、次のような伝法系譜を記している。

菩提達摩—二祖恵可—三祖僧璨—四祖道信—五祖弘忍

この系譜はさきの「大通禅師碑」にも同様に記されている。かつては世を避けて山中や市井で禅定と頭陀行を行ずる苦行者たちのゆるやかなつながりであったものが、唐初の頃までには、蘄州黄梅《きしゅうおうばい》（湖北省）の地において、確固たる系譜意識を共有する「東山法門」なる教団を成すまでに至っていたのであった。

では、それがなぜ、則天武后の時代に新たに脚光を浴び、王朝の絶大な支持を受けるに至ったのか？

法如と嵩山

その端緒をひらいたのは、神秀と同じ弘忍門下の、法如《ほうにょ》（六三八―六八九）という僧であった。法如の没後に書かれた「法如禅師行状《ほうにょぜんじぎょうじょう》」に次のように見える。

……即ち南天竺《なんてんじく》三蔵法師菩提達摩《ぼだいだるま》、紹《つ》ぎて此の宗を隆《さか》んにし、東鄰の国に武歩《あゆ》む。伝に曰く、神化《おしえ》は幽賾《おくふか》く、魏（北魏）に入りて可《か》に伝う。可は粲《さん》に伝え、粲は信《しん》に伝え、信は忍《にん》に伝え、忍は如《にょ》に伝う。

……即南天竺三蔵法師菩提達摩、紹隆此宗、武歩東鄰之国。伝曰、神化幽賾、入魏伝可、可伝粲、粲伝信、信伝忍、忍伝如。（『初期禅宗史書の研究』資料一、頁四八八）

ここに提示された「達摩―恵可―僧粲（璨）―道信―弘忍―法如」という系譜、これは、最後の法如の部分を除けば、「大通禅師碑」や『旧唐書』神秀伝が掲げるものと共通であり、また、後世、禅の法系として一般に知られているものともかわらない。だが、これに先だつ『続高僧伝』の記述から拾い出せるのは「達摩―恵可―僧璨」および「道信―弘忍」という互いに断絶した二つの系譜でしかなく、しかも、それとて、列記された複数の人名のうちにかろうじて該当者らしき名を見出しうるという程度の記述にすぎなかった。それを右のように初祖達摩から五祖弘忍にいたる明確な一すじの法系として提示したのは、少なくとも現存の文献上では、この一文が最初であった[8]。

高僧伝の類に記されたさまざまな習禅者たちのひろがりから今日我々のいう禅宗を分かつ重要な標幟が、達摩を祖とするこの系譜であり、この系譜の宣言は、禅宗という一宗派の確立を示すものと言ってよい。のちに宗密が他の習禅者の系統と区別して「達摩宗」「達摩一宗」の称を用いているのも、それゆえであろう（宗密『禅源諸詮集都序』〔五八〕、禅の語録9、頁二五四）[9]。

「行状」によれば、師の弘忍が六七四年（唐・咸亨五）に遷化《せんげ》した後、法如はしばらく淮《わい》南《なん》の地で教化を行い、やがて北上して嵩山《すうざん》少林寺に身を寄せた。それから三年ほどの間は衆僧のうちに埋もれて目立つこともなく過ごしたが、それが六八五年（垂拱元）、にわかに担ぎ出され、ついに達摩以来の「禅法」を開示するに至ったという。右の系譜は法如が自らの禅法の由来を示すために嵩山少林寺で宣言したものであり、それは当地の僧たちにとって、初めて耳にするものであったに違いない。

嵩山と則天武后

こうした経緯は、これだけならば、法如という僧の個人史上の出来事のようである。だが、実はこれは、則天武后が東都洛陽を根拠地として政権の掌握を進め、自らの統治の宗教的荘厳のため、洛陽にほど近い嵩山の宗教勢力との交渉を急速に深めていった時期と重なっていた。たとえば、武后が六八四年（光宅元）に洛陽を「神都《しんと》」、六八八年（垂拱四）に嵩山を「神岳《しんがく》」と改称しているのには、洛陽の政治権力と嵩山の宗教的権威との神秘的合一を演出する意図が感ぜられよう。こうした動きは、道仏二教の側からいえば政権とむすびつく千載一遇の好機であり、この時期、両教は、嵩山という共通の舞台の上で、それぞれ由緒ある伝法系譜の宣揚に鎬《しのぎ》をけずっていたのであった。その間の事情を解明した吉川忠夫「道教の道系と禅の法系」は、その経緯を次のように要約している。

東都洛陽の東南に位置し、唐王朝に先だつ北魏王朝以来の道仏両教の宗教的霊場であった嵩山に、潤州《じゆんしゆう》の茅山派《ぼうざんは》道教も、また蘄州黄梅《きしゆうおうばい》の東山法門も華北進出の拠点をもとめた。その一方の中心人物は潘師正《はんしせい》であり、また一方の中心人物は法如であった。そしてそれはあたかも嵩山における封禅《ほうぜん》が唐の高宗《こうそう》によって計画され、ひきつづいて則天武后によって実現される時期にあたっていたため、唐王朝と嵩山との関係は従来にもましてより緊密となった。かかる過程のなかで、茅山派道教の場合には、潘師正の地位がたかまり、それにともなって王遠知《おうえんち》の地位もまたたかまり、ついに陶弘景《とうこうけい》、王遠知、潘師正、さらに司馬承禎《しばしようてい》と次第する道系が形成されたのである。一方、東山法門の場合には、嵩山こそが達摩、恵可のゆかりの地であることを強調した。そして注目されなければならぬのは、後世においてその存在を忘却されたかに思われる法如の「行状」に、達摩、恵可、僧璨、道信、弘忍、法如と次第する法系が記されていることである。いわば法如に六祖の地位が与えられていることである。しかるに、やがて作りあげられる法系では神秀が六祖となる。なぜなのか。(『東洋学術研究』第二七巻別冊、特集・道教と仏教、東洋哲学研究所、一九八八年、頁二六/ふりがなは引用者による追加)

ほかならぬこの時期、法如がはるばる北上して嵩山少林寺にのぼり、かの「達摩—恵可—僧粲(璨)—道信—弘忍—法如」という法系の宣言に及んだのは、決して単なる個人的な経歴上のなりゆきなどではなく、武后政権と道仏二教の相互利用という巨視的動向に応じた、仏教側のいささか投機的ともいえる政治運動の一部をなすものだったのであった。だが、法如自身はこれ以上の展開を示す間もなく六八九年(永昌元)に没し、最終的には神秀が武后朝に迎えられることとなる。さきに見た七〇〇年(久視元)の華々しい入内供養は、いわば、こうした一連の運動の盛大なフィナーレだったのであり、法如や神秀その人の思いがどのようなものであったにせよ、禅宗という集団は、ともかくこうして中国の王朝史の一角に確固たる地位を占めるに至ったのであった。

嵩山と『伝法宝紀』と普寂

だが、その神秀も、入内の後、数年を出ずしてこの世を去る。七〇六年（神竜二）の神秀示寂後、中宗の命によってその教団をひきついだのが弟子の普寂《ふじゃく》（六五一—七三九）であった。普寂ははじめ嵩山にあって法如下への入門をめざしていたが、法如の死によってその機を逸し、ただちに神秀門下に転じた。そして、国師神秀の威光を背景として唐朝の支持を得ることに成功したのであった。「法如禅師行状」につづいて、達摩から法如・神秀に至る「東山法門」の系譜を記したのがさきにも引いた『伝法宝紀』であるが、この書物が掲げる自派の系譜は次のようなものであった（柳田聖山『初期の禅史Ⅰ』〔五〕、頁三五三）。

（1）東魏嵩山少林寺釈菩提達摩
（2）北斉嵩山少林寺釈恵可
（3）隋皖公山釈僧璨
（4）唐双峰山東山寺釈道信
（5）唐双峰山東山寺釈弘忍
（6）唐嵩山少林寺釈法如

（7）唐当陽玉泉寺釈神秀

これを図示すると次のようになるが、これがさきの「法如禅師行状」の記す法系に神秀・普寂らを追加して接合したものであることは、一目瞭然であろう——

達摩―恵可―僧璨―道信―弘忍┬法如
　　　　　　　　　　　　　└神秀―普寂

このように弘忍の法嗣として法如と神秀を並列する点が、本書の最も目だった特徴となっているが、それとともに注目されるのが、達摩と恵可の住地を嵩山少林寺としている点である。本文にも次のような記述が見える。かの「恵可断臂」の故事も、現存の文献の範囲では、この二段に見えるのが初出である。[10]

——釈菩提達摩…故に航海して嵩山に至れり〔六〕（『初期の禅史Ⅰ』頁三五五）

——釈僧可…後、少林寺に居せり〔八〕（頁三六五）

後の禅宗の伝承で自明の史実の如くに思いなされている達摩・恵可と嵩山少林寺の結び

つき、それも実はこの書物に始まる新たな伝説であった。『伝法宝紀』は、現実には法如によって嵩山に開かれた法門に、新たに達摩・恵可に遡る歴史的根拠を付与し、嵩山と達摩・恵可、そして法如と神秀・普寂、それらを一連の伝統として統合し顕示しようとする書物だったのであった。そこには、普寂その人の経歴と立場が色濃く反映されている。のちに『歴代法宝記』（後述）弘忍章が、「東山法門」というのは蘄州黄梅の「馮茂山《ふうぼう》」のことであって「嵩山の是れなるには非ざるなり」、そうわざわざ強い語調でことわっているのは、当時、「東山法門」が嵩山の法門だという誤解が広まっていた——あるいは広められていた——その状況に対する不服をあらわしたものであったかもしれない（柳田『初期の禅史Ⅱ』禅の語録3、一九七六年、頁九二）。

『楞伽師資記』と東山法門の禅法

では、神秀ら「東山法門」の禅法は、いかなるものであったのか？ それを伝えるのが、敦煌出土のいまひとつの初期禅宗史書『楞伽師資記《りょうがしじき》』である（『初期の禅史Ⅰ』）。本書は、先行の複数の資料を編輯したもので、「楞伽宗」の伝統を承けつつ、広く同時代の文献を選別し法系順に配列することによって禅宗史の正統を確定しようとした書物であった。本書は先行の文献のうちから何を採ったかだけでなく、何を採らなかったのかも記しており、この時代、禅宗のなかにすでに複数の派別とそれに対応する多数の文献が相互に対立しながら並行していた状況をうかがわせる。

このように、すでに一枚岩ではなかったこの時期の禅宗の思想や行法を、一元的に規定することは難しい。だが、その基本的な傾向ないし共通の原理は、次の譬喩によく表れている。『楞伽師資記』恵可章〔一六〕の一節である。

『十地経《じゅうじきょう》』にいう、「衆生の身中にはそれぞれ金剛のごとき仏性が具わっている。その体は日輪のごとく明るく円かで、その輝きは広大で果てしが無い。ただ、それは、幾重にも重なる五蘊《ごうん》の雲に覆われて、衆生に見えなくなってしまっている。智慧の風でその五蘊の雲を吹きはらいさえすれば、そこにはもともと、円かにして浄らかなる仏性が光り輝いているのである」。『華厳経』にもいう、「それは法界のごとくに無限大であり、虚空のごとくに究極的である」と。

このことはまた、カメのなかの灯火《ともしび》が、外部を照らしえぬようなものと言ってもよい。あるいは、四方八方から雲や霧がわきおこり、世の中が真っ暗になった状態に喩えてもよい。その上で太陽が輝いていないはずはない。太陽自身は損なわれることなく、ただ雲や霧に遮られているに過ぎないのである。

一切衆生の清浄なる仏性も、同じこと。分別・妄念・観念・煩悩、そうした幾重もの雲に覆われて、菩提が顕現し得なくなっているだけのことなのだ。もし妄念のおこらぬ状態で黙々と寂静に坐するならば、大いなる涅槃の日輪が、おのずとそこに輝いていることになるであろう。

『十地経』云、「衆生身中有金剛仏性、猶如日輪、体明円満、広大無辺。只為五陰重雲覆障、衆生不見。若逢智風飄蕩、五陰重雲滅尽、仏性円照、煥然明浄」。『華厳経』云、「広大如法界、究竟如虚空」。亦如瓶内燈光、不能照外。亦如世間雲霧八方倶起、天下陰暗、日光豈得明浄。日光不壊、只為雲霧覆障。一切衆生清浄之性、亦復如是。只為攀縁妄念、諸見煩悩重雲覆障、聖道不能顕了。若妄念不生、黙然浄坐、大涅槃日、自然明浄。……

(『初期の禅史I』頁一四六)

『十地経《じゅうじ》』に云く、「衆生の身中《しゅじょう》に金剛仏性《こんごうぶつしょう》有り、猶お日輪《にちりん》の如く、体は明らかにして円満、広大にして無辺なり。只だ五陰《ごおん》の重雲の為に覆障《おおわれ》て、衆生に見えざるのみ。若《も》し智《ち》風《ふう》の飄蕩《ふきはら》うに逢わば、五陰の重雲滅《めっ》し尽《つく》し、仏性は円《まど》かに照らして、煥然《かがやか》しく明浄ならん」。『華厳経《けごん》』に云く、「広大なること法界《ほっかい》の如く、究竟《くぎゅう》なること虚空《こくう》の如し」。亦《ま》た瓶《もたい》の内の燈光《とうこう》の、外を照らす能《あた》わざるが如し。亦た世間《せけん》の雲霧《うんむ》の八方より倶《とも》に起りて、天下の陰暗《くら》きが如し、日光豈《あ》に明浄なるを得ん。日光は壊《え》せず、只だ雲霧の為に覆障《おおわれ》しのみ。一切衆生の清浄《しょうじょう》の性《しょう》も、亦復《ま》た如是《かくのごと》し。只だ攀縁妄念《はんえんもうねん》・諸見煩悩《しょけんぼんのう》の重雲の為に覆障《おおわれ》て、聖道《さとり》の顕了《あらわ》る能《あた》わざるのみ。若《も》し妄念《もうねん》生ぜず、黙然《もくねん》として浄坐《じょうざ》せば、大涅槃《だいねはん》の日、自然《おのず》と明浄ならん。……

仏性は太陽のごとく、妄念・煩悩はそれを覆う雲のごときもの。その雲さえ払われれば、太陽はもともとそこにまばゆく照り輝いている――この譬喩は、この時期の禅宗文献にくりかえし現われ、「所謂北宗禅の基調」といわれている（柳田「北宗禅の思想」一九七四年／『禅仏教の研究』柳田聖山集第一巻・法藏館、一九九九年、頁二三二）。求那跋陀羅章〔一〇〕にも、次のように見える。

大道はもともと広大かつ普遍である。それは円満にして清浄であり、本から有るものであって、他の原因によって得られるものではない。それはあたかも浮雲の奥の日光のごとくであって、雲が滅し去れば、日光はそこに自ずと現れるのである。なのに、なにゆえ、更なる博学多識によって文字言句を渉猟し、却って輪廻の途上にもどる必要があるのか。口で文言を説き、それを伝えて「道」とするような者、それは名声や利益を貪って、己れを損ない他人を損なう者にほかならない。これはまた、銅鏡を磨くようなものでもある。鏡上の塵さえ落ちてしまえば、鏡はもともと明るく澄んでいるのである。

大道本来広遍、円浄本有、不従因得。如似浮雲底日光、雲霧滅尽、日光自現。何用更多広学知見、渉歴文字語言、覆帰生死道。用口説文伝為道者、此人貪求名利、自壊壊他。亦如磨銅鏡、鏡面上塵落尽、鏡自明浄。（『初期の禅史Ｉ』頁一一二）

大道は本来《もとよ》り広く遍《あま》ねく、円浄にして本より有り、因従《よ》り得るにはあらず。如《たと》えば浮雲《ふうん》の底の日光の似《ごと》し、雲霧滅《めつ》し尽《つく》さば、日光自《おの》ずから現る。何ぞ更に多くの広学知見《こうがくちけん》もて、文字語言《もんじごごん》を渉歴《あさ》り、覆《かえ》って生死《しようじ》の道に帰するを用いん。口を用いて文を説き、伝えて道と為す者は、此の人、名利《みようり》を貪求《むさぼ》りて、自からを壊《え》し他を壊すなり。亦《ま》た銅鏡《どうきよう》を磨《みが》くが如し、鏡面《きようめん》上の塵《ちり》落ち尽くさば、鏡は自《もと》より明浄なり。

妄念・煩悩の雲とその奥に輝く日輪のごとき仏性という図式は同じだが、ここではそれがさらに塵と鏡の譬喩にも言い換えられている。前々章に見た六祖恵能伝説のなかで神秀の作とされていた次の偈は、むろんはるか後世の創作だが、右のような形象をよくまとめた一首と言えるであろう。

身是菩提樹　身《み》は是れ菩提《さとり》の樹《き》
心如明鏡台　心《こころ》は明鏡の台《うてな》の如し
時時勤払拭　時時《つね》に勤めて払拭《ふききよ》め

莫使有塵埃　塵埃《ちりほこり》有らしむること莫《なか》れ

日輪と雲霧、鏡と塵、いずれも「自性清浄心―客塵煩悩」という構造を視覚的に表現したものであり、考え方としては「二入四行」説の「理入」の延長線上にある。だが、その情緒は対照的である。ここには、わが身心の存在自体を苦とする厭悪や悲嘆の気分は無い。あるのは逆に、迷える自身の奥で太陽のごとく輝く、仏性の存在への明るく楽観的な確信である。この譬喩によって、仏性が後天的な努力で作成されるものでなく、本から完善な形で実在すること、それが今は妄念・煩悩に覆われて一時的に見えなくなっているに過ぎないこと、そして、それをさえ除き去ってゆけば仏性は自ずからそこに顕現すること、そうした論旨が、逐条的でなく、一つの形象として明快に示されているのである。

このような考え方から、自己本具の仏性の実在を確信しつつ、坐禅によって煩悩の払拭に努めてゆくという実践の原理が導き出されてくるのは当然であり、それゆえ、本書には実にさまざまな坐禅の方法が説かれている。神秀自身は、武后からの質問に対し、自身の禅法について次のように答えている（神秀章〔三六〕に引かれる玄賾『楞伽人法志』の記録。『初期の禅史I』頁二九八）。

則天大聖皇后《そくてんだいしょうこうごう》、「お伝えになっているのは、どのような宗旨であられますか？」

神秀禅師、「蘄州の東山法門をうけついでおる」
「それは、どのような典拠にもとづくものでありましょうか？」
「『文殊説般若経《もんじゅせつはんにゃきょう》』の一行三昧《いちぎょうざんまい》にもとづくものである」

則天大聖皇后問神秀禅師曰、「所伝之法、誰家宗旨？」答曰、「稟蘄州東山法門」。問、「依何典誥？」答曰、「依文殊説般若経一行三昧」。
則天大聖皇后、神秀禅師に問うて曰く、「所伝の法は、誰家《たがいえ》の宗旨ぞ？」答えて曰く、「蘄州の東山法門を稟《う》く」。問う、「何の典誥《てんこう》にか依る？」答えて曰く、「『文殊説般若経』の一行三昧に依る」。

では「一行三昧」とは、何か？ 本書道信章は、道信に帰せられる『入道安心要方便法《にゅうどうあんじんようほうべんほう》門《もん》』なる書物をもとに構成されており、その章の冒頭〔二〇〕に引かれる同書は、その基本的立場を「我が此の法要は、『楞伽経』の諸仏心第一に依り、又た『文殊説般若経』の一行三昧に依る」と説いている。そして、そこに引かれる『文殊説般若経』には、その三昧が次のように説かれている。

法界は一相にして、縁をその法界に繋《か》くる、是《これ》をば一行三昧と名づく。

法界一相、繋縁法界、是名一行三昧。（『初期の禅史Ⅰ』頁一八六）

一行三昧とは、無分節にして全一なる「法界《ほっかい》」と一如になることだという意であり、それゆえ「是の如く一行三昧に入る者は、尽く恒沙の諸仏と法界との差別の相無きを知る」とされるのであった。

しかし、道信章はこうした高次の理念的三昧とあわせて、具体的な禅定・観法の技法についてもきわめて懇切に説いている。そのひとつ、「守一不移《しゅいつふい》」という禅法を説く道信《どうしん》章の一段〔二七〕には、次のように見える。

「守一不移」とは、空にして清浄なるこの眼を一つの物に注ぎ、昼夜の別なく常に専一に集中して動かぬようにすることである。心がはずれていきそうになったら急いでそれを回収する。鳥の足を縄でつなぎとめ、飛びそうになったら引きもどすように。そうして一日中、おわることなく見つめつづけるならば、やがて心のなかから全てのものが消え去って、自ずと三昧の状態が得られよう。

守一不移者、以此空浄眼注意看一物、無間昼夜時、専精常不動。其心欲馳散、急手還摂来、如縄繋鳥足、欲飛還掣取。終日看不已、泯然心自定。……（『初期の禅史Ⅰ』頁二二四

一）

「守一不移」とは、此の空浄の眼《まなこ》を以て意を注ぎて一物を看、昼夜の時を間《へだ》つこと無く、専精にして常に不動なるなり。其の心、馳散《はせち》らんと欲せば、急手《いそぎ》て還《かえ》って摂《おさ》め来る。縄もて鳥の足を繫《つな》ぎ、飛ばんと欲さば還って掣取《ひきとど》むるが如し。かく終日看《み》て已《や》まざれば、泯然《びんぜん》として心自《おのず》から定まらん。……

後文には、さらに次のような描写も見える。

禅定は弓矢の稽古のようなものである。最初は大きい円をねらい、次にそのなかの小さい円にあてる。その次はその中心の大きいマトにあて、次はさらにその中の小さいマトにあてる。そして、その次は一すじの毛にあて、さらに次いで一すじの毛を百本に分けて、さらにその百分の一本にあてる。そして、今度は、前の矢の矢はずに後の矢をあて、次々に矢のあとに矢が刺し連なって支えあい、矢が落ちぬようにさせる。修行もこれと同様である。一念一念、心を集中し、その一念一念が連続して間断が無いようにさせ、以って正しい一念が常にこの場にあるようにするのである。経典にもこうあるではないか、「智恵の箭《や》を以て、三解脱門を射《い》、筈《やはず》と筈と相い拄《ささ》えて、地に落ちしむること勿《なか》れ」と〔『摩訶般若波羅蜜経』巻一八〕。……

如人学射、初射大准、次中小准、次中大的、次中小的、次中一毛、次破一毛作百分、次中百毛之一分、次後箭射前箭筈、筈筈相拄、不令箭落。喩人習道、念念住心、心心相続、無暫間念、正念不断、正念現前。又経云、「以智恵箭、射三解脱門、筈筈相拄、勿令落地」。……（『初期の禅史Ⅰ』頁二四一）

人の射《ゆみ》を学ぶが如し、初め大なる准《めあて》を射《い》、次に小なる准に中《あ》て、次に大なる的《まと》に中て、次に小なる的に中て、次に一毛に中て、次に一毛を破して百分と作《な》し、次に百毛の一分〔一毛を百分したもののさらに一分〕に中て、次に後《のち》の箭《や》もて前《さき》の箭の筈《やはず》を射《い》、筈と筈と相《あ》い拄《ささ》え、箭をして落ちしめず。そは人の道を習うに喩《たと》う、念念に心を住《とど》め、心心相続して、暫《しば》らくも間《へだ》たる念無く、正念断えず、正念現前するなり。又た経〔『摩訶般若波羅蜜経』巻一八〕に云く、「智恵の箭を以て、三解脱門を射、筈と筈と相い拄えて、地に落ちしむること勿れ」と。……

弓矢の修練になぞらえつつ、「守一不移」の禅法が徐々に集中の精度を高めてゆくさまが描かれている。身をもって行う技芸や運動がみなそうであるごとく、禅定にも長期の継続的努力が不可欠であり、そこに時間の経過に比例した漸進的な深化や段階的な向上の過程が見られることは自然である。「自性清浄心―客塵煩悩」という考え方は、禅定による持続的な煩悩の払拭という修行を要請し、その修行は継続にともなう漸進的深化の過程と必然的に一体であった。その意味で禅宗は、当初、確かに「坐禅によって悟りを開くことをめざす仏教の一派」であったと言ってよい。

一―三 「南宗」と「北宗」

神会の「北宗」批判

七〇六年（神竜二）の神秀の示寂後、その教団と唐王朝からの尊崇をひきついだ普寂《ふじゃく》は、嵩山嵩岳寺《すうがく》を拠点として、次のような法系を宣揚し、さらに嵩岳寺に浮図《ふと》（塔）や霊廟を立てて神秀の大大的な顕彰を行った（李邕「嵩岳寺碑」）。

菩提達摩―恵可―僧璨―道信―弘忍―神秀―普寂

盛唐《せいとう》の時代、普寂は玄宗《げんそう》の勅命によって長安に居を移し、七三九年（開元二七）に八十九歳で没するまで、朝廷や貴人・士大夫・庶民からひろく信仰をあつめた。『旧唐書』はそのことを「開元《かいげん》十三年〔七二五〕、普寂に勅して都城《みやこ》〔長安〕に於いて居止《すま》わしむ。時に王公士庶《おうこうししょ》、競《きそ》い来《きた》りて礼謁《らいえつ》す」と記し、また、その死去の際のようすを「士庶城《まち》を傾けて哭送《こくそう》し、閭里《りょり》之が為に空《むな》し」と記している。没後も、嵩山に並べて立てられた神秀と普寂の墓塔が一対の聖跡としてながく崇められた。盛唐以後、右の法系を記した碑文の類は数多く、詩人杜甫《とほ》（七一二—七七〇）が「身は許す双峯《そうほう》寺、門は求む七祖の禅」（「秋日夔府詠懐」詩）とうたったのも、今では普寂を指したものと看ることがほぼ定説となっている。[11]

また、のちに中唐《ちゅうとう》の宗密は、普寂のことを「二京《じけい》の法主《ほっしゅ》、三帝《さんてい》の門師《もんし》」と称している（『円覚経大疏鈔』巻三下）。かつて神秀が「両京の法主、三帝の国師」と讃えられたのを踏まえた措辞であることはむろんだが、言われてみれば、神秀が武后・中宗・睿宗の国師であったのが最晩年のわずか五、六年のことであったのに対し、普寂は中宗・睿宗・玄宗の三代、ほぼ三十年もの長きにわたって、長安・洛陽の仏教界に君臨した。結果から言えば、この呼称は、たしかに普寂にこそ相応《ふさわ》しかったと言わねばなるまい。

ところが、普寂らがかかる権勢を誇っていた七三二年（開元二〇）頃、ひとりの無名の僧が、突如、普寂一派を非難する派手な運動を開始した。僧の名は神会《じんね》（六八四—七五八）。当時、南陽龍興《りゅうこう》寺に住して南陽和上《なんようおしょう》とよばれ、のちには洛陽荷沢《かたく》寺に住したことから荷沢《かたく》神会《じんね》と通称されることになる人物である。

神会は、正月十五日、滑台《かつだい》（河南省）の大雲《だいうん》寺で「無遮大会《むしゃだいえ》」を挙行した。「無遮大会」とは、道俗を問わずいかなる人の参加も妨げない公開の法会のことであり、正月十五日はあたかも「元宵《げんしょう》節」（上元《じょうげん》節）に当たっている。街じゅうに飾られた色とりどりの灯籠を人々が夜通し賑やかに見てまわるという「元宵観灯」の節日、その日を特に選び、かつ「無遮大会」という形式で法会が行われたことは、神会が自らの主張を、仏教界内部よりも、むしろひろく社会一般に向けて発信しようとしたことを物語っていよう。

　この法会の内容は、二十世紀前半、敦煌文献のなかから、胡適によって『菩提達摩南宗《ぼだいだるまなんしゅう》定是非論《ていぜひろん》』という写本が発見されて、はじめて詳しく知られるようになった。[12] 同書によれば、法会の冒頭、神会はまず巧みな話術で達摩や恵可の故事から語り起こした。造寺度僧の見返りとしての「功徳」を期待する梁の武帝を達摩がにべもなく「無功徳」と切って捨てる話（第二章で『碧巌録』による後世の記述をみた）、そして、それにつづくくだんの恵可断臂の話である。恵可断臂のほうは『伝法宝紀』からうけついだものだが、後世、禅門共有の有名な話柄となる達摩と梁の武帝の問答は、実は、神会がここで初めて唱えた説であった。そこには、普寂らが皇帝の厚い帰依を受けていることを揶揄する意味がこめられていた。それらの故事を語ったうえで、神会は次のように高らかに訴えた。

　達摩は、秘伝としての仏の智慧と、その証拠の品としての一領の袈裟《けさ》を恵可に授けて、「法の信《しるし》」とした。のち、恵可はそれを僧璨に伝え、僧璨はさらに道信に、道信はさらに弘忍に、そして弘忍は恵能へとそれを伝えて、六代の相伝は連綿と続いて絶えることがなかったのであった。

達摩遂開仏知見、以為蜜契、便伝一領袈裟、以為法信、授与恵可。恵可伝僧璨、僧璨伝道信、道信伝弘忍、弘忍伝恵能。六代相承、連綿不絶。（鄧文寛・栄新江『敦博本禅籍録校』江蘇古籍出版社・敦煌文献分類録校叢刊、一九九八年、頁一二）

達摩遂《かく》て仏知見を開きて、以て蜜契（密契）と為し、便ち一領の袈裟を伝えて、以て法信と為して、恵可に授く。恵可は僧璨に伝え、僧璨は道信に伝え、道信は弘忍に伝え、弘忍は恵能に伝う。六代相承《そうじょう》して、連綿として絶《た》えざりき。

ここで大胆に提示された次の系譜が、さきの神秀・普寂らの系譜を否定し、それと鋭く対立するものであることは言うまでもない。

達摩―恵可―僧璨―道信―弘忍―恵能

この法系を宣言し、弘忍につぐ第六祖が、神秀でなく恵能であると世に認めさせること、それこそがこの法会の目的であった。恵能を第六祖に立てる系譜、伝法の証明（「法信」）として「一領の袈裟」が代々相伝されたとする説話、いずれも後には禅門の一般的な伝承として定着するものだが、そもそもは神秀・普寂の系統を非難するために、神会がこの法会で衝撃的に唱えはじめた説だったのであった。

だが、この時には恵能も神秀もつとに没してこの世にない。にもかかわらず、第六祖が誰であるかを問おうとするのはなぜか。それは、むろん、現に長安に在る普寂と、自ら第七祖の位を争わんがために外ならない。法会の対論者である崇遠《すうえん》法師の「しからば、普寂禅師が自ら第七代と称していることはどうなるか」という問いに、神会は次のように答えている。

神秀禅師さえ、正統の法系に属さず、第六祖とは認められぬのだ。まして、普寂禅師はその門弟、いかなる相伝を根拠に第七代と称しえよう。中岳《ちゅうがく》〔嵩山〕の普寂禅師、東岳《とうがく》〔泰山〕の降魔蔵《ごうまぞう》禅師、この二大徳は神秀禅師を第六祖と称しているが、いったい何の証拠によって神秀禅師が第六祖とされるのか。わが韶州《しょうしゅう》恵能の一門こそが、代々、達摩の袈裟をもって伝法の証拠としてきたのだ。にもかかわらず、普寂禅師は、今、嵩山に碑銘と七祖堂を建て、さらに『法宝紀《ほうぼうき》』なる書物を編纂して、七代の系譜を記している。これはいったい何を証拠としてのことか。仏法相伝の系譜は、神秀禅師やその弟子たちとは何の関わりも無い。このように、正統な伝授が無い、だからこそ、自分は彼らを許さないのである。

今秀禅師実非的的相伝、尚不許為充〔充為〕第六代、何況普寂禅師是秀禅師門徒、有何承稟充為第七代？ 見中岳普寂禅師、東岳降魔蔵禅師、此二大徳口称秀禅師是第六代、未審秀禅師将何為信充為第六代？ 我韶州一門、従上已来、排其代数、皆以達摩袈裟為信。今普寂禅師在嵩山竪碑銘、立七祖堂、修『法宝紀』排七代数、以何為信？ 其付嘱仏法、伝授代数、並不干秀禅師已下門徒事。何以故？ 為無伝授、所以不許。（頁三七）

今、秀《しゅう》禅師〔神秀〕、実に的的相伝《てきてきそうでん》に非ずして、尚お充《あ》てて第六代と為すを許さず、何《なん》ぞ況《いわ》んや普寂《ふじゃく》禅師は是れ秀禅師の門徒、何の承稟《しょうひん》有りてか充てて第七代と為す？ 中岳普寂禅師、東岳降魔蔵《ごうまぞう》禅師を見るに、此の二大徳、口ずから秀禅師は是れ第六代なりと称す、未審《しら》ず秀禅師、何を将《も》って信《しるし》と為し充てて第六代と為す？ 我が韶州《しょうしゅう》の一門は、従上より已来《このかた》、其の代数を排するに、皆な達摩《だるま》の袈裟《けさ》を以て信と為す。今、普寂禅師、嵩山に在《おい》て碑銘を竪《た》て、七祖堂を立て、『法宝紀』を修して七代の数を排せるは、何を以てか信と為す？ 其の付嘱《ふしょく》の仏法、伝授《でんじゅ》の代数は、並《すべ》て秀禅師已下の門徒の事に干《かか》わらず。何を以ての故に？ 伝授無きが為に、所以《ゆえ》に許さず。

さきにいうように、普寂が嵩山嵩岳寺に塔や霊廟、さらに「嵩岳寺碑」を立てて神秀の顕彰に努めたことは事実である。またここにいう『法宝紀』はさきにふれた『伝法宝紀』のことであり、そこにも確かに神秀―普寂を正系とする禅の歴史が説かれている。だが、それはその時点ではなお、正も傍もないほぼ唯一の正統説であった。にもかかわらず、神会はそれらを普寂の不当な捏造と決めつけつつ、南方の韶州（広東省）にあったわが師恵能こそが真の六祖にほかならぬと主張する。神会はさらに神秀が「両京の法主、三帝の国師」と讃えられたことを逆手にとって「達摩より已下、能和上（恵能）に至るまで、六代の大師、一人として帝師たる者有ること無し」とも非難する。そのような世俗的権威にまつりあげられていること自体、そもそも達摩禅の正系でない何よりの証拠だという論法だが、これが今は亡き神秀よりも、むしろ現に長安で権勢をほこっている普寂その人への非難を含意していることは明らかである。

かくして神会が打ち出したのが「南能北秀《なんのうほくしゅう》」――恵能の「南宗《なんしゅう》」と神秀の「北宗《ほくしゅう》」――という、かの周知の対立図式であった。

神秀和上の生前、天下の求道者たちは恵能と神秀を「南能北秀」と並称し、それが世に知られて「南北両宗」――「南宗」「北宗」という二つの宗派――ができたのだ。普寂禅師は実は玉泉寺の神秀禅師の弟子であり、実は恵能の住する韶州の地には行ったことがない。にもかかわらず自ら「南宗」を標榜しているので、自分はこれを許さないのである。

為秀和上在（日）天下学道者号此二大師為〝南秀能北（＝南能北秀）〟天下知聞。因此号、遂有南北両宗。普寂禅師実是玉泉学徒、実不到韶州。今日妄称南宗、所以不許。（頁四六）

秀和上、在りし日、天下の学道者、此の二大師（恵能と神秀）を号して〝南能北秀〟と為して、天下に知聞せられ、此の号に因りて、遂《かく》て南北両宗（南宗と北宗）有り、普寂禅師は実は是れ玉泉（神秀）の学徒にして、実は韶州に到らざるに、今日、妄《みだ》りに南宗を称せるが為に、所以《ゆえ》に許さざるなり。

普寂自身の言ではないが、たしかに同系統の人の文章のなかで、神秀系の法門を「南宗」と自称した例がある。しかし、それは菩提達摩由来の「南天竺一乗宗《なんてんじくいちじょうしゅう》」の謂いであって、中国内の地理上の南北のことではなかった。それを神会は、北方の神秀の宗派と南方の恵能の宗派という意に改変し、ただし「南宗」のほうにだけは依然、達摩禅の正系というもとの語感を含ませつつ、普寂らが「南宗」を僭称するのは甚だ許し難いことだと一方的に言いつのってゆくのであった。

頓と漸

だが「南宗」対「北宗」というこの対立図式の提出は、単なる系譜争いの問題に止まらない。そこには、さらに、その後の禅宗の性格を決定づける、重大な思想的転換の意味がこめられていた。恵能も神秀もともに五祖弘忍の「同学」である以上、その法も同一であるはずではないかという崇遠法師の質問に、神会は次のように答えている。

今、同じでないというのは、神秀禅師が「心を凝《こら》して定《じょう》に入《い》り、心を住《とど》めて浄を看《み》、心を起《おこ》して外に照《うつ》し、心を摂《おさ》めて内に証《さと》る」、そうした禅法を人に行わせているからである。

今言不同者、為秀禅師教人凝心入定、住心看浄、起心外照、摂心内証、縁此不同。（頁四二）

今、同じからずと言うは、秀禅師の人に教えて〝凝心入定《ぎょうしんにゅうじょう》、住心看浄《じゅうしんかんじょう》、起心外照《きしんがいしょう》、摂《しょう》心内証《しんないしょう》〟せしむるが為に、此れに縁《よ》りて同じからざるなり。

心を凝集して三昧に入り、心を固定して清浄なるものを観想し、心を起ちあげて外在世界を照《うつ》し出し、心を摂《おさ》めて内面世界を体認する——「凝心入定、住心看浄、起心外照、摂心内証」——このとおりの句は神秀・普寂の教説のなかには見出されない。だが、その系統の人々が、禅定・観法の持続的・段階的な実修を重んじていたことは事実である。神会は神秀・普寂らの禅法を一方的に右のように定式化したうえで、それを、客体として措定された心に「調伏《ちょうぶく》」を加えてゆく「愚人の法」にすぎぬと批判する。そうした「調伏・不調伏の二法を離れたものこそが、即ち能禅師（恵能）の行処」であり、達摩から恵能までの六代の祖師のうち、誰ひとりとして「凝心入定、住心看浄、起心外照、摂心内証」をなした者などなかったというのである。これに対して崇遠は、むしろそうした禅法こそが「仏法」ではないかと問いかえすが、神会はそれをうけて、さらに次のような批判を展開する。

そうした禅法を許さぬのは「頓《とん》」と「漸《ぜん》」との相違のためだ。六代の祖師たちはみな「単刀直入、直了見性《たんとうじきにゅうじきりょうけんしょう》」という「頓悟《とんご》」を説いて、そのような「階漸《かいぜん》」（段階・階梯）を説きはしなかった。道を学ぶ者は「頓《ただち》」に仏性を見、そのうえで「漸《しだい》」に行を修めてゆかねばならぬ。さすれば、今生を離れることなく、解脱を得ることができるのである。……

皆為頓漸不同、所以不許。我六代大師、一一皆言〝単刀直入、直了見性〟、不言階漸。夫学道者須頓見仏性、漸修因縁、不離是生、而得解脱。（頁四三）

皆な頓・漸の不同の為に、所以《ゆえ》に許さず。我が六代の大師は、一一皆な〝単刀直入、直了見性〟と言いて、階漸《かいぜん》を言わず。夫《そ》れ学道の者は須《すべか》らく頓《とみ》に仏性《ぶっしょう》を見て、漸に因縁を修すべく、是《こ》の生《しょう》を離れずして、解脱《げだつ》を得ん。

「頓」とは瞬時・無段階ということ、「漸」とは時間的・段階的ということである。達摩から恵能までの六代祖師が説いたのは「単刀直入、直了見性」という「頓悟」の法門であり、段階を踏んで心を「調伏」してゆく「北宗」系の禅法は、それに背いた「漸悟」の教えにすぎぬというわけである。頓悟の「南宗」と漸悟の「北宗」、この対比は後世「南頓北漸」という成語にまとめられて人口に膾炙した（『景徳伝灯録』巻九・薦福寺弘辯章／景徳伝灯録研究会編『景徳伝灯録・三』禅文化研究所、一九九三年、頁三二八）。

「坐禅」と「定慧等」

では、頓悟はいかにして達せられるのか。「北宗」の階梯的禅定に神会が対置したのは、次のような「坐禅《ざぜん》」の定義であった。

「坐禅」とは、念の起こらぬのを「坐」、自己の本性を見るのを「禅」とするものである。だから、身体を坐せしめて禅定に入ることを、自分は人にさせないのである。

今〔言〕坐者、念不起為坐、今言禅者、見本性為禅。所以不教人坐身住心入定。（頁四六）

今「坐」と言うは、念の起らざるを「坐」と為し、今「禅」と言うは、本性を見るを「禅」と為す。所以《ゆえ》に人に教えて身を坐して住心入定《じゆうしんにゆうじよう》せしむることをせず。

自己の本性を如実に見、そこに想念が起こらない、それを「坐禅」とよぶのであって、そこに身体を坐せしめる行法は必要ないと神会はいう。これは新たな禅法を提唱したものでも、坐禅に新たな意義を付与したものでもない。「坐禅」という語を借りながら、事実上は身体的行法としての坐禅を廃棄し、禅をもっぱら本性の覚醒という思想の問題に転換しているのである。その意は次のような「定慧等《じようえとう》」の説とあわせ看ることで、いっそう明瞭となる。

「定《じよう》」というのは、「体《たい》」が不可得であること。「慧《え》」というのは、その不可得なる「体」が湛然常寂《たんねんじようじやく》でありながら、そこに恒沙《ごうしや》の「用《ゆう》」が有るのを見ることである。それゆえ「定慧等学」と言うのである。

言其定者、体不可得。言其恵者、能見不可得体、湛然常寂、有恒沙之用、故言定恵等学。

（頁三一）

其の〝定〟と言うは、〝体〟の不可得なるなり。其の〝恵〟と言うは、能《よ》く不可得なる〝体〟の、湛然常寂にして、恒沙の用有るを〝見る〟なり、故に〝定恵等学〟と言う。

神会のいう「定慧等」は、禅定と智慧の均等の修学という意ではもはやない。それは、不可得なる自己の「体」を「定」とよび、その不可得なる「体」が常に寂静でありながら無限の「用」を具えている、それを見るのが「慧」だ、というものである。同様の説は神会の語録でも再三説かれているが、これは単純化していえば、「定」とは本性が無限定であること、「慧」とはその無限定なる本性を自ら見ること、というわけで、内容はさきの「坐禅」の定義とかわらない。こうした本性による本性の自覚を核心とする以上、そこに坐禅という身体的行法は無用である。いや、それどころか、そうした行法は、無限定なる本性に強いて人為的な加工と修整を施す「愚人の法」として斥けられねばならぬのである。神会においては「頓悟」という語も、やはりこの考えの言い換えであった。神会のいう「頓悟」とは、決して開悟の遅速のことではない。それは、自らの本来性を自らが見る、そこには時間差も過程の前後もそもそも存在しえない、という意味だったのである。

王維との問答

神会の語録には当時の士大夫たちとの問答が数多く記録されており、この層への彼の積極的なはたらきかけがうかがわれる。そのなかには、杜甫《とほ》や李白《りはく》とならぶ盛唐《せいとう》の代表的詩人のひとり王維《おうい》（六九九？～七六一？）の名も見える。王維が仏教にふかく傾倒していたことはよく知られているが、彼は普寂系統の禅者と親交が多かったらしく、『楞伽師資記』の撰者浄覚《じょうかく》（六八三～七五〇？）のために「浄覚師碑銘《じょうかくしひめい》」を撰し、また粛宗《しゅくそう》から嵩山嵩岳寺の神秀・普寂の塔に勅額を賜った際には、当寺の僧のためにそれへの謝意を奉る文章を代筆している（「為舜闍梨謝御大通大照和尚塔額表」）。さらに王維の母親も「大照禅師〔普寂〕に師事すること三十余歳」であったといい（「請施荘為寺表」）、弟の王縉《おうしん》も「因《よ》りて大《だい》照《しょう》〔普寂〕に学び、又た広徳《こうとく》〔普寂の弟子〕と素《ひごろ》より知友たり」と自ら述べている（「大証禅師碑」）。普寂が都で「王公士庶」の信仰をあつめていたとするさきの『旧唐書』の記述を傍証するに足るものだが、神会はこの王維にも接近し、のちには恵能のために「六祖能《ろくそのう》禅師碑銘《ぜんじひめい》」を書かせている。そうした交渉のなか、神会が王維に対して説いたのも、やはりかの「定慧等」の説であった。

侍御史《じぎょし》王維が神会に問う、「師の禅法は、どのような点で恵澄《えちょう》禅師と異なるのです」。

神会、「恵澄禅師の禅法は、先《ま》ず禅定を修め、それによって三昧を得、然る後に智慧を起こす、というものです。いっぽう私の立場では、今こうして侍御どのと語りあっている、それがそのまま〝定慧等〟なのです。『涅槃経《ねはんぎょう》』にも〝定が多く慧が少なければ無明が増し、慧が多く定が少なければ邪見が増す。定と慧とが等しければ、仏性が見える〟とございます。それゆえ違うと申し上げておるのです」。

王維、「しからば、〝定慧等〟とは、如何なる状態を言うのです」。神会、「〝定〟とは、体が不可得であること。〝慧〟とは、その不可得の体が湛然常寂であり、しかもそこに恒沙の巧用が有るのを見ることです。これがすなわち〝定慧等学〟ということでございます」。

王侍御問和上、「何故得不同？」答曰、「今言不同者、為澄禅師要先修定以後、定後発慧〔後文に「先修定、得定已後発慧」とあるのに従う。胡適本は「要先修定、得定以後発慧」〕、即知不然。今正共侍御語時、即定慧俱等。『涅槃経』云、〝定多慧少、増長無明。慧多定少、増長邪見。若定慧等者、名為見仏性。故言不同」。王侍御問、「作没時是定慧等？」和上答、「言定者、体不可得。所言慧者、能見不可得体、湛然常寂、有恒沙巧用、即是定慧等学」。（『神会語録』石井本二九・胡適本三八／楊曾文『神会和尚禅話録』中華書局、中国仏教典籍叢刊、一九九六年、頁八五）

王侍御〔王維〕、和上〔神会〕に問う、「何故に同じからざるを得たる？」答えて曰く、「今、同じからずと言うは、澄禅師〔恵澄〕の要《かなら》ず先《ま》ず定を修め、定を得て以後に慧を発するが為に、即ち然らざるを知るなり。今、正に侍御どのと共に語る時、即ち定慧倶に等し。『涅槃経』に云く、〝定多く慧少なければ、無明を増長す。慧多く定少なければ、邪見を増長す。若し定慧等しければ、名づけて仏性を見ると為す〟と。故に同じからずと言う」。

王侍御問う、「作没《いか》なる時か是れ定慧等？」和上答う、「〝定〟と言うは、体の不可得なるなり。言う所の〝慧〟とは、能く不可得の体の、湛然常寂にして、恒沙の巧用有るを〝見る〟なり、即ち是れ定慧等学なり」。

恵澄禅師のことは未詳だが、さきの法会の崇遠と同様、「北宗」の立場を代表する役割を負わされてここに登場したものであるらしい。そのためか、恵澄の禅法に対する要約は「先ず定を修め、定を得て以後に慧を発す」というように、禅定と智慧の先後関係をことさら強調した言い方になっている。それに対置して神会が説いたのがかの「定慧等」の説だったわけだが、ここで注目すべきことは、神会がそれを修行によって獲得される特殊な境地とせず、今こうしてあなたと語りあっている、それがそのまま〝定慧等〟なのだ――「今、正に侍御《おんみ》と共に語る時、即ち定慧倶《とも》に等し」――そう説いていることである。「定慧等」が本性の自覚の謂いである以上、本性はいついかなる時も「定慧等」でないことがない。現にこうして話しているときも、自己は正にありありと「定慧等」だというのである。坐禅の否定とそれに表裏する日常的現実の肯定、そうした唐代禅宗の基調がここにもすでに萌しており、それは禅宗が在俗の士大夫の思想としてひろまってゆくことの重要な原因ともなるものであった。

一―四　安史の乱と諸派の興起

百家争鳴の時代

神会はその後、洛陽荷沢寺に移り、同様の運動をさらに華々しく展開した。だが、一時は相当の支持を集めたものの、派手な大衆動員が当局の忌む所となり、七五三年(天宝十二)、南方に流され、翌年、恩赦を受けて荆州《けいしゅう》開元寺に落ち着いた。神会側のいくつかの資料は、この弾圧を「北宗」からの圧力によるものと説明する。

神会は七五八年(乾元元)にその地で没するが、それに先だつ七五五年(天宝十四)、唐王朝の基盤を根底から揺るがす、かの「安史の乱」(七五五―七六三)が勃発した。『宋高僧伝』巻八・神会伝は、唐朝が度牒《どちょう》(出家の許可証)の乱売によって軍費を調達したさい、神会が突出した貢献をなし、その功によって粛宗の入内供養を受けたと記している。他の伝記資料との齟齬が著しく、そのまま史実とは認めがたいが、神会が各地で行われた売度のひとつに参与した可能性は考えられる。

だが、それよりも重要なことは、この乱を境として、各地に新たな禅宗諸派が次々と勃興してきたことである。戦乱のために政治・経済の中心が中原から各地に分散したこと、神会の闘争によって禅宗の正統意識が相対化されたこと、そうした内外両面の多元化――中心的価値の喪失――という趨勢がその背景として考えられよう。

中唐期の華厳宗の学僧でかつ禅の荷沢宗第五世を自称した宗密は、そうした同時代の禅宗諸派の系譜と思想を、『円覚経大疏鈔《えんがくきょうだいしょしょう》』巻三下（以下『大疏鈔』）や『裴休拾遺問《はいきゅうしゅういもん》』（『中華伝心地禅門師資承襲図』）などの著述に書き記している。[13] 今、『大疏鈔』の記述に『裴休拾遺問』を併せると、それは次の新旧七宗に整理できる。

（1）「北宗《ほくしゅう》」　長安―神秀《じんしゅう》・普寂《ふじゃく》
（2）「浄衆宗《じょうしゅうしゅう》」　四川―浄衆寺無相《じょうしゅうじむそう》
（3）「保唐宗《ほとう》」　四川―保唐寺無住《ほとうじむじゅう》
（4）「洪州宗《こうしゅう》」　江西―馬祖道一《ばそどういつ》
（5）「牛頭宗《ごず》」　江南―牛頭法融《ごずほうゆう》
（6）「南山念仏門《なんざんねんぶつもん》」　四川―果閬宣什《かろうせんじゅう》

（7）「荷沢宗《かたく》」　洛陽—荷沢神会《かたくじんね》

宗密の出身地である四川と後半生の活躍の地であった長安、その二点から認識されたかぎりの状況という地理的な偏りがあるかも知れないが、盛唐から中唐にかけての時代、少なくともこれだけの分派が競合していたのであり、禅宗は、いわば、百家争鳴の時代を迎えたのであった。

牛頭宗と荷沢宗

ここではそれら一々の詳細に立ち入らないが、これら新興の各派は、しばしば、いわゆる加上の論理によってより古い起源の系譜を主張した。たとえば江南から長安に進出した「牛頭宗」は、四祖道信が五祖弘忍への伝法の後、あらためて牛頭山（南京近郊）の法融に法を伝えたという伝承（第一章参照）を創り出して、次のような系譜を主張した。

達摩—恵可—僧璨—道信—┬弘忍
　　　　　　　　　　　└牛頭法融—智巌《ちごん》—慧方《えほう》—法持《ほうじ》—智威《ちい》—玄素《げんそ》—法欽《ほうきん》

これは、南北二宗に超然たる第三の正統——「二宗の外に、又た別門たり」（法欽の碑文の語。李吉甫撰「杭州径山《きんざん》寺大覚禅師碑」、『文苑英華』巻八六五）——という意識を反映したものであった。

これに対して宗密自身が標榜した「荷沢宗」の系譜は、次のようなものであった。

六祖恵能―荷沢神会―磁州智如―惟忠（荆南張・南印）┬遂州道円―宗密
　　　　　　　　　　　　　　　　　　　　　　　　　└東京神照

宗密はさらにその著『禅源諸詮集都序《ぜんげんしょせんしゅうとじょ》』（鎌田茂雄『禅源諸詮集都序』禅の語録9、一九七一年）において、当時の禅宗を、

A「息妄修心《そくもうしゅうしん》宗」（北宗）
B「泯絶無寄《みんぜつむき》宗」（牛頭宗）
C「直顕心性《じきけんしんしょう》宗」（洪州宗と荷沢宗）

の三宗に整理し、それを教宗における

A「密意《みつい》依性説相《えしょうせっそう》教」のうちの「将識破境《しょうしきはきょう》教」（唯識）
B「密意《みつい》破相顕性《はそうけんしょう》教」（空観）
C「顕示真心即性《けんじしんじんそくしょう》教」（如来蔵）

の三教と対応させて、「荷沢宗」を至上とする教相判釈をも完成した。[14]

しかし、宗密のいう「荷沢宗」の系譜は、実際には、四川の浄衆寺神会《じょうしゅうじじんね》という僧の弟子であった惟忠《ゆいちゅう》（荆南張・南印）らが、中央への進出を目指し、浄衆寺神会を荷沢神会と意図的に混同して創作したものであった。その門下は東京神照《とうけいじんしょう》を中心として洛陽に出て右の系譜を宣揚し、さらに神照の没後はその墓塔を神会の墓塔とならべて営むことで「荷沢宗」の系譜を既成事実としようとした（白居易撰「唐東都奉国寺禅徳大師照公塔銘」）。おそらく神秀・普寂の墓塔を嵩山に並べて立てることでいわゆる「北宗」の法系が顕示されたのを真似たものと思われる。もと四川で遂州道円《すいしゅうどうえん》に師事していた宗密は、道円の師の惟忠の「伝教の人なり。当に帝都に盛んなるべし」（裴休撰「圭峰定慧禅師碑」）という勧めによって上洛し、神照らの一門に合流してこの運動に加わったのであった。[15]

保唐宗と『歴代法宝記』

そうした宗密が、七宗のうち、最も批判的に記述したのが「保唐宗」であった。この一派が主張したのは、恵能のもとにあった伝法の袈裟を則天武后が召し上げて智詵《ちせん》に与え、それが処寂《しょじゃく》・無相をへて無住に伝えられたとする、新奇な伝説を根拠とした、次のような系譜であった。

達摩―恵可―僧璨―道信―弘忍┬恵能―神会
　　　　　　　　　　　　　　└智詵―処寂―浄衆寺無相―保唐寺無住

この一派は思想面でも、おそらく最も急進的な位置に立っていた。たとえば、彼らの系譜と思想を記す敦煌出土の『歴代法宝記《れきだいほうぼうき》』（柳田聖山『初期の禅史Ⅱ』禅の語録3、一九七六年）には、無住と律師たちとの次のような問答が録されている。律師たちを論破し、なんと戒律を捨てさせてしまうという話のむすびである。

律師たちは無住和上の説を聞きおわるや、たちまち疑念が取り除かれ、こう申し上げた。

「不肖わたくしども、長らく人々に、迷いを伝えてしまいました。戒律は今すべて捨て去りますので、何とぞ弟子としてお導きを賜りますよう」。そして一斉に和上を礼拝し、両の目から涙を流して泣くのであった。

そこで無住和上は説く、「不憶不念《ふおくふねん》、すべてを思わず、仏法も思わず、世間法も思わず、〝只没《しも》に閑《かん》〟――ただ、ぼうっとしておる、それがそなたらにできるか」。

律師たちはそろって答える、「できまする」。……

和上はさらに重ねて説かれた、「起心《きしん》は煩悩、動念《どうねん》は魔境。〝只没に閑〟――ただ、ぼうっとして、心が沈みもせず浮かびもせず、流れもせず転じもしない、そのようであれば〝活鱍鱍《かっぱつぱつ》として、一切時中総《すべ》て是れ禅〟ピチピチと躍動して、いつ如何なるときも禅でない時がないのである」と。それを聞いて律師たちは躍り上がって喜び、黙ってそれに従ったのであった。

律師聞已、疑網頓除、白和上、「小師伝迷日久。戒律尽捨。伏願慈悲摂受」。一時作礼、両涙而泣。和上云、「不憶不念、一切法並不憶、仏法亦不憶、世間法亦不憶、只没閑。問、得否?」律師咸言、「得」。……。和上更為再説、「起心即是塵労、動念即是魔網。只没閑。不沈不浮、不流不転、活鱍鱍、一切時中総是禅」。律師聞已、踴躍歓喜、黙然坐聴。〔三六〕

律師聞《き》き已《おわ》るや、疑網頓《とみ》に除かれ、和上〔無住〕に白《もう》すらく、「小師、迷を伝うること日久し。戒律尽《ことごと》く捨てん。伏して願わくは慈悲もて摂受あらんことを」。一時に礼を作《な》し、両《ふた》すじに涙して泣く。和上云く、「不憶不念、一切法並《すべ》て憶《おも》わず、仏法も亦た憶わず、世間法も亦た憶わず、只没に閑たり。問う、得るや?」律師咸《み》な言く、「得る」。……。和上更に為に再説すらく、「起心は即ち是れ塵労、動念は即ち是れ魔網。只没に閑にして、沈まず浮かず、流れず転ぜず、活鱍鱍、一切時中総て是れ禅なり」。律師聞《き》き已《おわ》るや、踴躍し歓喜して、黙然と坐して聴けり。

無住は説く——一切法を憶《おも》わず、戒律さえも捨て去って「只没閑《ただ》」であり、それゆえ日常においては却って「活鱍鱍として、一切時中総て是れ禅」なのである、と。同様の説は『歴代法宝記』のなかに再三見え、これが無住の根本的な主張であったことは疑いない。「只没閑」であることが「活鱍鱍」に一転する理由についてはまったく説明がないが、ともかくこれが、神会に萌していた坐禅の廃棄と日常の営為の即自的肯定という思想を、さらに極端にまで推し進めていったものであることは明らかであろう。宗密は無住らのさまを、「釈門《しやくもん》の事相《じそう》〔仏門における有形の行持〕は一切行わない。剃髪《ていはつ》するやそのまま七条の袈裟を掛けて禁戒《きんかい》も受けず、礼懺《らいさん》・読経《どきよう》・画仏《がぶつ》・写経《しやきよう》などはすべて妄想として破棄し、寺には仏像・仏具の類を置きもしない」「衣食《えじき》のことを考えず、人が供養してくれるのに任せ、もらえば暖衣飽食、もらえなければただ飢え凍えるままである」などと描写している（『円覚経大疏鈔』巻三下）。日常性のありのままの肯定という思想を、規範の放棄と自堕落への安住という反面から捉えかえした批判と言えよう。特にこの派を指したものではないが、天台宗の信奉者であった梁粛《りようしゆく》（七五三—七九三）が撰した「天台法門議《てんだいほうもんぎ》」のなかの次の一文は、当時の禅宗の脱規範的傾向とその影響の大きさ、そして、それに対する伝統的仏教者たちの危機感をよく伝えている。[16]

今時の人々に、正しい信仰を持った者は稀である。禅門の者たちは、仏も無ければ法も無い、何を罪とし何を善としよう、などという教えを人に説く。中等以下の者はそこに奔走し、愛欲の輩はそこに出入し、官位にある者までもがそれを至言と思いなすしまつである。俗耳に入りやすく、私欲を否定しない教えであるために、そこに向かう人々のさまは、あたかも蛾が灯火に飛び込み、石くれが空谷に転げ落ちてゆくかの如くである。……その弊害は、かの悪魔・外道の類と何ら択ぶところが無い。

今之人、正信者鮮。遊禅関者、或以無仏無法、何罪何善之化化之。中人已下馳騁、愛欲之徒出入、衣冠之類以為斯言至矣。且不逆耳、私欲不廃故、従其門者、若飛蛾之赴明燭、破塊之落空谷。……与夫衆魔外道為害一揆。（梁粛「天台法門儀」、『唐文粋』巻六十一）

今の人、正信《しょうしん》の者は鮮《まれ》なり。禅関《ぜんかん》に遊ぶ者、或いは「仏無く法無し、何をか罪とし何をか善とせん」との化《おしえ》を以て之を化う。中人《ちゅうじん》已下は馳騁《ちてい》し、愛欲《あいよく》の徒《と》は出入し、衣冠《いかん》の類《たぐい》は斯《こ》の言《げん》至れりと以為《おも》えり。且つ耳《みみ》に逆《さか》らわず、私欲《しよく》廃ざるが故に、其《そ》の門《もん》に従う者、飛蛾《ひが》の明燭《めいしょく》に赴き、破塊《はかい》の空谷《くうこく》に落つるが若《ごと》し。……夫《か》の衆魔外道《しゅうまげどう》と害を為すこと揆《き》を一《いつ》にす。

六祖伝説と六祖壇経

神会自身の法系は早くに滅びたが、この時期、競合した各派は、旧来のいわゆる「北宗」も含めて、多かれ少なかれ、神会の運動でひろまった次の系譜を意識していた。

初祖菩提達摩―二祖恵可―三祖僧璨―四祖道信―五祖弘忍―六祖恵能

恵能を六祖とするこの系譜を前提としたうえで、ある者は恵能より古い起原を主張しつつ、これと並立するかたちで自派の系譜を主張し、ある者は新たな系譜を創出して自派をむりやり「六祖」恵能の法系に結びつけていった。こうした運動を、かつて胡適は「攀《はん》龍附鳳《りゅうふほう》」とよんだ。龍や鳳にとりすがる、すなわち、権勢のある者に依附して自らの出世をはかる、という意の中国の成語である。そうした中で、神会の段階では未だ明示されていなかった「六祖」恵能その人の伝記や教説が要請されるようになり、やがてその需《もと》めに応じて生み出されたのが『六祖壇経《ろくそだんきょう》』（中川孝『六祖壇経』、禅の語録4、一九七六年）という書物であった。

『六祖壇経』の内容は、雑然として多岐にわたる。大まかには、六祖恵能が韶州大梵寺《しょうしゅうだいぼんじ》（広東省韶関）で行った授戒と壇上説法の記録という体裁の前半部と、その後の六祖の教説や門人との問答を集めたという体裁の後半部から成っている。冒頭部に恵能自身の口述という体裁で載せられた伝記は、一文不知の俗人であった恵能が、心偈の競作において学徳兼備のエリート僧たる神秀を見事のりこえ、六祖の位と伝法の証拠の袈裟を授けられる、という物語になっており、ひろく人口に膾炙した（第二章でその梗概をみた）。

だが、きわめて有名な禅籍であるにもかかわらず、この書物の成り立ちは不明である。本書の前半部と後半部のあいだにはもとづく資料の時代差や系統差が認められ、しかも、より古い層をなす前半部にさえ、恵能はおろか、明らかに神会よりも後代のものと看られる教説や伝承が大量に含まれている。この書物の名が他の記録に現れるようになるのも中唐期以後のことであって、本書の成立の時期や過程は、多くの研究がありながらも、今なお未解明の問題というほかない。[17] 成立後も幾度もの改編・増広が加えられ、無数の写本・版本が生み出されていったが、それらは、今、おおむね次の五段階に大別できる。

（1）敦煌《とんこう》本：唐代の写本、現存最古のテキスト（敦煌市博物館本・スタイン本等）
（2）恵昕《えきん》本：北宋の恵昕による改編本（真福寺本・興聖寺本等）
（3）契嵩《かいすう》本：北宋の仏日契嵩編（現存せず）
（4）徳異《とくい》本：元の徳異編（明および朝鮮の刊本数種）
（5）宗宝《しゅうほう》本：元の宗宝編（明版大蔵経およびいわゆる流布本の系統）

（4）・（5）は（1）に比して分量がほぼ倍増しているが、増補の多くは後世著名になった弟子と六祖との問答を宋の『景徳伝灯録』などから再録したものである（禅の語録4は右の（2）の段階に属する興聖寺本を底本とした訳注）。

二　唐代の禅

二―一　馬祖系の禅

馬祖の禅

「安史の乱」後の百家争鳴の時代をへて、九世紀の初頭、中唐の徳宗《とくそう》・憲宗《けんそう》の時代に禅宗の覇権を確立したのが、洪州《こうしゅう》（江西省）を拠点とする馬祖道一《ばそどういつ》（七〇九―七八八）の一派であった。宗密いうところの「洪州宗」である。

理由は不明だが、現存の資料にはなぜか、敦煌文献＝初期禅宗、伝世資料＝馬祖以後の禅、というはっきりした断絶がある。実際の年代には重なり合う部分も少なくなかったはずなのに、敦煌出土の禅宗文献には馬祖以後の禅に関するものがほぼ皆無であり、いっぽう宗密の著作やいくつかの碑文を除くと、伝世資料のうちには初期禅宗の同時代の記録がほとんど見出されない。敦煌文献に馬祖以後の禅が反映されていないことについては、中央から隔てられた敦煌の側の地理的・歴史的事情が考えられる。だが、伝統的な禅宗文献のうちに初期禅宗の姿が留められていないのは、なぜなのか？　それは唐代禅の主流を形成した馬祖以後の禅者たちが、それ以前の初期禅宗の伝統をもはや伝承不要と決断したことを示しているのではあるまいか。それ以前の百家争鳴の諸系譜が最終的にあとかたもなく一掃されてしまうことが、その決意の断固たることを表明しているように思われる。第一節でみた初期禅宗史も王朝史の区分でいえば唐代のことではあるが、にもかかわらず、ここで敢《あ》えて馬祖以後の禅を「唐代の禅」と称するのは、今日までつづく禅宗の伝統の事実上の起点が馬祖禅に求められるからであり、のちに考察する「宋代の禅」と対比すべきものが、初期禅宗＝敦煌文献の世界を含まない、馬祖以後の禅だからである。

　具体的な経緯はこうであった。まず徳宗の貞元《ていげん》年間（七八五―八〇五）に馬祖の弟子の鵝湖《がこ》大義《だいぎ》が内道場供奉《ないどうじょうきょうほう》（宮中専属の僧）となり、ついで憲宗《けんそう》の元和《げんな》三年（八〇八）とその翌年、同じく馬祖の法嗣の章敬懐暉《しょうけいえき》（七五七―八一八）と興善惟寛《こうぜんいかん》（七五五―八一七）があいついで入内して、京師における馬祖禅の優位を決定づけた。彼らは自分たちの師を六祖慧能の正系にむすびつけるため、長安で南岳懐譲《なんがくえじょう》（六七七―七四四）の顕彰運動を行い、次のような系譜を宣揚した。

達摩―恵可―僧璨―道信―弘忍―六祖恵能―南岳懐譲―馬祖道一、

『宋高僧伝』巻九・南岳懐譲伝はそのことを「元和中、寛（惟寛）・暉（懐暉）、京師《みやこ》に至り、其の本宗《ほんそう》を揚げ、法門《ほうもん》大いに啓《ひら》かれ、百千灯に伝う」と記している（大正五〇、七六一中）。裏返してとれば、彼らによって顕彰がなされるまで、南岳懐譲の名は世にまったく知られていなかったということであろう。宗密も書いている、馬祖はもともと四川の浄衆寺無相の弟子であったが、のち南岳懐譲に出逢って教えをうけた。開法せず自ら修行するのみであった南岳は、馬祖の顕彰によって「一宗の源」とされるようになったのだ、と（『円覚経大疏鈔』巻三下）[18]。

独自の思想を説きながら敢えて無相の法嗣を名のる「保唐宗」、逆に無相の門下から出ながら、ともに中原に進出して新たに六祖につながる法系を標榜した「洪州宗」と「荷沢宗」、それらがいずれも四川に起源をもつのはたいへん興味ぶかいことだが、ともあれ、そうした各種の「攀龍附鳳」の運動が錯綜するなか、最終的に勝ち残ったのが、この「六祖恵能―南岳懐譲―馬祖道一」という系譜であった。白居易が興善惟寛のために撰した碑文、「伝法堂碑」（元和十四年・八一九）は、惟寛の法系を次のように記している。

師の伝授を問う有るや、曰く、釈迦《しゃか》如来《にょらい》、涅槃せんと欲する時、正法の密印を以て摩《ま》訶迦葉《かしよう》に付《さず》け、伝えて馬鳴《めみよう》に至り、又た十二葉して、伝えて師子比丘《ししびく》に至り、二十四葉に及びて、伝えて仏陀先那《ぶつだせんな》に至る。先那は円覚達摩《えんがくだるま》に伝え、達摩は大弘可《だいこうか》〔恵可〕に伝え、可は鏡智璨《きようちさん》〔僧璨〕に伝え、璨は大医信《だいいしん》〔道信〕に伝え、信は円満忍《えんまんにん》〔弘忍〕に伝え、忍は大鑑能《だいかんのう》〔恵能〕に伝え、是《これ》をば「六祖」と為せり。能は南岳譲《なんがくじよう》〔懐譲〕に伝え、譲は洪州《こうしゆう》道一〔馬祖〕に伝う。一〔馬祖道一〕は謚《おくりな》して大寂《だいじやく》と曰い、寂は即ち師〔興善惟寛〕の師なり。貫きて之を次せば、其の伝授は知る可《べ》けん。

有問師之伝授、曰、釈迦如来欲涅槃時、以正法密印付摩訶迦葉、伝至馬鳴。又十二葉、伝至師子比丘。及二十四葉、伝至仏陀先那。先那伝円覚達摩、達摩伝大弘可、可伝鏡智璨、璨伝大医信、信伝円満忍、忍伝大鑑能、是為六祖。能伝南岳譲、譲伝洪州道一。一謚曰大寂、寂即師之師。貫而次之、其伝授可知矣。（朱金城『白居易集箋校』巻四一、上海古籍出版社、一九八八年、頁二六九〇）

さらに注目されるのは、この後につづく次のような記述である。

師の道属を問う有り、曰く、四祖自《よ》り以降は、正法を嗣《つ》ぐに冢嫡《あとつぎ》有りと雖《いえど》も、而《しか》れど支派にも猶お大宗・小宗あり。世族《せいぞく》を以て之を譬《たと》うれば、即ち師〔興善惟寛〕と西堂《せいどう》蔵《ぞう》〔智蔵〕・甘泉賢《かんせんけん》〔志賢〕・勒潭海《ろくたんかい》〔百丈懐海〕・百巌暉《ひゃくがんき》〔章敬懐暉〕は倶に大寂《だいじゃく》〔馬祖〕に父事して、兄弟《けいてい》の若《ごと》くに然り。章敬澄《しょうけいちょう》〔章敬寺道澄／嗣普寂〕は従父兄弟《じゅうふけいてい》の若し。径山欽《きんざんきん》〔法欽〕は従祖兄弟《じゅうそけいてい》の若し。鶴林素《かくりんそ》〔玄素〕・華厳寂《けごんじゃく》〔普寂〕は伯叔《はくしゅく》の若くに然り。当山忠《とうざんちゅう》〔慧忠〕・東京会《とうけいえ》〔神会〕は伯叔祖《はくしゅくそ》の若し。嵩山秀《すうざんしゅう》〔神秀〕・牛頭融《ごずゆう》〔法融〕は曾伯叔祖《そうはくしゅくそ》の若し。推して之を序すれば、其の道属は知る可《べ》けん。

有問師之道属、曰、自四祖以降、雖嗣正法有冢嫡、而支派者猶大宗小宗焉。以世族譬之、即師与西堂蔵・甘泉賢・勒潭海・百巌暉倶父事大寂、若兄弟然。章敬澄若従父兄弟、径山欽若従祖兄弟。鶴林素・華厳寂若伯叔然。当山忠・東京会若伯叔祖。嵩山秀・牛頭融若曾伯叔祖。推而序之、其道属可知矣。

個々の人名と相互の関係には立ち入らないが、かつて競合していた各種の法系説が統合され、先行諸派の歴代祖師たちが、馬祖系を基幹とする宗族的秩序のうちにひろく整然と包摂されるに至っていることは明らかであろう。かくして禅宗の系譜は、諸宗の対立と競争の時代から、馬祖系を中心とする諸宗統合の時代へと移行した。その後これに、後述の「六祖—青原—石頭」という法系が加えられ、それが今日まで禅門で伝承されてきている禅の伝法系譜の基本型となる。そして、かつてあれほど乱立していた各派の系譜と思想は、二十世紀に敦煌文献が発見されるまで、ながく忘却の彼方に消え去ることとなるのであった。

「即心是仏」「平常心是道」

では、初期禅宗とは一期を画し、唐代禅宗の事実上の起点と観念された馬祖の禅とは、いったい如何なるものであったのか？

灯史や語録がそろって馬祖の説法の開頭に掲げるのは、次のような一段である。

諸君、各自こう信ぜよ、自らの心是れ仏、此の心即ち仏なりと。達磨大師が南天竺国からはるばる中華にやって来られたのは、最上の「一心」の法を伝えて、汝らを悟らせようとしてのことであった。達磨大師がさらに『楞伽経』を引いて衆生の心の証明とされたのも、汝らが逆《さか》しまな考えに陥って、この「一心」の法が各々に具わっていることを信じない、それを恐れてのことだったのだ。それゆえ『楞伽経』は仏語心を根本とし、門無きことを法門とするのである。

祖示衆云、汝等諸人、各信自心是仏、此心即仏。達磨大師従南天竺国来至中華、伝上乗一心之法、令汝等開悟。又引『楞伽経』以印衆生心地、恐汝顛倒不信此一心之法各有之。

故『楞伽経』以仏語心為宗、無門為法門。（入矢義高編『馬祖の語録』禅文化研究所、一九八四年、↓禅の語録5、頁一七）

祖（馬祖）衆に示して云く、汝ら諸人、各おの信ぜよ、自心是れ仏、此心即ち仏なりと。達磨大師、南天竺国より中華に来至し、上乗一心の法を伝え、汝らをして開悟せしむ。又た『楞伽経』を引きて以て衆生の心地に印す。汝らの顛倒して、此の一心の法の各おの之有ることを信ぜざるを恐るればなり。故に『楞伽経』は仏語心を以って宗と為し、無門を法門と為すなり。

『楞伽経』を根拠として示しているところは最初期の達摩・恵可以来の伝承を襲ったものであろう。ここにいう「自心是仏、此心即仏——自らの心は仏であり、この心こそが仏にほかならぬ」、これが馬祖禅の原点であり、この趣旨は「即心是仏《そくしんぜぶつ》」（「即心即仏」とも）とか「平常心是道《びょうじょうしんぜどう》」という成句に要約された。「即心是仏」については、馬祖の再伝の弟子にあたる黄檗希運《おうばくきうん》（嗣百丈懐海）の『伝心法要《でんしんほうよう》』（入矢『伝心法要・宛陵録』禅の語録8、一九六九年）に次のような説明が見える。

おまえたちが凡情・聖境という区分を捨て去りさえすれば、心のほかに別に仏など存在しない。祖師達摩は西からやって来て、すべての人間の全体まるごとが仏なのだと直指された。おまえたちは、今、そのことを知らず、凡と聖の区別にとらわれ、己れの外に（仏を）探しまわり、そのために却って己が心を見失ってしまっている。だからこそ、おまえたちに、「即心是仏」——この心こそが仏にほかならぬ——そう言うのである。

汝但除却凡情聖境、心外更無別仏。祖師西来、直指一切人全体是仏。汝今不識、執凡執聖、向外馳騁、還自迷心。所以向汝道「即心是仏」。（『伝心法要・宛陵録』頁六七）

汝ら但《た》だ凡情聖境をさえ除却《のぞきさ》らば、心の外に更に別の仏無し。祖師《そし》西来《せいらい》して、一切人の全体是れ仏なることを直指す。汝ら今《いま》識らず、凡に執し聖に執して、外に向いて馳騁《はせまわ》り、還《かえ》って自ら心を迷《みうしな》う。所以《ゆえ》に汝らに向いて「即心是仏」と道《い》うなり。

「即心是仏」の「心」はどの「心」なのか、「凡心」なのか「聖心」なのか、そうした問いに答えた言葉のなかの一段である。凡・聖の区別を除き去り、活き身の自己のまるごと全体が仏であると知れ。それを「即心是仏」というのであり、達摩が西来したのも、その一事を「直指」するためにほかならなかったというのである。

「平常心是道」については、馬祖自身が次のように説いている。

道はあらためて修めるには及ばない。ただ汚してはならぬ、それだけだ。では「汚す」とはどういうことか。生死にとらわれた心、すなわち道を修めようとする拵《こしら》えごと、道に向かおうとする目的意識、それらがみな「汚す」ことである。もし道そのものを直に会得したければ、「平常心是道」――ふだんの、あたりまえの心こそが道に外ならない。

では「平常心」とは何か。それは、拵えごとなく、是非なく、取捨なく、断常なく、凡聖の対立なきものである。それで経典にも「凡夫の行でも聖賢の行でもなく――つねにその中間を歩みつづける――菩薩の行なのだ」と説かれている(『維摩経』不思議品)。ただいま現になしている行住坐臥《ぎょうじゅうざが》の一挙一動、諸もろの事物への対応、それらがことごとく道そのものなのである。この道がすなわち法性であり、さらには恒河沙のごとく限りなき妙用の数々も、みなこの法界を出ない。「心地法門《しんちほうもん》」といい「無尽《むじん》灯《とう》」というも、みなこの謂いでなくて何であろう。

道不用修、但莫汚染。何為汚染？　但有生死心、造作趣向、皆是汚染。若欲直会其道、平常心是道。何謂平常心？　無造作、無是非、無取捨、無断常、無凡無聖。経云、「非凡夫行、非聖賢行、是菩薩行」。只如今行住坐臥、応機接物、尽是道。道即是法界、乃至河沙妙用、不出法界。若不然者、云何言心地法門？　云何言無尽灯？(『馬祖の語録』禅の

語録5、頁三二）

道は修するを用いず、但《た》だ汚染《おぜん》する莫《なか》れ。何をか汚染と為す？ 但有《あらゆ》る生死《しょうじ》の心、造作・趣向は、皆な是れ汚染なり。若《も》し直《じき》に其の道を会《え》さんと欲さば、平常心是れ道なり。何をか平常心と謂う？ 造作無く、是非無く、取捨無く、断常無く、凡無く聖無し。経に（＝『維摩経』不思議品）云く、「凡夫の行に非ず、聖賢の行に非ざる、是れ菩薩の行なり」と。只だ如今の行住坐臥、応機接物は、尽《ことごと》く是れ道なり。道は即ち是れ法界、乃《な》至《い》し河沙の妙用も、法界を出ず。若し然らざれば、云何《いか》なるをか心地法門と言わん？ 云何なるをか無尽灯と言わん？

心が仏なのだと馬祖は説く。だが、それは、修行によって、迷える心を仏の心に転ずるのでも、また、汚れた心の底から清らかな悟りの心を引き出してくるのでもない。平常のありのままの心、それがそのまま「道」だというのである。

ここで馬祖は、「今こうして行っている日常の起居動作、諸事への対応――行住坐臥、応機《おうき》接物《せつもつ》――それらがことごとく道なのだ」と説いているが、他の段でも同じくこう説いている。「一切衆生は、無量劫よりこのかた法性《ほっしょう》三昧を出《いで》ず、つねに法性三昧中にあって著衣喫飯《じゃくえきつぱん》、言談祇《ごんたんし》対《たい》――服を着、飯を食い、言葉を話し、受け答えをしている。六根のはたらき、一切のふるまいは、ことごとく法性なのである」と（『馬祖の語録』禅の語録5、頁二四)。ここにおいて実際に「道」(「法性」)と等置されているのは「心」という独立の実体ではなく、「平常心」の自然な発露であるところの日常の営為、ごくふつうの挙措動作である。それはあらためて獲得されるものでも完成されるものでもない。ただ、ありのままにそうである事実、それに自ら気づくのみなのである。

そこで馬祖の「即心是仏」の開示は、たとえば、次のようなものとなる。汾州無業《ふんしゅうむごう》(七五九―八二〇)という、もとは教理学者であった弟子との因縁である。

汾州無業禅師が馬祖に参じた。馬祖はその魁偉《かいい》なる姿と鐘のような大音声を目の当たりにしていう、「堂堂たる仏殿だが、しかし、そのなかには仏が無い」。そこで無業はいう、「三乗の学問はおおむね究めました。しかし、禅門で説かれる〝即心是仏〟、その意が未だ了《わか》りませぬ」。馬祖はこたえる、「只《まさ》しく未だ了ぜざる底の心こそ即ち是なり、更に別物無し」――いま現に「了らぬ」というその心、それこそがまさに仏である。それを置いて外にない、と。

無業はかさねて問う、「しからば祖師西来の密伝とは、如何なるものにございましょう?」馬祖、「そなたも、まことにうるさいことだ。ひとまず帰って出直してまいれ」。いわれて無業が一歩外に踏み出すや、馬祖がだしぬけに呼んだ、

「大徳!」

無業ははっと振りかえる。そこへ馬祖はすかさず問う、

「何だ——是什麼！」

無業はそこで悟って礼拝した。

馬祖、「この鈍漢が、礼拝などしてどうするか」。


汾州無業禅師参祖。祖観其状貌瓌偉、語音如鐘、乃曰、「巍巍仏堂、其中無仏」。業礼跪而問曰、「三乗文学、粗窺其旨。常聞禅門即心是仏、実未能了」。祖曰、「只未了底心即是、更無別物」。業又問、「如何是祖師西来密伝心印？」祖曰、「大徳正閙在、且去別時来」。業纔出、祖召曰、「大徳！」業廻首。祖云、「是什麼？」業便領悟、礼拝。祖云、「這鈍漢、礼拝作麼？」（『馬祖の語録』頁七二）

汾州無業禅師、祖（馬祖）に参ず。祖、其の状貌の瓌偉にして、語音の鐘の如くなるを観《み》て、乃ち曰く、「巍巍《ぎぎ》たる仏堂、其の中に仏無し」。業（無業）礼跪して問うて曰く、「三乗の文学は、粗《ほ》ぼ其の旨を窺めたり。常に禅門は〝即心是仏〟なりと聞くも、実に未だ了ずる能わざるなり」。祖曰く、「只《まさ》に未だ了ぜざる底の心こそ即ち是れなり、更に別物無し」。業又た問う、「如何なるか是れ祖師西来して心印を密伝せる？」祖曰く、「大徳正《まさ》に閙在《さわがし》、且《しば》らく去りて別時に来《きた》れ」。業纔《わず》かに出《いず》るや、祖召《よ》びて曰く、「大徳！」業廻《ふり》首《かえ》る。祖云く、「是れ什麼《なん》ぞ？」業便ち領悟して礼拝す。祖云く、「這《こ》の鈍漢《どんかん》、礼拝して

作麼《なんとす》る？」

「即心是仏」といっても、何か特別の「心」があるのではない。解らぬなら解らぬという、その「心」、それがすなわち仏なのだと馬祖は説く。だが、「即心是仏」という教義の説明を期待する無業には、その答えが我が身のこととは捉えられていない。さらに達摩の秘伝なるものを聞き出そうとする無業を、馬祖は煩わしげに追い返す。そこで、しかたなく表へ踏み出そうとする無業。すると、その刹那、馬祖が突如、背後から呼び止めた。

「大徳よ！」

思わずふりかえる無業に、馬祖は鋭く問う、

「是れ什麼《なん》ぞ！」

今、とっさにふりかえった汝自身の活きた心、それはいったい何なのか。それを置いて、「仏」に等しき特別な「心」がどこぞにあると思うてか！

無業はここにいたってハタと悟り、礼拝した。馬祖はおそらく、機嫌よく笑いながらいったのであろう、「ふん、このボンクラめが、今ごろ気づいて礼拝なぞ」。

馬祖・百丈よりこのかた

己れの心がもとより仏であるという説、修行を廃してかわりに日常の営為を仏作仏行と

して是認するという説、いずれも初期禅宗のうちに先蹤《せんしょう》があって、必ずしも馬祖の独創というわけではない。さきに見た神会の「今、正に侍御《おんみ》と共に語る時、即ち定慧倶《とも》に等し」という説や、保唐寺無住の「活鱍鱍《かっぱつぱつ》として、一切時中総《すべ》て是れ禅」という説、それらはすでに馬祖の所説にそうとう近い。そういう意味では、馬祖の思想も、実は初期禅宗が推し進めてきた路線の延長上にあったと言える。馬祖以後の禅者たちが初期禅宗の伝承を継承不要として清算したのは、それに反対したためではなく、むしろ、必要なものはすべて馬祖禅のうちに十分に集約されていると看たからではなかったか。そして、そのうえでなお馬祖の禅が初期禅宗とは一期を画すると認められた点は、おそらく思想そのものよりも、右の例に見るような独自の接化の方法にあった。馬祖は悟りについて説くのではなく、修行者各人を、身をもって実地に悟らせていったのである。

初期禅宗の文献にも、対話の記録は少なくない。しかし、それは理論に関する質問と、それに対する回答から成っていた。そこにおいて修行者の目標は師から正解を授かることにあり、師の目標は相手に自らの思想を伝えることにあった。ところが、馬祖以後の問答はそうではない。師の答えは往々にして質問に答えていないようであり、質問に対して質問で返す場合もしばしばである。だが、それは無責任なはぐらかしでも、秘密めかした出し惜しみでもない。それは問いを本人に投げかえし、答えを質問者自身に発見させようとする、師の作略《さりやく》に外ならなかった。禅者はしばしば「門より入るものは家《わがや》の珍《たから》にあらず」

（従門入者、不是家珍）という。「即心是仏」という答えは、師から付与されるものではない。それは活きた事実としてはじめから各自の身に具わっているのであり、師はそれを修行者に、自ら看て取らせねばならぬのである。馬祖の弟子、大珠慧海《だいじゅえかい》（生没不詳）の語録『頓悟《とんご》要門《ようもん》』（平野宗浄『頓悟要門』禅の語録6、一九七〇年）に見える次の問答は、相手がその意を捉えそこねてはいるものの、そうした趣旨と手法を頗る簡明に示している。

ある行者《あんじゃ》が問うた。

「〝即心即仏〟と申しますが、どの心が〝仏〟なのでしょう」

大珠、「どの心が〝仏〟でないと疑うておる。さあ、それを示してみよ！」

行者、「……」

大珠、「悟ればいたるところすべてがそれ（仏）、悟らなければ永遠にそれ（仏）とは疎遠となる」

有行者問、「即心即仏、那箇是仏？」師云、「汝疑那箇不是仏？　指出看」。無対。師曰、「達即偏境是。不悟永乖疎」。（頁一二九）

行者有りて問う、「〝即心即仏〟、那箇《いずれ》か是れ〝仏〟？」師（大珠）云く、「汝、那箇か不《しか》是《らざ》ると疑う？　指《しめ》し出《いだ》して看よ」。行者対《こた》うる無し。師曰く、「達すれば即ち偏境《へんきょう》是れ。

悟らざれば永《とこしな》えに乖疎《かいそ》す」。

第一章で見たように、辞典をひくと、「禅宗」は坐禅によって開悟をめざす宗教などと定義されている。だが、坐禅は通仏教的な行であり、さらには仏教に独自のものでさえない。中国の禅者が追求していたのは、むしろ坐禅を不要とし、かわって日常の営為がそのまま仏作仏行となるような世界であった。だからといって実際に禅僧が坐禅していなかったというわけでもあるまいが、しかし少なくとも、坐禅を以って禅宗を他と分かつ標幟とはなしえない。

第三章で述べたように、のこされた文献から看る限り、禅の特徴はむしろ問答にある。問答を通じて修行者に自ら悟らせること、それこそが馬祖以後の禅宗の特徴であった。その問答がしばしば不可解でちぐはぐな、いわゆる「禅問答」の様相を呈するのは、答えを授けるのでなく、答えが質問者自身の内面から弾き出されて来るよう、師の側が会話を仕組んでいるからに外ならない（その素朴な先蹤は「北宗」禅の、いわゆる「指事問義」に見出される）。禅の思想が概括的な教義としてではなく、個々の場と人に密着した一回性の問答の無数の記録、すなわち「語録」という形で表現され伝承されねばならなかった理由もそこにあった。同じく対話体で記されてはいても、初期禅宗の文献が伝えようとしているのは師の教えであり、馬祖以後の「語録」が伝えようとしているのは、修行僧自身が開悟ないしその失敗にいたった、個々の問答の活きた場面と言葉だったのである。

夢窓疎石《むそうそせき》（一二七五—一三五一）は「馬祖・百丈以前は、多くは理致《りち》を談じ、少しきは、機関《きかん》を示す。馬祖・百丈よりこのかた、多くは機関を用ひ、少しき理致を示す」と言っている（『夢中問答集』八一／ふりがなは引用者）。百丈は馬祖の最も有力な弟子のひとり百《ひゃく》丈懐海《じょうえかい》（七四九—八一四）のことで、「理致」は普遍的な理法、「機関」は臨機応変の実地のやりとりを指している。敦煌文献などをふまえた歴史学的認識ではもとよりないが、夢窓のこの言は、馬祖を境とした禅宗史の転換の特質をいみじくも言いあてているように思われる。

無事と楽道

自己の心が仏であり、平常の心が道である。そのように説く馬祖の禅は、すでにみたように、日常の営み・ふるまいのありのままの是認という考えにごく自然に展開する。馬祖の法をついだ在俗の禅者、龐《ほう》居士（？—八〇八）の次の一首は、そうした趣旨をうたったものとしてよく知られる。

日用事無別　　日用の事は別無し
唯吾自偶諧　　唯《た》だ吾れ自ら遇《たま》たま諧《かな》うのみ

頭頭非取捨　　頭頭　取捨に非ず
処処没張乖　　処処　張乖《ちょうかい》没《な》し
朱紫誰為号　　朱紫　誰か号を為す
丘山絶点埃　　丘山　点埃を絶す
神通并妙用　　神通《じんずう》并《なら》びに妙用《みょうゆう》
運水与搬柴　　水を運びまた柴《まき》を搬《はこ》ぶ

日々の仕事はどうということもない
ただ自《おのずか》らにひょいひょいとうまく運ぶだけ
何ひとつ選びもせねば捨てもせぬ
どこで何しょと禍《まが》ごと起きぬ
朱の紫のとどなたさんの肩書やら
ここ山中は塵ひとつないところ
わが神通と妙用は何かと申せば
水を汲み薪を運んでそれこのとおり

（入矢義高『龐居士語録』禅の語録7、一九七三年、頁一五）

修行を不要とし、あたりまえの日常をありのままに肯定する、そうした考えを馬祖系の禅者たちは「平常《びょうじょう》」「無事《ぶじ》」などの語で表現した。「平常心」とは何かと問われた長沙景《ちょうさけい》岑《しん》（生没不詳）は「眠ければ眠り、坐りたければ坐る」と答え、それでは解らぬとの問い返しに、なお平然と「暑ければ涼み、寒ければ火にあたる」と答えている（『祖堂集』巻十七・長沙章／孫昌武・衣川賢次・西口芳男点校『祖堂集』中華書局・中国仏教典籍選刊、二〇〇七年、頁七六九）。さらに臨済義玄の「無事《ぶじ》これ貴人《きにん》、ただ造作《ぞうさ》するなかれ、ただこれ平常なれ」の語や、次に引く「随処《ずいしょ》に主《しゅ》と作《な》る」の一段などは、いっそうよく知られたものであろう。

　諸君、仏法には努力のしどころなど無い。ただ、平常無事であるのみだ。クソをたれ小便をし、服を着て飯を食い、眠くなったら眠るだけ。愚か者はこんなわしを笑うけれど、智者にだけはその意がわかるであろう。古人も言うておる、「外に求めて努力するのは、みな痴《し》れものにほかならぬ」と。お前たち、まずは随処に主となれ。さすれば己れのいるその場がすべて真実の場となろう。

　道流、仏法無用功処。祇是平常無事。屙屎送尿、著衣喫飯、困来即臥。愚人笑我、智乃知焉。古人云、「向外作工夫、総是痴頑漢」。你且随処作主、立処皆真。……（『臨済録』

示衆・岩波文庫、頁五〇／禅の語録10、頁五六）

道流《どうる》、仏法は功を用うる処無し、祇《た》だ是れ平常無事、屙《あ》屎送尿《しそうにょう》、著衣喫飯《じゃくえきつぱん》、困じ来れば即ち臥す。愚人は我れを笑うも、智は乃ち焉《これ》を知る。古人云く、「外に向って工夫を作すは、総て是れ痴頑の漢」。你《なんじ》ら且《しば》らく随処に主と作れば、立処皆な真なり。……

外に求めることなく、ただあたりまえにクソをし、小便をたれ、服を着、飯を食い、眠くなったら横になるだけ。そのように「平常」「無事」であれ、と臨済は言う。すでに第一章でふれたように、「随処に主と作る」という有名な一句も、もとはこのような文脈で説かれたものだったのであった。

右の一段のうち、古人の言、およびその前の「眠くなったら……わかるであろう」は懶《らん》瓚《さん》『楽道歌《らくどうか》』からの引用である。懶瓚は『祖堂集』では、いわゆる「北宗」の系譜のうちに含められているが、内容と用語から看ると、明らかに中唐期の馬祖禅の「無事」の思想を山居の楽しみにあわせて歌った作品となっている[19]。

それと同種の作品としてよく知られたものに『寒山詩《かんざんし》』がある（入谷仙介・松村昂『寒山詩』禅の語録13、一九七〇年）。『寒山詩』は、初唐の頃、天台山《てんだいさん》に隠棲したとされる寒山子の詩集ということになっており、豊干《ぶかん》・拾得《じっとく》の詩若干首をもあわせ収めることから『三隠《さんいん》詩集《ししゅう》』とも称された。詩集に冠せられた閭丘胤《りょきゅういん》（閭丘が姓）の序が彼らの伝承に関する最も原初的な資料であるが（森鷗外の「寒山拾得」はその再説）、しかし、当の閭丘胤自身も含めて四者の伝記はまったく不明であり、その実在さえ疑わしい。詩の内容は、落魄《らくはく》の読書人の失意と悲哀、庶民向けの道徳説教、山中での隠遁生活の楽しみ、堕落した世間や仏教界への諷刺など、きわめて多岐にわたり、一時一人の作と看ることは難しく、なかには第二章でみた南岳と馬祖の「磨磚作鏡《ませんさきょう》」の故事を詠み込んだ次の詩など、明らかに中唐期以後の馬祖系の禅思想を反映した詩も見出される。『寒山詩』ではどの詩も無題だが、かりに「作仏《さぶつ》——仏になるということ」という題を付してみると一首の趣旨がよくわかる。

烝沙擬作飯　沙《すな》を烝して飯《めし》を作らんと擬《ほっ》し
臨渇始掘井　渇《かわ》きに臨みて始めて井《いど》を掘る
用力磨碌甎　力を用いて碌甎《ろくせん》を磨くも
那堪将作鏡　那《なん》ぞ将《も》って鏡と作《な》すに堪《た》えん
仏説元平等　仏は説けり　元より平等にして
総有真如性　総て真如の性有りと
但自審思量　但《ただ》自　審《つまび》らかに思量せよ
不用閑争競　閑《いたず》らに争い競うを用いざれ

（入矢義高『寒山』岩波書店、中国詩人選集五、一九五八年、頁一六二／禅の語録13、

頁一三六、訓読は引用者）

仏になろうとすることは――
砂を蒸して飯を作ろうとし
喉が渇いてから井戸を掘るようなもの
力ずくで磚《かわら》を磨いてみたところで
それで鏡ができようはずもない
御仏《みほとけ》もお説きになっている　もともとすべて平等で
何者にも真如仏性が具わっておるのだと
ただ　そのことだけを　よく考えよ
むなしく競うことは　要らぬことゆえ

百丈と清規

いっぽう、日常の営為と仏法との等置という考えは、禅院の集団生活の原理を規定する「清規《しんぎ》」の形成をも促した。百丈《ひゃくじょう》が定めたとされる、「百丈清規」は、その後ながく禅宗独自の修行生活の規範となった。といっても、百丈自身が定めた条文が存在するわけではなく、『景徳伝灯録』巻六・百丈章所引の「禅門規式《ぜんもんきしき》」や百丈の碑文（陳翊《ちんよく》撰「唐洪州百《とうこうしゅうひゃく》丈山故懐海禅師塔銘《じょうざんこえかいぜんじとうめい》」）によってその基本精神をうかがうのみだが、その「規式」も百丈在世中のものではなく、後代、百丈山で確立されたものが遡って懐海に帰せられたものであるらしい。[20]

「規式」によれば、禅宗の人々ははじめ多く「律寺」に身をおいていたが、互いのしきたりが合わず、百丈の時、独立して別に「禅居」をかまえるに至ったという。そこでは仏殿を建てず法堂《はっとう》のみを建て、朝夕に長老（住持）が上堂し、整列してその説法を聴く修行僧たちは長老と問答をおこなって宗旨の激揚に励んだ。これは歴代の仏祖から親しく法を受けついだ長老が、法を根拠に住持を務めていることを顕示するものであった。集団で質素倹約の生活を送り、上下の別なく共同作業「普請《ふしん》」に励み、「塔銘」によれば百丈の門弟たちは荘園をもつことをやめる決議をしたという。それはインド以来の伝統的な戒律が肉体労働・生産労働を禁じていたのと対極をなすものであり、ここでは農耕もまた仏行のひとつとされているのであった。百丈の「一日作《な》さざれば、一日食《くら》わず」の語は、あまりに名高い。[21]これらの特徴は、いずれも活き身の自己を仏とみなし、平常の営為をそのまま仏道とみなす、という馬祖禅の思想を実際的な制度として表現したものと言えるだろう。

むろん、それらの伝承のなかには、後世美化された部分がかなりある。門弟が荘園の所有をやめる決議をしたということは、百丈在世時にはそれがあったということであろう。またその決議が特記されるということは、他の寺院では荘園の所有がふつうだったことを示していよう（第一章で見た南泉と土地神の故事は、はからずもそのことを示している）。したがって唐代の禅門が完全な自給自足体制をたもち、それゆえに政治権力からも自由であった、という語り方は、今日ではとうていそのまま受け入れられるものではないが、ただし、農繁期に一院総出で畑仕事をするようなことは唐代にもふつうにあったようであり、百丈に関する次の一段は、史実か否かはともかく、唐代禅の気分をよく伝える逸話とはいえるだろう。[22]

ある日の「普請」の時のこと。ひるの太鼓の音が聞こえたとたん、ひとりの僧が絶句し、ついで、からからと大笑いして寺にひきあげてしまった。百丈はそれを見て感嘆する。

「いや、みごと！　これぞまさしく〝観音入理の門《かんのんにゅうりのもん》〟――耳にする音声がそのまま道への入り口というやつじゃ」

寺にもどって、百丈はおもむろに僧に問う。

「して、さきほどは、如何なる道理を見てあんな大笑いをしたのかの？」

僧、「はあ、さきほどは太鼓の音が聞こえまして、やれ、これで帰って飯にありつける、そう思って、大笑いしたのです」

百丈、「……」

有一日普請次、有一僧忽聞鼓声、失声大笑便帰寺。師曰、「俊哉！ 俊哉！ 此是観音入理之門」。師問其僧、「適来見什麼道理、即便大笑？」僧対曰、「某甲適来聞鼓声動、得帰喫飯、所以大笑」。師便休。（『祖堂集』巻十四・百丈章／中華書局点校本、頁六三七）

有る一日、普請の次《おり》、一僧有り、忽ち鼓声を聞きて、失声し大笑して便ち寺に帰る。師〔百丈〕曰く、「俊なる哉！ 俊なる哉！ 此れぞ是れ観音入理の門なり」。師、其の僧に問う、「適来《さきほど》は什麼《なん》の道理を見てか、即《すなわ》便ち大笑せる？」僧対《こた》えて曰く、「某甲《それがし》、適来は鼓声の動《な》るを聞き、帰りて飯を喫《く》うを得んとて、所以《ゆえ》に大笑せり」。師便ち休す。

ここは百丈の早とちりに終ったが、右の一段から、禅師もみなとともに野外の「普請」に従事していたこと、そして、そうした労働の現場が同時に求道の現場でもあると自然に考えられていたこと等がうかがわれよう。このような、師弟そろっての農作業の際の問答は、ほかにも枚挙にいとまない。

ときには安逸への自足とさえ見える「平常」「無事」、かたや「清規」という独自の規律にしたがう勤勉な集団生活、両者は一見対極にあるものの如くであるが、実はその原点に、日常を営む活き身の自己、それがそのまま仏だとする共通の確信があったのである。

選官と選仏

中唐期の代表的詩人のひとり白居易《はくきょい》（七七二―八四六）は、道家思想や仏教にふかく心をよせ、浄土にも禅にも親しんだ。『景徳伝灯録』巻十には馬祖の弟子の仏光如満《ぶっこうにょまん》（生没不詳）の法嗣として、白居易の専伝が立てられているほどである。ただし、その伝にいうように、その参禅は各地に赴任するごとに当地の禅者を訪ねるというもので「学に常《つね》の師《し》無し」であった。実際、その伝記に沿って看てゆくと、若い頃には洛陽で「北宗」系とおぼしき法凝《ほうぎょう》（生没不詳）なる僧から八段階の禅定を学んで「八漸偈《はちぜんげ》」をのこし、後には同じく洛陽で、荷沢神会を祖と奉ずる宗密ら「荷沢宗」の人々とも親交をむすんで、彼らのために多くの詩文をのこしている。それ以外では、長安の興善惟寛《こうぜんいかん》、江州（江西省）の帰《き》宗智常《すちじょう》（生没不詳）、洛陽の仏光如満、と、馬祖の弟子たちとの交渉が目立つけれども、それは当時、馬祖門下が圧倒的に優勢だったことの自然な反映であって、彼のほうがこの一派を特に選び定めた結果ではないらしい。のこされた詩文から看る限り、白居易自身がどれほど禅の内実に踏み込んでいたかは疑問だが、さきに引いた興善惟寛のための碑文「伝法堂碑《でんぼうどうひ》」など、禅宗史の貴重な資料となっている彼の作品は少なくない。[23]『祖堂集』や『景徳伝灯録』には、白居易のみならず陸亘《りくこう》（七六四―八三四）と南泉《なんせん》（七四八―八三四）、李翺《りこう》（七七二―八四一）と薬山《やくさん》（七五一?―八三四?）、于頔《うてき》（?―八一八）と紫玉《しぎょく》（七三一―八一三）など、中唐期の士人と禅僧との問答がいくつか記録されている。なかには裴休《はいきゅう》（七九一―八六四）のように、黄檗（生没不詳）・宗密・潙山（七七一―八五三）ら錚々たる禅僧たちと交わって、自ら禅に関する一級の編著（黄檗『伝心法要』『宛陵録』）をのこしている人さえある。[24]中唐期、禅は確実に士大夫層に根をひろげ始めていた。

第一章で詳しく見たように、丹霞天然《たんかてんねん》（七三九―八二四）は木仏を焼いた話で有名だが、彼の出家の因縁は次のように伝えられている。文中、「秀才《しゅうさい》」は科挙受験者に対する呼称、「選官《せんかん》」は科挙（選挙）による官僚の詮衡《せんこう》のことである。

丹霞は、石頭希遷《せきとうきせん》の法をついだ。諱《いみな》は天然。若くして儒家《じゅか》・墨家《ぼくか》の学に親しみ、あらゆる経書に通暁《つうぎょう》していた。初め、龐《ほう》居士とともに都に出て科挙に応じようとしたが、漢南道で寄宿したおり、突如、まばゆい光が部屋に満ちる夢を見た。一人の占い師が「それは空を会得する瑞祥である」と予言した。さらに一人の行脚僧《あんぎゃ》にゆきあい、いっしょに茶を飲んでいたところ、僧が問うた、

「秀才どのは何処《いずこ》へ行かれる」

「選官にまいりたいと存じます」

「なんと惜しいことを！　なぜ、選仏《せんぶつ》にまいられぬ」

「では、仏は何処で選ばれるのです」

すると僧は、湯飲みをすっと持ち上げて見せた。

「どうだ、おわかりかな」

「いえ、ご高旨を測りかねます」

「ならば、江西の馬祖が現にこの世にあって法を説き、道を悟る者が数え切れぬほどある。かしここそ、真に選仏のところである」

前世からの優れた機根を具えていた両人は、そこで長安に背を向けて、馬祖のもとへと向かったのであった。……


丹霞和尚嗣石頭。師諱天然。少親儒墨、業洞九経。初、与龐居士同侶入京求選、因在漢南道寄宿次、忽夜夢白光満室。有鑒者云、「此是解空之祥也」。又逢行脚僧、与喫茶次、僧云、「秀才去何処？」対曰、「求選官去」。僧云、「可惜許功夫！ 何不選仏去？」秀才曰、「仏当何処選？」其僧提起茶碗曰、「会麼？」秀才曰、「未測高旨」。僧曰、「若然者、江西馬祖今現住世説法、悟道者不可勝記、彼是真選仏之処」。二人宿根猛利、遂返秦游而造大寂、……（『祖堂集』巻四・丹霞天然章、頁二〇九）

丹霞和尚、石頭《せきとう》に嗣《つ》ぐ。師、諱は天然。少《わか》くして儒《じゅ》・墨《ぼく》に親しみ、業は九経《きゅうけい》に洞《くわ》し。初め、龐居士と同侶《ともづれ》たりて京《みやこ》〔長安〕に入りて選を求め、因みに漢南《かんなん》道に在りて寄宿せる次《おり》、忽《ふ》と夜に白光《びゃっこう》の室に満つるを夢む。鑒者有りて云く、「此れは是れ解空《げくう》の祥《しるし》なり」。

又た行脚《あんぎゃ》僧に逢いて、与《とも》に茶を喫《の》める次《おり》、僧云く、「秀才は何処《いずく》にか去《ゆ》く？」対えて曰く、「選官《せんかん》を求めに去く」。僧云く、「可惜許《おしむべ》し功夫《とき》を！　何ぞ選仏《せんぶつ》に去かざる？」秀才曰く、「仏は当《は》た何処にか選ばる？」其の僧、茶碗を提起して曰く、「会《え》す麼《や》？」秀才曰く、「未だ高旨を測らず」。僧曰く、「若《も》し然《しか》らば、江西《こうぜい》の馬祖《ばそ》、今現《いま》に世に住して法を説き、道を悟る者、勝《あ》げて記す可からず、彼《かしこ》は是れ真の選仏の処なり」。二人、宿根《しゅくこん》猛利にして、遂《かく》て秦〔長安〕への游《たび》を返して大寂《だいじゃく》〔馬祖〕に造《いた》る、……

このあと、馬祖との問答があり、丹霞が馬祖の指示にしたがってさらに石頭希遷のもとに転じて出家する話がつづく。

いっぽう龐居士のほうは馬祖との問答で開悟し、その後は終生「儒形」のまま隠逸の生活をおくったという。その開悟の際の偈《げ》として伝えられるのは、次のような一首であった。

十方同一会　十方《じっぽう》　一会《いちえ》を同じくし
各各学無為　各《おの》おの　無為《さとり》を学ぶ
此是選仏処　此れは是れ〝選仏〟の処
心空及第帰　心《こころ》　空にして　及第《きゆうだい》して帰る

（『祖堂集』巻十四・龐居士章、頁六九九）

都の試験場さながら　諸方から俊秀がつどい
　みなそれぞれに道を学ぶ
　ここ馬祖の道場は「選官」ならぬ「選仏」の場
　科挙ではなく心の「空」に及第して　いざ本来の家郷に帰るのだ

これらの故事、とくに「江西の馬祖が現にこの世にあって法を説き、道を悟る者が数え切れぬほどである」の一句などは、修行者を実地に悟らせていった点にこそ馬祖の画期的な点があったとしたさきの推測を裏づけよう。禅の修行道場を「選仏場」と称するのは、これらの故事にちなむ。史実か否かはともかくとして、ここには「選官」から「選仏」へという主題がきわめて鮮明かつ魅力的に表現されている（『祖堂集』巻十五にも、馬祖と五洩霊黙についての同様の逸話が見える。頁六六九）。

中唐は科挙官僚の台頭が顕著となる時代である。次の宋代には遠く及ばぬにせよ、それは一定の科挙受験人口が形成され、したがって、合格者の背後にその数倍の不合格者が生み出される時代の始まりでもあった。そのなかには、おそらく、禅の世界に新たな活路やしばしの逃避の場を求めた者も少なからず有ったであろう。ある時期から律句（詩のなかの一句となるように平仄と修辞を整えた句）を用いた禅問答が急増することにも、そうした科挙受験層の禅門への流入という動向が影響しているように思われる。

二―二　石頭系の禅

馬祖門下の馬祖禅批判

馬祖禅の平常無事の考え方は、意味の追求に執《とら》われている者に対しては、新鮮な解放の力であったろう。しかし、これがはじめから既成の正解として目の前に置かれていたら、人はたやすく安穏な凡庸さに自足し、さらには怠惰と愚鈍を誇る裏がえしの慢心にさえ堕しかねない。『寒山詩』の次の一首などは、そうした状況をとがめたものではあるまいか。

世有一等流　世に一等流《あるやから》有り
悠悠似木頭　悠悠《ゆうゆう》として木《き》頭の似《ごと》し
出語無知解　語を出せば知解《ちげ》無く
云我百不憂　我れは百《なにごと》も憂えずと云う
問道道不会　道《みち》を問えば　道は会《え》せずと
問仏仏不求　仏《ほとけ》を問えば　仏も求めずと
子細推尋著　子細《しさい》に推尋《といつめ》てゆか著《ば》

茫然一場愁　茫然《ぼうぜん》として一場の愁《うれ》いのみ
（禅の語録13、頁一九四、訓読は引用者）

世間にこんな輩が有る
ぼんやりとしてデクのよう
口をひらけば　自分には知解など無いといい
われはあらゆることに憂い無し　という
道とはと問えば　道など知らぬとこたえ
仏はと問えば　仏など無用という
そこで　こまかに問い詰めてゆけば
あげく　こちらが茫然たる失望に陥るばかり

安直な「無事」に自足し、さらにはそれを得意げに誇示する口ぶり、それを写して諷刺した一首と看てよかろう。

こうした弊風が蔓延したためか、「即心是仏」「平常無事」といった馬祖禅の基本理念に対する――厳密にいえばそれらの理念を教条化しそこに安住しようとする立場に対する――批判や修正の説が、当の馬祖の門下から現われるようになる。

馬祖の弟子、東寺《とうじ》如会《にょえ》の記録に次のようにある。

東寺如会禅師は、事あるごとにこう言っておられた、「馬大師が世を去られてからというもの、わしは常々気に病んでおる。もの好きな連中が師の〝語本〟を編み、意を得て言を忘るということのできぬまま、〝即心即仏〟のひとつおぼえ。先師その人を師とするのでなく、先師ののこした言葉の跡かたばかりに従っておる。そもそも〝仏〟が何処にあると思うて〝心そのもの〟などと言うのか？　絵描きの如し〔幻影をうみだすもと〕とされる〝心〟なぞと同定しては、〝仏〟に対する冒瀆も甚だしいではないか！」

かくして禅師は、こう宣言するにいたった、「心は仏ではない、智は道ではない。〔〝即心即仏〟は〕ひどい見当ちがいである」と。世の人々はその道場を「禅窟」と称したのであった。

毎曰、「自大寂禅師去世、常病好事者録其語本、不能遺筌領意、認即心即仏、外無別説。曾不師於先匠、只徇影跡。且仏於何住而曰〝即心〟？　心如画師、貶仏甚矣！」遂唱于言、「心不是仏、智不是道。剣去遠矣、尓方刻舟」。時号東寺為禅窟。（『祖堂集』巻十五・東寺和尚章、頁六七九）

毎《ことごと》に曰く、「大寂禅師（馬祖）世を去りて自《よ》り、常に病《うれ》う、好事の者の其の語本を録し、筌《ことば》を遺《わす》れて意《こころ》を領《さと》る能《あた》わず、〃即心即仏〃を認めて、外《ほか》に別説無《な》く、曾て先匠を師とせず、只だ影跡にのみ徇《したが》うを。且つ仏は何《いずこ》に住せりとて〃即心〃と曰わん、心は画師の如し、仏を貶《おとし》むるや甚《はなは》だし矣！」遂《かく》て言に唱《とな》うらく、「心は仏に不是《あら》ず、智は道に不是ず。剣《つるぎ》去ること遠くして、尓方《なんじはじ》めて舟《ふね》に刻《きざ》む」。時に東寺を号して「禅窟」と為せり。

同じく馬祖の弟子である南泉普願も次のように言っている。

わが江西の馬大師が「即心是仏」と説かれたのは、さしあたっての一時かぎりの語。己れの外に仏を求めて奔走する人々の病弊を止めんがための、いわば、啼《な》く子をあやす方便に過ぎぬ。そこで、（それに対置して）「不是心《ふぜしん》、不是仏《ふぜぶつ》、不是物《ふぜもつ》」と言うわけである。今では多くの人々が「心」を「仏」と看なし、「智」を「道」と看なし、こぞって「見聞覚知《けんもんかくち》」がすべて「仏」だと言いなしている。しかし、もしそうなら、演《えん》若達多《にゃだった》が自分の頭を捜し求めてまわったという故事と同じこと（『首楞厳経』巻四）。かりに見つかったところで、それ（「心」「智」「見聞覚知」）は自己本来の仏ではないのである。

「即心即仏」と言えば無いはずのものが有ることになり、「非心非仏《ひしんひぶつ》」と言えば有るはずのものが無いことになる。だが、汝の心がもし仏なら、ことさら「即仏」と言う必要はないはずであり、もし仏でないのなら、わざわざ「非仏」と言うには及ばぬはずである。かく有と無（「即心即仏」と「非心非仏」）とが相い俟ってはじめて現わされるような、そんなものが、どうして「道」でありえよう。

江西和尚説即心即仏、且是一時間語、是止向外馳求病、空拳黄葉止啼之詞。所以言「不是心、不是仏、不是物」。如今多有人喚心作仏、認智為道、見聞覚知皆云是仏。若如是者、演若達多将頭覓頭、設使認得、亦不是汝本来仏。若言即心即仏、如兎馬有角。若言非心非仏、如牛羊無角。你心若是仏、不用即他。你心若不是仏、亦不用非他。有無相形、如何是道？（『祖堂集』巻十六・南泉和尚章、頁七〇五）

江西《こうぜい》和尚〔馬祖〕の「即心即仏」と説《と》けるは、且《しば》らく是れ一時間《いっとき》の語、是れ外に向いて馳求《ちぐ》する病《やまい》を止《と》めんとする、空拳黄葉《くうけんこうよう》、止啼《してい》の詞《ことば》なり。所以《ゆえ》に言わく「不是心《ふぜしん》、不是仏《ふぜぶつ》、不是物《ふぜもつ》」と。如今《いま》多く人有り、「心」を喚《よ》びて「仏」と作《な》し、「智」を認めて「道」と為し、「見聞覚知《けんもんかくち》」をば皆な是れ仏なりと云う。若《も》し如是《かくのごと》くなら者《ば》、演若達多《えんにゃだった》、頭《こうべ》を将《も》って頭を覓《もと》め、設使《たと》い認め得たるも、亦《ま》た汝が本来仏に不是《あら》ず。若《も》し「即心即仏」と言わば、兎馬《とば》に角《つの》有るが如し。若し「非心非仏」と言わば、牛羊《ぎゅうよう》に角《つの》無きが如し。你《なんじ》が「心」、若し是れ「仏」ならば、「即ち他《それ》〔仏〕なり」とするを用いず。你が「心」、若し「仏」に不是《あら》ざれば、亦た「他《それ》（仏）に非ず」とするを用いず。有無相《あ》い形《あら》わせば、如何《いか》でか是れ「道」ならん？

青原―石頭の系譜

馬祖門下のこのような思潮をうけて、馬祖が「即心是仏」のほかに「非心非仏」（真実なるものは心でもなければ仏でもない）と説いたという伝承や、さらにそれをも超えて「不是心、不是仏、不是物」（心でも、仏でも、他のいかなる物でもない）と説いたといった伝承が、馬祖の没後、しだいに加わっていったらしい。[25] そうした動向をうけて、いつごろから、馬祖禅とは思想を異にする石頭系の禅という意識が生まれ、唐代禅の第二の主流が形成されていった。

石頭個人の名は宗密の著述でも触れられており、また馬祖系の灯史と目される中唐期の『宝林伝《ほうりんでん》』（八〇一年）でも、馬祖とともに石頭の伝が立てられてはいたらしい（該当部分は現存しないが、佚文の研究によってそう推定されている）。[26] しかし、中唐期の碑文や宗密の著述などには、石頭らを独立の一派とする記述はなお未だ見当たらず、この二系統を軸に構成された灯史の書は、現存のかぎりでは五代の『祖堂集』（九五二年）を最古とする。中唐期の状況を伝える記録としては『景徳伝灯録』巻六・馬祖章の次の注記がある。

懐譲（南岳）と道一（馬祖）の関係は、ちょうど行思（青原）と希遷（石頭）の関係に同じである。両者は源を同じくしながら派が分かれたもので、それゆえ禅の隆盛は、この二師に始まるのである。劉軻《りゅうか》が言っている、「江西は大寂（馬祖）を主とし、湖南は石頭を主とする。その間の往来はさかんであり、この二大師に見えたことが無ければ無知とされた」と。

譲之一猶思之遷也。同源而異派。故禅法之盛、始于二師。劉軻云、「江西主大寂、湖南主石頭。往来憧憧、不見二大士為無知矣。（『景徳伝灯録』巻六・馬祖章注）
譲《じょう》の一《いつ》は猶《な》お思《し》の遷《せん》のごとし。源を同じくして派を異にす。故に禅法の盛んなるは、二師に始まれり。劉軻云く、「江西《こうぜい》は大寂《だいじゃく》を主とし、湖南《こなん》は石頭《せきとう》を主とす。往来憧憧《しょうしょう》、二大士に見《まみ》えざれば無知と為せり」。

注記全体は北宋初の記述だが、中唐の文人、劉軻（生没不詳）の言の引用は、おそらくその撰述にかかる石頭の碑文の一部であり、中唐の禅門の状況を伝える同時代の証言といってよい[27]。ここに言うように、江西の馬祖と湖南の石頭、修行僧たちはその両者の間を自由に往来していたのであり、両者は二者択一の関係ではなく、宗風を異にしつつ補完しあう関係ととらえられていたのである。現に丹霞がそうであったように、当時、馬祖と石頭の双方に参ずることで開悟にいたった禅者は少なくない。だが、両者はしだいに別の二系統と意識されるようになり、やがて禅の黄金時代——いわゆる「純禅の時代」——の歴史は、あたかも当初からそのようなものであったかのごとく、「南岳―馬祖」系と「青原―石頭」系の二つの主流の歴史として、回顧され憧憬されるようになるのであった。

達摩―恵可―僧璨―道信―弘忍―六祖恵能┬南岳懐譲―馬祖道一……
　　　　　　　　　　　　　　　　　　└青原行思―石頭希遷……

真金鋪と雑貨鋪

では、石頭の法系という意識を立てた人々は、何を以って自らを馬祖禅と区別したのであろうか。『祖堂集』巻四・薬山章は道吾《どうご》円智《えんち》（七六九―八三五）の言として「石頭は是れ真金鋪《しんきんぽ》、江西は是れ雑貨《ざつか》鋪《ほ》」という句を伝えている（頁二三〇）。石頭は純金の店、馬祖は雑貨の店、というわけだが、この語は如何なる対比を表しているのであろうか。

今、その対比をよく示す例として、石頭の次の問答を看てみよう。弟子、大顛宝通《だいてんほうつう》（七三二—八二四）がはじめて石頭に参じた時の一段である。

潮州の大顚和尚が初めて石頭に参じた時のこと。石頭が問う、「汝の〝心〟はドレか」。大顚、「こうして現に言語している者がソレでございます」。大顚はただちに一喝され、叩き出されてしまった。

それから十日ばかりが過ぎ、今度は大顚のほうから石頭に問いかけた。「先日の答えが誤りとなりますと、そのほかに何が〝心〟だということになりましょう」。石頭「揚眉動目以外の〝心〟それを持って来い」。「そうなっては、持ち来れるような〝心〟はございません」。「さきには〝心〟有りと言いながら、こんどは〝心〟無しと言うか。それはいずれも、わしを愚弄するものにほかならぬ！」大顚は言下に大悟した。

潮州大顚和尚。初参石頭、石頭問師曰、「那箇是汝心？」師曰、「言語者是」。便被石頭喝出。経旬日、師却問曰、「前者既不是、除此外何者是心？」石頭曰、「除却揚眉動目将心来」。師曰、「無心可将来」。石頭曰、「元来有心、何言無心？ 無心尽同謗！」師言下大悟。（『景徳伝灯録』巻十四・大顚章／景徳伝灯録研究会編『景徳伝灯録・五』禅文化研究所、二〇一三年、頁三二一）

潮州大顚和尚。初めて石頭に参ずるに、石頭、師〔大顚〕に問うて曰く、「那箇《いずれ》か是れ汝が〝心〟？」師曰く、「言語する者是れなり」。便ち石頭に喝出せらる。

旬日《とおか》を経《へ》て、師却って問うて曰く、「前者既《すで》に不是《ふぜ》なれば、此れを除きての外、何者か是れ〝心〟？」石頭曰く、「揚眉動目を除却《のぞ》きて〝心〟を将《も》ち来《きた》れ」。師曰く、「〝心〟の将ち来る可き無し」。石頭曰く、「元来は〝心〟有りしに、何ぞ〝心〟無しと言うや？〝心〟無きは尽《とも》同に謗《そし》りなり！〔『祖堂集』では「心有るも心無きも尽同に我を謗るなり！」〕」師言下に大悟す

馬祖は言っていた、「今現に行っている行住坐臥・応機接物がことごとく〝道〟なのだ」、「一切衆生は……つねに〝法性〟三昧中にあって著衣喫飯し、言談祇対している」と。馬祖にはさらに次のような言葉もある、「もし〝心〟を識りたければ、祇今《いま》語言するもの、それこそが即ち汝の〝心〟に外ならぬ」（『宗鏡録』巻十四、『馬祖の語録』禅の語録5、頁一九八）。「言語」や「揚眉動目」、あるいは「行住坐臥」や「著衣喫飯」「言談祇対」、そうした現実態の作用・営為をそのまま自己の本来性――「道」「法性」「心」等――と等置するのが馬祖禅の身上であることは、前に看た。右の一段で、若き日の大顛は、そうした馬祖禅の基本思想に立脚し、相応の確信もつかんでいた。だが、石頭はそれを厳しく斥け、「言語」や「揚眉動目」と同定されぬ「心」そのもの、それを呈示せよと迫っている。道吾の語を借りて言えば、雑然とした現実態の自己をそのまま売り物とする「雑貨の鋪《みせ》」に

対し、こちらは純粋な本来性をあつかう「真金の鋪」だというわけである。

渠と我

現実態の作用・営為とは次元を異にする純粋な本来性、やがて彼らはそれを人格的に表象して「主人公《しゆじんこう》」とか「渠《かれ》」あるいは「伊《かれ》」「他《かれ》」などと呼ぶようになった(「渠」「伊」「他」はいずれも唐代の口語で三人称の人称代名詞)。そして、真の「主人公」たる「渠」と現実態の活き身の「我《われ》」、その両者の間の不即不離の関係を探求することが、この系統の人々の一貫した主題となってゆくのである。たとえば、道吾とその兄弟弟子の雲巌曇晟《うんがんどんじよう》(七八二―八四一)の間に、次のような問答がある。

雲巌が茶をわかしている。そこへ道吾がやってきた。

「何をやっておる」

「茶をいれておる」

「誰に飲ます」

「いや〝一人《おひとり》〟茶をご所望の方があってな」

「ならば、なぜ〝伊《そやつ》〟に自分でいれさせぬ」

「うむ、おりよく〝専甲《それがし》〟がおったものでな」

師煎茶次、道吾問、「作什麼?」師曰、「煎茶」。吾曰、「与阿誰喫?」師曰、「有一人要」。道吾云、「何不教伊自煎?」師云、「幸有専甲在」。(『祖堂集』巻五・雲巌章、頁二五二)

師(雲巌)茶を煎ずる次《おり》、道吾問う、「什麼《なに》をか作《な》す?」師曰く、「茶を煎ず」。吾曰く、「阿誰《たれ》にか喫《の》ます?」師曰く、「一人《いちにん》の要《ほっ》する有り」。道吾云く、「何ぞ〝伊《かれ》〟をして自ら煎ぜしめざる?」師云く、「幸いに専甲《それがし》有り」。

「一人《いちにん》」および「伊《かれ》」は本来性の自己(「渠」)、いっぽう「専甲《それがし》」は作用する現実態の自己(「我」)を指している。だが、ここに二人の雲巌がいるわけではない。自分がいれて自分が飲む、ただそれだけのことである。だが、それだけのことの上に、彼らは本来性と現実態の、二にして一、一にして二、という玄妙な関係を探ろうとした。のちに雲巌の弟子、洞山良价《とうざんりょうかい》は、その趣旨をこう詠っている。

渠今正是我　「渠《かれ》」は今　正に是れ「我《われ》」
我今不是渠　「我《われ》」は今「渠《かれ》」に不是《あら》ず
(『祖堂集』巻五・雲巌章、頁二五四)

「渠」は今まさしく「我」である、しかし、「我」は今「渠」ではない。ありのままの活き身の自己を真実と看るか、或いはそれを超えた次元に真の「主人公」を見出そうとするか、この両種の観点の対立は、この後もながく禅宗思想史上の争点となる。

二―三 行脚と問答

雲門「飯袋子」

そのような思想的な問題を、唐代の禅僧たちは、机の上ではなく、日常生活のうえで探究していった。僧堂内の生活や田畑での労働とともに、行脚《あんぎゃ》の旅もまた、そうした重要な探究の場のひとつであった。

禅僧たちは、激発の契機を求めて各地を行脚し、諸方の老師たちを訪ね歩いた。胡適は有名な大拙との論争の文章で、行脚について次のように書いている（文中、「乾屎橛《かんしけつ》」は干からびた糞。「麻三斤《まさんぎん》」は三斤の麻。それぞれすぐ後に名の出てくる雲門文偃と洞山守初のことば）。

行脚僧に話をもどそう。彼はいち雲水として、すべての道のりを己の脚で歩む。身にはただ一本の杖と一口の鉢と、そしてひとそろいの草鞋を帯びるのみである。道中ではすべての食と住を人に乞い、破れ寺のなかの小屋や洞窟や道ばたの廃屋を見つけねばならぬこともしばしばである。彼は過酷な自然に苦しみ、時には人の冷たさにも耐えねばならない。

彼は世界を見、ありとあらゆる人々と出あう。その時代の傑出した人物のもとで学び、よりよい問いを発し、借り物でない真の疑団をもちうるよう修練をつむ。また志を同じくする者と友となり、問題を論じあい、見解《けんげ》を交換しあう。かくして経験は拡げられ、深められ、自らの理解が育ってゆく。そうして、ある日、彼は女中のふとした言葉や伎女の他愛もない唄を耳にし、あるいは名もなき花の馨《かぐわ》しさにふれる。そして、突如、悟るのだ。何とまことに「仏は乾屎橛のごときものか!」何とまことに「仏は三斤の麻そのものであるか!」と。今やすべては明らかである。「桶の底、脱《ぬ》けたり」。つまり、奇蹟がおこったのである。

彼はまた長い道のりを旅して、老師のもとにかえる。涙と心からの喜びとともに。そして彼は感謝をささげ、その足を礼する。物事を容易ならざるものとしてくれた、このよき師に対して。(小川訳「胡適『中国における禅——その歴史と方法論』」、『駒澤大学禅研究所年報』第一一号、二〇〇〇年、頁一〇〇)

旅と宗教の間には、古来ふかい縁がある。だが、禅僧の行脚は、聖地の参拝や霊場の巡礼とは、いささか趣を異にする。禅の行脚には、地図上に示せる目的地や終点が無い。あるとすれば、それは、「自己」だというほかない。そうした行脚の本質を示す問答が『無《む》門関《もんかん》』第十五・洞山三頓《とうざんさんとん》に見える。ここにいう洞山は、洞山良价のことではなく、のちに雲門文偃《うんもんぶんえん》（八六四―九四九）の法をつぐことになる洞山守初《とうざんしゅしょ》のことである。

洞山守初が行脚してきて、雲門に参じた。

雲門、「ここへ来る前はどこにおった？」

洞山、「査渡《さと》です」

「夏安居《げあんご》はどこでやった？」

「湖南《こなん》の報慈《ほうず》でございます」

「いつ、そこを発った」

「八月二十五日です」

ここで雲門がいきなり、はげしく怒った。

「本来なら、三頓棒ものだ！」

洞山は、翌日、雲門の前に伺候し、あらためて問うた、

「昨日は、特に三頓棒を免じていただきました。しかし、それがしのドコに、それほどの罪があったのでしょうか？」

すると雲門は、昨日にもまして、激しい勢いでどなりつけた。

「このムダメシ食いが！　江西・湖南をまったくこんな調子で渡り歩いておるとは！」

洞山は、ここで大悟した。

雲門因洞山参次、門問曰、「近離甚処？」山云、「査渡」。門曰、「夏在甚処？」山云、「湖南報慈」。門曰、「幾時離彼？」山云、「八月二十五」。門曰、「放汝三頓棒」。山至明日却上問訊、「昨日蒙和尚放三頓棒、不知過在甚麼処？」門曰、「飯袋子！　江西湖南便恁麼去」。山於此大悟。（平田高士『無門関』禅の語録18、一九六九年、頁六五）

雲門、因《ちな》みに洞山（洞山守初）参ずる次《おり》、門（雲門）問うて曰く、「近ごろ甚処《いずく》をか離る？」山（洞山）云く、「査渡《さと》」。門曰く、「夏《げ》は甚処にか在る？」山云く、「湖南の報慈」。門曰く、「幾《いず》れの時《とき》にか彼《かしこ》を離る？」山云く、「八月二十五」。門曰く、「汝《なんじ》に三頓棒《さんとんぼう》を放《ゆる》す」。山、明日《あくるひ》に至りて却って上りて問訊《もんじん》す、「昨日、和尚の三頓棒を放すを蒙《こうむ》る、不知《しら》ず、過《とが》、甚麼処《いずく》にか在る？」門曰く、「飯袋子《はんたいす》！　江西《こうぜい》・湖南《こなん》に便ち恁麼《かくのごと》く去《ゆ》くのみ」。山、此《ここ》に於《お》て大悟《たいご》す。

初めての相見で、両者は問答をする。僧のほうからいきなり挑戦的な問いをぶつける場合もあるが、通常は、老師のほうから名前や出身地・修行歴などを問い、修行僧がそれに答えてゆく。だが、一見、通常の面接のような問いの裏に、実は、禅的な問いが秘められている。こうして行脚して歩いている汝その人、それはつまるところ何者であるか、これまでの修行で自己というものを如何に捉えてきているのか、と。それに気づく僧もあれば、気づかずに表面的な回答に終始する僧もある。いずれにせよ、入門が認められれば、老師は僧に「参堂去。――堂に参じ去《ゆ》け」などという。わが僧堂の一員となって、ここで修行してみるがよい、という許可である。

右の一段で洞山守初も、師の問うているものに気づかず、まじめに、正直に――しかし、ただ表層的に――ひとつひとつ質問に答えてゆく。

すると雲門が、業を煮やして激怒した。

――汝に三頓棒を放す！

「三頓棒」は実数でなく、棒打による最大限の体罰（「一頓」は、ひとしきり）。しかし、「三頓棒を免じてやる！」といわれても、大目にみてもらえたわけではない。実際に打つのはかんべんしてやるが、ほんとうなら三頓棒ものの大罪だ、という、この上なく厳しく激しい叱責である。老師からこう責められたら、なまじ打たれるより、よほど痛い。

だが、洞山は腑に落ちない。問われたとおりに正直に答えていただけなのに、なぜ、いきなり、そこまでのお叱りを蒙らねばならぬのか……？
　そこで洞山は、あくる日ふたたび雲門の前に出てその意味を問うた。すると、雲門は、昨日以上の勢いでさらに激しく痛罵した。

——飯袋子《はんたいす》！　江西・湖南に便ち恁麼《かくのごと》く去《ゆ》くのみ！

「飯袋子」は、飯をいれる袋ということから（「～子」は名詞の接尾辞）、飯をつめこむしか能のない袋のような奴、ムダメシ食い。「江西・湖南」といえば、馬祖・石頭以来の伝統をうけながら広がった禅の天地だが、そんなひろい禅の世界を、ただそんな調子で——自己不在のまま、ムダメシだけを食いながら——渡り歩いておったのか！
　洞山はこの叱咤で、大悟した。

趙州「喫茶去」

　趙州従諗《じょうしゅうじゅうしん》（七七八—八九七）の有名な「喫茶去《きつさこ》」の問答も、新来の行脚僧との相見の際の話であった。趙州はさきに名の見えた南泉の弟子、つまり馬祖のマゴ弟子にあたる人で、その語録『趙州録《じょうしゅうろく》』（秋月龍珉『趙州録』禅の語録11、一九七二年）に次のように見える。

新しくやってきた二人の行脚僧に、趙州禅師が問われた。

「貴公、前にもここへ来たことがあるか？」

「いえ、ございません」

「うむ、下がって茶を飲みなさい」

もう一人にも、問うた。

「前にもここへ来たことがあるか？」

「はい、ございます」

「うむ、下がって茶を飲みなさい」

院主《いんじゅ》〔寺の事務局長〕が趙州禅師にたずねた。

「初めての者に茶を飲みに行けと仰せられるのはよいとして、前に来たことのある者にも、なぜ、茶を飲みに行けと仰せられるのですか？」

すると趙州、「院主どの！」

院主、「ハイ！」

趙州、「うむ、茶を飲みに行きなさい」

師問二新到、「上座曾到此間否？」云、「不曾到」。師云、「喫茶去」。又問那一人、「曾到此間否？」云、「曾到」。師云、「喫茶去」。院主問、「和尚。不曾到、教伊喫茶去即且置、

曾到、為什麽教伊喫茶去?」師云、「院主!」院主応諾。師云、「喫茶去」。(頁三六二)
師(趙州)二新到《しんとう》に問う、「上座《そなた》、曾《かつ》て此間《ここ》に到《いた》れる否《や》?」云く、「曾て到らず」。師云く、「喫茶去《きつさこ》」。又た那《か》の一人《いちにん》に問う、「曾《かつ》て此間に到れる否?」云く、「曾て到る」。師云く、「喫茶去」。院主《いんじゅ》問う、「和尚、曾て到らざるもの、伊《かれ》をして茶を喫《の》みに去《ゆ》かしむるは即ち且《しば》らく置《お》く。曾て到れるもの、為什麽《なにゆえ》にか伊をして茶を喫みに去かしむ?」師云く、「院主よ!」院主応諾《おうだく》す。師云く、「喫茶去」。

初めて訪ねてきた者にも、前に来たことのある者にも、趙州は同じように、「よろしい、下がって茶を飲みなさい」と言った。それをいぶかる院主の問いから察するに、「茶を喫《の》みに去《ゆ》け」──「喫茶去」──ということばは、初めてやって来た僧にいうのがふつうのようである。とすると、初相見の際の「喫茶去」には、おそらく、「参堂去」などというのと同じく、新たに入門を許可する意味があるのであろう。だから、初めての者にいうのはよいとして、前にも行脚に来てここでの修行を許されていた者に重ねて「喫茶去」というのは、院主には、いかにも不可解な応対と見えたのである。だが、その質問を聞いてか聞かずか、趙州はいきなりよびかけた、

「院主どの!」

「ハイ!」

すると、趙州はおもむろに、ひとこと。

「院主どの、あなたも茶を飲みに行きなさい」

院主の質問の件は、どこへいってしまったのか？　だが、趙州はけっして院主の問いをはぐらかしているわけではない。この問答の勘所は、「院主どの！」「ハイ！」、この一瞬の上にある。さきに汾州無業は、後ろから呼びかけられ、ハッと「廻首《ふりかえ》」り、その刹那に「是れ什麼《なん》ぞ？」と切り込まれて悟った。活き身の現実態の自然な作用・営為、そこに「即心是仏」という事実が活き活きと働き出ていることに自ら気づいたのであった。道理からいえば、そうした現実態の作用・営為というのは何でもよいわけだが、実際にその趣旨を悟らせるために馬祖系の禅者たちが多用したのは、「廻首」（後ろから呼ばれて、ハッとふりかえる）、「近前」（呼ばれて思わず、ツッと身体が前に出る）、そして「応諾」（名を呼ばれて、とっさにハイと応える）といった動作であった。今、「応諾」のごく解りやすい例を、一二見てみよう。いずれも馬祖の弟子たちの問答である。

于頔《うてき》（中唐期の高官／『旧唐書』巻一五六、『新唐書』巻一七二）が問う、

「仏とは如何なるものにございましょう？」

道通、「于頔どの！」

于頔、「ハイ！」

道通、「ほかに求めてはなりませぬ」

于公又問、「如何是仏？」師喚于頔。頔応諾。師云、「更莫別求」。（『景徳伝灯録』巻六・紫玉山道通章）

于《う》公《こう》又た問う、「如《い》何《か》なるか是れ仏？」師（道通）、于頔と喚ぶ。頔、応諾す。師云く、「更に別に求むる莫れ」。

僧、「四《し》大五《だいご》蘊《うん》によって構成されたこの不浄な肉身のうちの、ドノ部分が本来の仏性なのでしょうか？」

章敬はそこで僧の名を呼ぶ。

僧、「ハイ！」

師はしばし沈黙し、そしておもむろに言った、

「お前には仏性が無い」

僧問、「四大五蘊身中、阿那箇是本来仏性？」師乃呼僧名。僧応諾。師良久曰、「汝無仏性」。（『景徳伝灯録』巻七・章敬懐暉章／『景徳伝灯録・三』禅文化研究所、頁二一五）

僧問う、「四大五蘊身の中、阿那箇《いずれ》か是れ本来仏性？」師（章敬）乃ち僧の名を呼ぶ。僧

応諾す。師良久して曰く、「汝に仏性無し」。

一例目は、名をよばれて思わずハイと応える、そのはたらきの外に別に「仏」を求めてはならぬと言っているのであり、二例目は、名を呼ばれてハイと応える、それこそまさに汝自身の「本来仏性」であり、それに自ら気づかぬでは仏性など無いも同然ではないか、と言っているのである。

『寒山詩』の次の一首は、馬祖禅のこうした考えに対する格好の注脚となっている。

報汝修道者　　汝《なんじ》　修道者《しゅうどうしゃ》に報《ほう》ず
進求虚労神　　進求《しんぐ》して虚《むな》しく神《しん》を労《ろう》す
人有精霊物　　人《ひと》には精霊《せいれい》の物《もの》あり
無字復無文　　字《じ》なく復《ま》た文《ぶん》なし
呼時歴歴応　　呼《よ》ぶ時《とき》は歴歴《れきれき》として応《こた》え
隠処不居存　　隠《かく》るる処《ところ》　居存《きょそん》せず
叮嚀善保護　　叮嚀《ていねい》す　善《よ》く保護《ほご》して
勿令有点痕　　点痕《てんこん》あらしむること勿《なか》れと

そなたがた道を修行なさる人たちに申す
そなたがたは道をそとに在るものとして追求し　いたずらに精神を疲らせてござる
そもそも人には精明霊妙のものがある
それの消息は文字や言句では表現されないものだ
こちらが呼びかければ　それははっきりと応答するが
それが姿をあらわさぬと　どこにも存在しない
よくよく申し聞かせる　どうかそれを大事にして
きずをつけぬようにと

（入矢義高『寒山』岩波書店、中国詩人選集五、頁一四二／禅の語録13、頁二四八）

趙州の「喫茶去」の話にもどる。その行脚僧の到来が、初回であるか、二度目であるか、趙州にとって実はそれはどうでもよい。要は本人が、自己の自己たるゆえん、己れが己れであるという活きた事実、それをしかと我が身に自覚しているか否か、ただその一事だけである。だが、二人の新到僧は、いずれも、そのことを問われているのに気づかない。趙州は淡々という。「うむ、茶を飲みに行きなさい」。まあ、よい。下がって茶をよばれ、僧堂に入って、また一から修行をするがよい。前に来たことがあろうがなかろうが、その一事に気づいておらねば、修行は常に今この場が第一歩だ。

趙州の接化をふだんから間近で目にしているはずの院主も、実はその意に気づいていなかった。そこで、

趙州、「院主どの！」

院主、「ハイ！」

どうじゃ、おわかりかな？　わしが新到僧に問うていたのは、まさにコレのことだったのだが。なに、あんたも気づかぬか……。では、しかたない。院主どの、ほれ、あなたも下がって茶を飲みなされ。

洞山「太尊貴生」

出逢いの最初のひとことから、もう禅の問答が始まっている。老師のほうが僧を試すばかりではない。行脚僧のほうもこの老師が師事するに足る人かどうか、ひそかに品定めをしており、僧のほうから挑戦的な問いをぶつけることもある。師の応対しだいでは、行脚僧のほうが見切りをつけ、サッと袖を払って出て行ってしまうこともある。「〝渠《かれ》〟は今正《まさ》に是れ〝我《われ》〟、〝我〟は今〝渠〟に不是《あら》ず」、そう詠ったかの洞山良价にも、行脚の際の次のような問答が伝えられている。いまだ行脚僧であった頃の洞山が、兄弟子の「密師伯《みっしはく》」（神山僧密）とともに鄂州《がくしゅう》の百顔明哲《ひやくがんめいてつ》禅師のもとをたずねた際の話である。

鄂州百顔明哲禅師のもとに、洞山良价が、兄弟子の密師伯とともに行脚してきた。

明哲禅師、「貴公、どちらから来られた？」

洞山、「湖南です」

「その地の長官は、姓を何といわれる？」

「姓などつけられませぬ」

「では、名は何と？」

「名もつけられませぬ」

「では政務を執られるか？」

「いえ、ちゃんと幕僚がおりまする」

「しかし、出入りもせぬということはあるまい？」

洞山は、サッと袖を払って出て行った。

翌朝、明哲禅師は僧堂に入って、言った。

「昨日、貴公らと問答したが、最後の一句が実をむすばなかった。こんどは、どうか貴公らのほうから、しかるべき一句を言うてもらいたい。もし、言えたら、拙僧はさっそく食事のしたくをして、貴公らとともに夏安居を過ごすこととしたそう。さあ、さっさと言うてみよ！」

すると洞山は、ひとこと、

「太尊貴《たいそんき》生《せい》――あまりにも尊貴なのです」
これを聞いて明哲は食事をととのえ、夏安居を彼らと過ごしたのであった。

鄂州百顔明哲禅師。洞山与密師伯到参。師問曰、「闍梨近離什麼処?」洞山曰、「近離湖南」。師曰、「観察使姓什麼?」曰、「不得姓」。師曰、「名什麼?」曰、「不得名」。師曰、「還治事也無?」曰、「自有郎幕在」。師曰、「豈不出入?」洞山便払袖去。師明日入僧堂曰、「昨日対二闍梨一転語不稔、今請二闍梨道。若道得、老僧便開粥飯、相伴過夏。速道!　速道!」洞山曰、「太尊貴生」。師乃開粥飯、共過一夏。(『景徳伝灯録』巻十四・百顔明哲章/『景徳伝灯録・五』禅文化研究所、二〇一三年、頁四一五)

鄂州百顔明哲禅師。洞山〔洞山良价〕と密師伯《みつしはく》〔神山僧密〕、到り参ず。師〔百顔〕問うて曰く、「闍梨《そなた》、近ごろ什麼処《いずく》をか離る?」洞山曰く、「近ごろ湖南《こなん》を離る」。師曰く、「観察使《かんさつし》は什麼《なに》とか姓す?」曰く、「姓するを得ず」。師曰く、「什麼とか名づく?」曰、「名づくるを得ず」。師曰く、「還《は》た事を治む也無《や》?」曰く、「自《もとよ》り郎幕《ろうばく》有る在《なり》」。師曰く、「豈《あ》に出入せざらんや?」洞山便ち払袖《ほっしゅう》して去る。師、明日《あくるひ》、僧堂に入りて曰く、「昨日、二闍梨に対えて、一転語稔《みの》らず、今請《こ》う二闍梨道《い》え。若し道《い》い得《え》ば、老僧《われ》便ち粥飯《しゅくはん》を開き、相い伴《とも》に夏《げ》を過さん。速《すみ》やかに道《い》え!　速やかに道え!」洞山曰く、「太《はなは》だ尊貴生《とうとき》なり」。師乃《すなわ》ち粥飯を開き、共に一夏《いちげ》を過せり。

趙州の問答は、少なくとも表面的な意味は解りやすかった。深意を察せぬままでも、字面どおりの通常の会話として進行可能であった。それにひきかえ、右のやりとりは、いったい何を言いたいのか？ 字面のうえでは、まったく意味不明と見える。だが、ここで洞山が土地の統治者にことよせて、実は自己の「主人公」――洞山の偈にいう「渠」――のことを問題にしているのだと解れば、話は別である。だから、洞山は、そのお人は、姓も名もつけえず、執務もしない、という。「渠」は現実態の規定や作用とはまったく無縁なのである。だが、明哲には得心がゆかない。「しかし、役所への出入りぐらいはするのでは？」そこで洞山は、もはや長居は無用とばかり、サッと袖を払って出て行った。

翌朝、こんどは明哲禅師のほうが僧堂に入って、投宿中の両人をさがした。わしの見解はあそこまでだ。どうか、昨日の問答をしかと決着させる一句を、貴公らのほうから言うてもらいたい。そこで洞山はいった。

「太尊貴生《たいそんきせい》。――そのお人は、あまりにも尊いのです」

「渠」は、形而下の作用に一切関与しない、あまりにも尊貴な形而上の一者だというのである。前日来、洞山が示そうとしていたのは、いわば、みじんも「雑貨」の要素の無い、純粋な「真金」そのものだったのであり、明哲もこの一句でようやくそこに徹底したのであった。「相《あ》い伴《とも》に」夏安居を過した、という記述は、師と弟子としてでなく、対等の道の仲間として、という含みであろう。

禅僧たちは行脚しながら道を問い、開悟の機縁を求めた。そうした問答のなかにも、現実態の活き身の自己をそのまま真実と看る馬祖系の禅と、それを超えた形而上の次元に真の「主人公」を見出そうとする石頭系の禅、その両者の対比が貫かれているのであった。

ふたたび趙州

その対比を見るために、行脚の話ではないが、ここで、もうひとつ、趙州の問答をみておきたい。さきに引いた雲巌と道吾の「煎茶」の問答——「幸いに専甲《それがし》有り」——と、好対照をなす話である。

趙州が沙弥を呼ぶ。

沙弥がハイと応える。

趙州、「茶をいれて来ておくれ」

沙弥、「茶をおいれするのはかまいませぬが、いったい、どういう人に飲ますのです」

趙州は、口をぱくぱくとして見せた。

沙弥、「そんなことでは、とうてい茶は召しあがれませぬ」

師喚沙弥、沙弥応諾。師云、「煎茶来！」沙弥云、「不辞煎茶、与什麼人喫？」師便動口、沙弥云、「大難得喫茶」。（『祖堂集』巻十八・趙州和尚章、頁七九二）

師〔趙州〕沙弥《しやみ》を喚ぶ。沙弥、応諾す。師云く、「茶を煎じ来れ！」沙弥云く、「茶を煎ずるを辞せざれども、什麼人《なにびと》にか喫《の》ます？」師便ち口を動かす。沙弥云く、「大《はな》はだ茶を喫《の》むを得難《えがた》し」。

沙弥は、どうやら、どこかで石頭系の禅のことを聞きかじってきたらしい。老師が茶をいれて来てくれと言えば、飲むのは老師に決まっている。にもかかわらず、敢て「什麼人」が飲むか、などと問い返すのは、「渠」、すなわち雲巌と道吾の問答でいう「一人」を念頭に置いてのことに相違ない。

そこで、趙州は、口をパクパクと動かして見せる。ほれ、このわしだ。わしが、こうして、この口で飲むのだ。すると沙弥、「それでは茶をあがることなどできませぬ」。残念ながら老師は「渠」「一人」のことがまったくわかっておられませぬ。

ことばだけ見ると、一見、趙州が沙弥にやり込められた一段のようである。だが、ここで冒頭の「応諾」のやりとりが見落とされてはならない。沙弥は「渠」とか「一人」といった観念を弄ぶのに気をとられて、現にハイと応えている活きた我が身をすっかり置き忘れてしまっている。趙州の「動口」はそれに対置して、茶を飲む者はパクパクと口を動かすこの活き身の己れ、それを置いてほかにない、そう示唆したものであり、趙州は、本来人という観念に対し、いわば本来性の裏づけを待たぬ、即物的な活き身の自己そのものを反措定しているのであった。他愛もない一場面のようでいて、その真意は実は雲巌・道吾の「煎茶」の問答と鋭く対立するものとなっている。

趙州は石頭系の「真金」を知らぬまま、あいもかわらず馬祖禅の「雑貨」に終始しているのではない。馬祖禅の「雑貨」に対する反措定として提起された「真金」、それをよく知ればこそ、敢えてそこに、さらなる反措定として「雑貨」を再提起しているのである。ありのままの現実態の自己とありのままを超えた本来の自己、その両極の間を往復し、拮抗と交渉を重ねながら、禅の思想史はつづいていったのであった。

二―四　会昌の破仏　黄巣の乱

会昌の破仏

かくして禅宗は江西・湖南を中心に広範な発展をとげていった。だが、その禅宗も、晩唐の時代には、大規模で過酷な苦難の時代を避けることはできなかった。

最初に襲いかかった法難は、武宗《ぶそう》によって発動されたいわゆる「会昌《かいしょう》の破仏《はぶつ》」（八四一―八四六）である。[28] これが北魏《ほくぎ》の太武帝《たいぶてい》、北周《ほくしゅう》の武帝《ぶてい》、五代後周《こうしゅう》の世宗《せそう》らの破仏と合わせて「三武《さんぶ》一宗《いっそう》」の法難と総称されることは周知の所であろう。このたびの破仏は、武宗の道教への傾斜を直接の契機としたが、その背景には、民族主義的な拝外思想、および寺領の拡大と出家者の増大による財政収入の圧迫という経済的要因も強くはたらいていた。この破仏によって、四千六百余の大寺・僧院と四万以上の招提《しょうだい》・蘭若《らんにゃ》（非公認の小規模な仏院）が破壊され、数千万頃《けい》もの寺領が没収、さらに寺に属する十五万の奴婢が一般の戸籍に移され、二十六万五百の僧尼が還俗《げんぞく》を強制されたという（『旧唐書』武宗紀）。

禅僧だけがこの法難を免れる理由は、むろん無い。だが、還俗を強いられることは、禅僧にとって、少なくとも思想的な打撃にはならなかった。活き身の自己を唯一の根拠とする禅において、伽藍《がらん》や仏像、経典や戒律、僧衣や法具、そうした外在的な条件はさして重要ではなかったからである。たとえば潙山霊祐《いさんれいゆう》（七七一―八五三）の碑文は、そのときのようすを次のように伝えている。

> 武宗は寺を破壊し僧を放逐し、そこをすっかり空にしてしまった。禅師はすぐに頭を包んで民となり、ただ門下から狼藉者を出さぬようにとだけ用心した。識者はこれによって、ますます禅師を敬重した。
>
> その後のこと、湖南観察使《こなんかんさつし》にしてさきの宰相でもあった裴休公《はいきゅう》はひどく仏教を好んでいた。彼は宣宗《せんそう》の復仏を機に強く懇請して禅師を迎え、その際は、禅師を自分の輿《こし》に

乗せ、自らは門弟の列に加わったのであった。ふたたび髪《かみ》と鬚《ひげ》を剃って僧形《そうぎょう》に復さねばという話になったところ、禅師はそれを望まず、弟子たちに戯れてこう言われた、「汝らは髪や鬚を仏法と思うてか」。弟子たちがそれでもとますます強く求めたところ、禅師はしかたなく、笑ってそれに従った。

武宗毀寺逐僧、遂空其所。師遽裹首為民、惟恐出蚩蚩之輩。有識者益貴重之矣。後湖南観察使故相国裴公休酷好仏事。値宣宗釈武宗之禁、固請迎而出之、乗之以己輿、親為其徒列。又議重削其須髪、師始不欲、戯其徒曰、「爾以須髪為仏耶?」其徒愈強之、不得已、又笑而従之。(鄭愚「潭州大潙山同慶寺大円禅師碑銘並序」、『唐文粋』巻六十二)

武宗は寺を毀《こぼ》ち僧を逐《お》い、遂に其の所を空にす。師は遽《にわ》かに首《こうべ》を裹《つつ》んで民と為り、惟《た》だ蚩蚩《しし》の輩を出《いだ》さんことをのみ恐る。有識者は益《ますま》す之れを貴重せり。後、湖南観察使なる故《もと》の相国《しょうこく》の裴公休《はいこうきゅう》は酷《はなは》だ仏事を好む。宣宗《せんそう》の武宗の禁を釈《と》くに値《あた》って、固《かた》く請迎《せいげい》して之を出し、之を乗するに己れの輿《こし》を以てし、親しく其の徒列《とれつ》と為る。又た重ねて其の須髪《しゅはつ》を削《そ》らんことを議す。師は始め欲せず、其の徒に戯《たわむ》れて曰く、「爾《なんじ》らは須髪を以て仏と為すや?」其の徒愈《いよい》よ之を強う。已《や》むを得《え》ずして、又た笑って之に従う。

また、破仏の間の巌頭全豁《がんとうぜんかつ》(八二八―八八七)のようすは、次のようであったという。

師は雪峰と別れたあと、鄂州《がくしゅう》で破仏に遭い、湖で一介の渡し守となった。湖の両岸にそれぞれ一枚の板を具え、渡りたい者はそれを一打ちするのである。すると師は舟の櫂《かい》をもちあげて、こう問うのであった、

「誰だ?」

「あちらへ渡りたいのだが」

すると師はそのまま舟をこいでゆくのであった。

二人分襟後、師在鄂州遇沙汰、只在湖辺作渡船人。湖両辺各有一片板、忽有人過、打板一下。師便提起楫子、云、「是阿誰?」対云、「要過那辺去」。師便劃船過。(『祖堂集』巻七・巌頭和尚章、頁二三九)

二人襟《えり》を分《わか》ちて後、師〔巌頭〕鄂州に在りて沙汰《さた》に遇い、只だ湖辺に在りて渡船人《とせんにん》と作《な》る。湖の両辺に各の一片の板有り、忽《も》し人《ひと》有りて過《わた》らんとせば、板を打つこと一下す。師便ち楫子《かい》を提起《あげ》て、云く、「是れ阿誰《たれ》ぞ?」対《こた》えて云く、「那辺《あちら》に過《わた》り去《ゆ》かんと要《ほっ》す」。師便ち船《ふね》を劃《こ》ぎて過す。

渡し守になったからといって禅をやめたわけではない。板を叩く者に、「是れ阿誰ぞ」

と問いかける。そこには「彼岸」へ渡らんとする汝その人、それはいったい何者か、という禅的問いが含まれている。だが、たいていの客はそれを意にもとめない。巌頭は黙って舟をこぎ、ただ向こう岸へと客を運ぶ。彼はこうして、此岸と彼岸の間を黙々と往復しながら、道を語るべき相手との出逢いをひそかに待っていたのであろう。

黄巣の乱

禅者たちはこのようにして、俗世にまぎれながら、各々破仏の嵐をやりすごした。なかには石室善道《せきしつぜんどう》のように、破仏の時に還俗して「行者《あんじゃ》」（寺男）となり、復仏後もそのまま僧にもどらず、「毎日、碓《うす》を踏み師僧《しそう》（修行僧）に供養《くよう》」したという人もあった（『祖堂集』巻五、石室和尚章、頁二七一）。だが、苦心して破仏の時期をのりこえながら、その後の「黄巣《こうそう》の乱」（八七五―八八四）で無残に落命した禅者もあった。破仏の時には、唐朝の求心力の低下から破仏令が貫徹されなかった地域もあり、また別荘に僧を匿《かくま》ってくれる有力者もあった。[29]だが、各地での十余年の戦闘のすえ唐朝を崩壊せしめるにいたったこの乱は、さらに容赦のないものだった。たとえば巌頭の最期は、次のように伝えられる。黄巣の死の翌年のことではあるが、その残党か、あるいは混乱に乗じて現れた群盗の手にかかってのことであろう。

師は平生、自らこう予言していた。「この老いぼれは世を去る時、一声、大いに吼えて行くだろう」。中和五年乙巳《きのとみ》の歳〔八八五〕、天下は戦乱にみまわれ、凶徒が猖獗をきわめた。師は、四月四日、償債《しょうさい》して終られた。刃《やいば》に臨みし時、大叫一声。四方の山に避難していた人々は、ことごとくその声を耳にした。よわい六十、法臘《ほうろう》〔出家してからの年数〕は四十四年であった。

師平生預有一言、「者老漢去時、大吼一声了去」。以中和五年乙巳歳、天下罹乱、凶徒熾盛、師於四月四日償債而終。臨刃之時、大叫一声、四山廻避之人悉聞其声。春秋六十、僧夏四十四。〔『祖堂集』巻七・巌頭和尚章、頁三四二〕

師、平生《へいぜい》、預め一言有り、「者《こ》の老漢去《ゆ》く時、大いに吼《ほ》ゆること一声し了《おわ》りて去かん」。中和五年乙巳《きのとみ》の歳を以て、天下乱《らん》に罹《かか》り、凶徒熾盛《さかん》、師四月四日に於いて償債《しょうさい》して終る。刃に臨みし時、大いに叫ぶこと一声、四山に廻避せる人、悉く其の声を聞く。春秋《よわい》六十、僧夏《そうげ》四十四。

「償債」とは、不条理な死を前世の業の清算と説明する語である。だが、それは死の合理化でも美化でもない。この語によって記される死は、きまって凄惨な非業の死であった。四方の山々に響きわたる末期の絶叫、それは如何なる意味づけも拒んだまま、永遠に聞く者の心をひき裂きつづける。

二―五「五家」の成立

五家の分類

こうした苦難の時代をへながらも、禅は各地、とくに南方で、外護者を得て根を下ろし、唐末から五代にかけていくつかの特色ある教団が形成されていった。それらはやがて「五《ご》家《け》」という枠組みにまとめられる。「五家」とは「潙仰《いぎょう》」「臨済《りんざい》」「曹洞《そうとう》」「雲門《うんもん》」「法眼《ほうげん》」という、五つの宗派のことである。関連の人名を添えながらこれを簡単に図示すると次頁のようになる。

この分類の原型は五代の時代の法眼文益（八八五―九五八）の著『宗門十規論《しゅうもんじっきろん》』に初出し、のち、その系統の人の手になる『景徳伝灯録』に採用されて、禅宗の系譜の定型となった。『宗門十規論』の第二「党護《とうご》門風《もんぷう》・不通《ふつう》議論《ぎろん》」〔門風を党護し、議論を通ぜざること〕の条にいう――

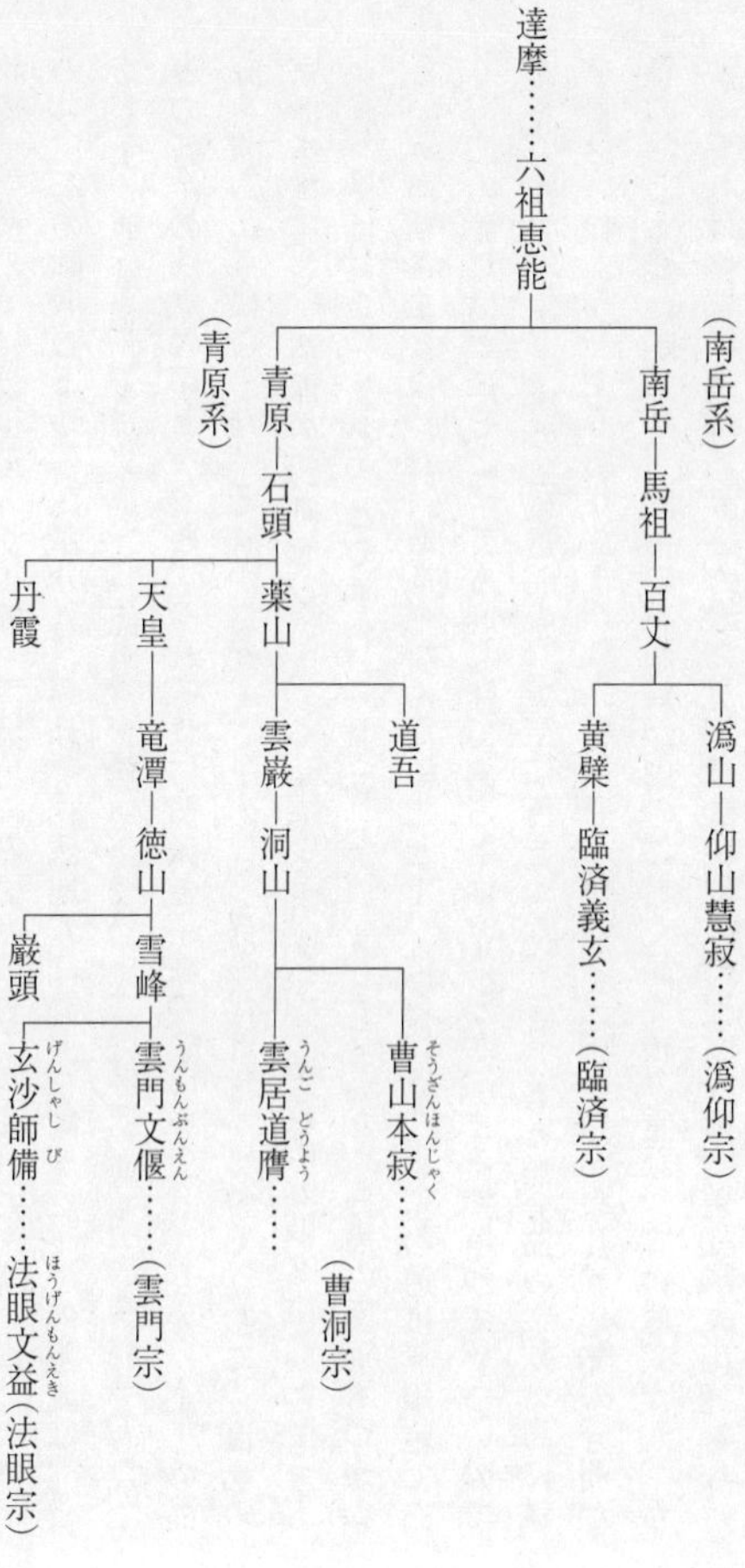

祖師達摩が西来したのは、特に伝えるべき法が有ってのことではない。人の心を直に指さし、自己の本性を見て仏と成らせる、ただ、それだけのことであった。そこにどうして、とうとぶべき門風などというものがあったであろう。

しかし、後代の祖師たちには、それぞれ異なった教化の立て方があり、さらにそれぞれの変遷があった。かくて恵能と神秀などは、もとは同じく五祖を師と仰ぎながらも見解に相違があり、結果、世にいう「南宗《なんしゅう》」「北宗《ほくしゅう》」となったのであった。ついで恵能が世を去ると、青原行思と南岳懐譲の両師が教化をつぎ、青原の下に石頭希遷、南岳の下に馬祖道一が出て、「江西《こうぜい》」「石頭《せきとう》」の称が生まれた。のち、その両派の下から派が分れ、それぞれ一地方に勢力をはった。その源流は、とてもすべては記しきれない。「徳山《とくさん》」「林際《りんざい》〔臨済〕」「潙仰《いぎょう》」「曹洞《そうとう》」「雪峰《せっぽう》」「雲門《うんもん》」等の各派の確立の頃となると、それぞれに門派と手法の違いを生じ、互いに上下の品評をするようになった。それがやがて、子の代、孫の代と代々つづくうちに、自己の宗派を擁護し、自派の祖師をひいきし、本源を考えず、多数の分岐を生じ、〔もともと勝ち負けのない〕矛と盾とで争い、〔もともとはっきりしている〕白黒の区別もつかぬというありさまとなった。ああ、なんたること！　彼らには、本来の道は無限定であり、法の流れはどこをとっても同じ味であるということが、まるで解っていないのである。結果、〔もともと無色透明の〕虚空に色をぬり、〔もともと無分節の〕鉄や石に鍼《はり》を刺しいれようとするありさま。争いを神通、諍いを三昧と思いなし、是非の分別が鋒のごとく競い起こり、優劣の執《とら》われが山のごとく高く積み重なっている。だが、かかる怒りは修羅の道であり、かかる見解はついには外道となる。善知識に出逢わなければ、この迷いから抜け出すのは難しい。本来〔道をめざすという〕善き因であったはずのものが、逆に〔争いや執われという〕悪しき結果を招いてしまっているのである。

論曰、祖師西来、非為有法可伝以至于此。但直指人心、見性成仏。豈有門風可尚者哉！ 然後代宗師、建化有殊、遂相沿革。且如能秀二師、元同一祖、見解差別、故世謂之南宗北宗。能既往矣。故有思譲二師紹化。思出遷師、譲出馬祖、復有江西石頭之号。従二枝下、各分派列、皆鎮一方。源流濫觴、不可殫紀。逮其徳山・林際・潙仰・曹洞・雪峰・雲門等、各有門庭施設、高下品提。至於相継子孫、護宗党祖、不原真際、竟出多岐、矛盾相攻、緇白不弁。嗚呼！ 殊不知大道無方、法流同味、向虚空而布彩、於鉄石以投鍼。角争闘為神通、騁唇舌作三昧、是非鋒起、人我山高。忿怒即是脩羅、見解終成外道。儻不遇於良友、難可抜於迷津。雖是善因、而招悪果。（禅宗全書三二、四上／張雲江『法眼文益禅師』厦門大学出版社、二〇一〇年、附録五、頁二三二）

論じて曰く、祖師《そし》〔菩提達摩〕の西来《せいらい》せるは、法《ほう》の伝《つた》うる可《べ》き有るが為に以て此《ここ》に至れるに非ず。但だ直指人心《じきしにんしん》し、見性成仏《けんしょうじょうぶつ》せしむるのみ。豈《あ》に門風《もんぷう》の尚《とうと》ぶ可き者有《あ》らん哉《や》！ 然るに後代の宗師、化《け》を建つるに殊《ことな》り有り、遂《かく》て相い沿革《えんかく》す。且つ能《のう》・秀《しゅう》〔恵能・神秀〕の二師の如きは、元は同一の祖なるも、見解差別《しゃべつ》す、故に世《よ》に之を「南宗《なんしゅう》」「北宗《ほくしゅう》」と謂う。

能《のう》〔恵能〕既に往けるや、故に思《し》・譲《じょう》〔青原行思・南岳懐譲〕の二師有りて化《け》を紹《つ》ぐ。思より遷《せん》師〔石頭希遷〕出《い》で、譲より馬祖出づ、復た江西・石頭の号有り。二枝より下、各《おのおの》の派列を分ち、皆な一方を鎮《しず》む。源流《げんりゅう》・濫觴《らんしょう》、殫《ことごと》くは紀《しる》す可からず。其の徳山《とくさん》・林際《りんざい》〔臨済〕・潙仰《いぎょう》・曹洞《そうとう》・雪峰《せっぽう》・雲門《うんもん》等に逮《およ》びては、各の門庭施設《もんていせせつ》・高下《こうげ》品提《ひんてい》有り。子孫を相い継ぐに至りて、宗を護り祖を党し、真際《しんさい》を原《たず》ねず、竟に多岐を出し、矛《ほこ》と盾《たて》と相い攻め、緇《くろ》と白《しろ》とすら弁《わきま》えず。嗚呼《ああ》！　殊《こと》に知らず、大道《だいどう》は無方、法流《ほうる》は同味なるを。虚空に向《おい》て而して彩《いろ》を布《し》き、鉄石に於て以て鍼《はり》を投ず。争闘を角《きそ》いて神通と為し、唇舌を騁《は》せて三昧と作す。是非《ぜひ》は鋒のごとく起り、人我《にんが》は山のごとく高し。忿怒《ふんぬ》は即ち是れ脩羅《しゅら》、見解《けんげ》は終に外道《げどう》と成る。儻《も》し良友に遇わざれば、迷津より抜け難《がた》し。是れ善因《ぜんいん》なりと雖も、而れど悪果《あくか》を招けるなり。

　このような記述をふまえて同論の第四「対答不観時節《たいとうふかんじせつ》・兼無宗眼《けんむしゅうげん》〔対答に時節を観ず、兼て宗眼無きこと〕」の条には、「〝曹洞〟は則ち敲唱《こうしょう》を用《ゆう》と為す。〝臨済〟は則ち互換《ごかん》を機と為す。〝韶陽〟〔雲門〕は則ち函蓋截流《かんがいせつる》。〝潙仰〟は則ち方《ほう》と円《えん》と黙契し、谷の韻《ひびき》に応ずるが如《ごと》く、関の符を合するが似《ごと》し」と見える〔禅宗全書三二、五上／『法眼文益禅師』頁二三二〕。それぞれの意味する所はまったく不明であるが、ここにいう「曹洞」「臨済」「韶陽

（雲門）」「潙仰」の四者に「法眼」自身を加えれば、のちにいう「五家」の名がそろう。第二章で見たような「伝灯」の系譜の枠組みが、この頃すでに形を成しつつあったことがうかがわれる。

むろん、法眼の意図は分類を整備することではなく、全一なる本源の道にたちかえって対立や分裂を解消することにあった。しかも、法眼は、そもそも禅宗史の全体的な総括をめざしてこの分類を提示したのでもなかった。石井修道「禅系の仏教」（『新仏教の興隆——東アジアの仏教思想Ⅱ』シリーズ・東アジア仏教3、春秋社、一九九七年、頁一五九）によれば、これは法眼がかつて撫州曹山《ぶしゅうそうざん》に住していたころ（九二四—九二八）、実践的な必要から、当時、自身の周囲で活躍していた禅者たちの宗風を個別に分析したものであったという。たしかに、そう考えれば、趙州のような著名な禅僧が含まれていないことも、また、洞山の門流が「曹洞宗」と名づけられることの不自然さも説明がつく。洞山の法系は全体としては雲居《うんご》の系統を主流としたが、当時、洞山の地で活躍していたのは、曹山の法孫の慧敏《えびん》らの一派だったのである。

このように、そもそもは法眼自身の個別的な事情を背景にした記述であったが、やがて法眼の法孫にあたる道原《どうげん》が『景徳伝灯録』（一〇〇四年）の編纂にあたって、この「五家」の分類を普遍的な禅宗史の記述の枠組みとして採用し、これが次のような禅宗の系譜の定型となったのであった。時代ははるかにくだって南宋の晁公武《ちょうこうぶ》（生没不詳）が、『景徳伝灯録』の成立にいたる禅の時代的背景を述べたものである。

そもそも禅は、達磨の時に中原に伝わった。代々ただ一人に伝えられ、つごう五伝して慧能に至り、その間を通じて「祖」と称する。慧能から青原行思と南岳懐譲に伝わり、行思の後に洞山良价が出て「洞下宗」、さらに雲門文偃が出て「雲門宗」、法眼文益が出て「法眼宗」と号した。また懐譲の後には、潙山霊祐と仰山慧寂が出て「潙仰宗」、臨済義玄が出て「臨済宗」と号した。これら五宗の学徒は海内にあまねく、今に至るまですでに数百年となる。うち「臨済」「雲門」「洞下」は日ごと益ます盛大となっている。かつてその年代を考証してみたところ、禅者たちはみな唐末五代の、戦乱きわめて激しき時期に現れている。おそらく、乱世のため、聡明賢豪の士たちはその能を発揮するすべもなく、世情に憤り、邪悪を憎み、永く世を捨て去って帰らなかったのであろう。だが、その勝れた言行は珠玉の連なる如くであり、深山幽谷にあってもその輝きは覆い隠せず、外に滲み出ずにはおかなかったのに違いない。そこで、それを手に入れた人々が遺漏・散逸なきよう、それを竹帛《ちくはく》に著《あらわ》した〔書物にまとめた〕という次第である。

夫禅学自達磨入中原、世伝一人、凡五伝至慧能、通謂之祖。慧能伝行思・懐譲、行思之後、有良价、号「洞下宗」。又有文偃、号「雲門宗」。又有文益、号「法眼宗」。懐譲之後有霊祐・慧寂、号「潙仰宗」。又有義玄、号「臨済宗」。五宗学徒徧於海内、迄今数百年。「臨済」「雲門」「洞下」、日愈益盛。嘗考其世、皆出唐末五代兵戈極乱之際。意者、乱世聡明賢豪之士、無所施其能、故憤世嫉邪、長往不返、而其名言至行、譬猶聯珠畳璧、雖山淵之高深、終不能掩覆其光彩、而必輝潤於外也。故人得而著之竹帛、罔有遺軼焉。(『郡斎読書志』巻十六/孫猛校証『郡斎読書志校証』上海古籍出版社、一九九〇年、頁七八四)

夫れ禅学は達磨の中原に入りてより、世よ一人に伝え、凡そ五伝して慧能に至る、通じて之を「祖」と謂う。慧能、行思・懐譲に伝え、行思の後に、良价なる有り、「洞下宗」と号す。又た文偃なる有り、「雲門宗」と号す。又た文益なる有り、「法眼宗」と号す。懐譲の後、霊祐・慧寂なる有り、「潙仰宗」と号す。又た義玄なる有り、「臨済宗」と号す。五宗の学徒、海内に徧《あまね》く、今に迄ぶまで数百年。「臨済」「雲門」「洞下」は、日に愈《いよい》よ益《ますま》す盛んなり。

嘗て其の世を考うるに、皆な唐末五代の兵戈極乱の際に出ず。意者《あるい》は、乱世、聡明賢豪の士、其の能を施す所無く、故に世に憤り邪を嫉み、長く往きて返らず、而れど其の名言至行は、譬えば猶お聯珠畳璧のごとく、山淵の高深なると雖も、終に其の光彩を掩覆《おお》う能わず、而して必ずや潤いを外に輝かすべし。故に人得て之を竹帛《ちくはく》に著《あらわ》し、遺軼《いいつ》有ること罔《な》からしむるならん。

三　宋代の禅宗

三―一　禅の制度化

禅の制度化の時代

九六〇年（建隆元）、五代の乱世を統一し、強大な絶対君主制国家たる宋王朝が成立する。いわゆる「五家」のうち、宋代にもひきつづいて勢力をもったのは、晁公武《ちょうこうぶ》の文にもあったとおり、臨済・雲門・曹洞の三宗であった。時代の前後に即していうと、北宋の前期には雲門宗が有力であり、その後、北宋の中期以降、臨済宗の黄龍派《おうりょう》（黄龍慧南《おうりょうえなん》を祖とする一派）へ、ついで同じく臨済宗の楊岐派《ようぎ》（楊岐方会《ようぎほうえ》を祖とする一派）へと禅の主流が移っていった。よく聞かれる「五家七宗《ごけしちしゅう》」という数え方は「五家」にこの黄龍・楊岐の二派を加えたものに外ならない。南宋の時期、陸続と日本に伝えられた禅の流れは、このうち臨済宗楊岐派の系統に属するものが大部分を占めている。曹洞宗はその間にあって、勢力としては弱小ながら、臨済宗とは異なった独自の宗風を伝えて命脈をたもち、道元（一二〇〇―一二五三）によって日本にも伝えられた。第二章で見た道元の『辨道話《べんどうわ》』が「見在《げんざい》、大宋には臨済宗のみ天下にあまねし」と書いていたのは、臨済宗の圧倒的優勢という宋代禅の実情を記したものであり、と同時に、道元が自らの宗旨をそれとは一線を画するものとして宣言するための伏線でもあった。

宋代の禅は、ひとことでいえば、禅の制度化の時代である。ここで制度化というのは、禅宗が社会制度のうちに組み込まれたという意味と、それに応じて禅宗内部の組織形態や修行方式が制度的に整備・規格化されたという意味の、いわば内外二面の意を含んでのことである。そうした状況は、まず清規に最もよく示されている。清規の成立が唐の百丈に帰せられることはさきに述べた。だが、その詳細は伝わらず、条文化された文書が有ったか否かも定かではない。成文化された現存最古の清規は、北宋の長蘆宗賾《ちょうろそうさく》（生没不詳）の『禅苑清規《ぜんねんしんぎ》』である。そこには整然とした役職体系や人事制度、定例の儀礼・行事の格式、さらには食事や大小便の作法等が事細かに定めてあり、さきに見た百丈の頃の大らかな田園風景とは異なった、むしろ官庁のごとき、大規模で組織だった都市的機構のすがたが思い浮かぶ。『水滸伝《すいこでん》』の次の一段などは、具体的にいつ頃の状況を反映したものかは明らかでないものの、宋以後の、近世の禅院の雰囲気をよくうかがわせるものと言えるだろう。

いやいや、よく聞かれよ。僧門の役とか係りには、それぞれ「頭項」というものがござる。たとえば小僧《それがし》は「知客《しか》」なるものを務めておるが、これなどは専ら往来の官人や僧侶の世話をつかさどるものである。それから「維那《いのう》」「侍者《じしゃ》」「書記《しょき》」「首座《しゅそ》」、これらはみな「清職」であって、おいそれとなれるものではない。いっぽう「都寺《つうす》」「監寺《かんす》」「提点《ていてん》」「院主《いんじゅ》」、これらは「常住財物《じょうじゅうざいもつ》」（寺院の財産・器物）を管理するお役目だ。おぬしはいま方丈《ほうじょう》（住持のもと）に参ったばかり、どうしてただちにこうした「上等」の職を得られよう。

それから蔵経堂をつかさどるのを「蔵主《ぞうす》」、殿をつかさどるのを「殿主《でんす》」、閣をつかさどるのを「閣主《かくす》」、勧募をつかさどるのを「化主《けしゅ》」、浴堂をつかさどるのを「浴主《よくす》」というが、これらはみな「主事人員」であり、「中等」の職である。

そしてさらに塔をつかさどる「塔頭《たっちゅう》」、飯をつかさどる「飯頭《はんじゅう》」、茶をつかさどる「茶《ちゃ》頭《じゅう》」、菜園をつかさどる「菜頭《さいじゅう》」、厠をつかさどる「浄頭《じんじゅう》」がある。これらは「頭事人員」で「末等」の職である。そなたは菜園を一年あずかって、それがうまくできれば「塔頭」に昇格し、それを一年勤めあげれば「浴主」に昇格、それから一年勤めあげてようやく「監寺」にもなれようというわけだ。

你聴我説与你、僧門中職事人員、各有頭項。且如小僧做箇知客、只理会管待往来客官僧衆。仮如維那・侍者・書記・首座、這都是清職、不容易得做。都寺・監寺・提点・院主、這箇都是掌管常住財物。你纔到的方丈、怎便得上等職事？ 還有那管蔵的、喚做蔵主。管殿的、喚做殿主。管閣的、喚做閣主。管化縁的、喚做化主。管浴堂的、喚做浴主。這箇都是主事人員、中等職事。還有那管塔的塔頭、管飯的飯頭、管茶的茶頭、管菜園的菜頭、管東廁的浄頭。這箇都是頭事人員、末等職事。仮如師兄你管了一年菜園、好、便升你做箇塔頭。又管了一年、好、升你做箇浴主。又一年、好、纔做監寺。（凌賡・恒鶴・刁寧点校『容与堂本水滸伝』第六回、上海古籍出版社、一九八八年、頁九四）

五台山《ごだいさん》で騒動をおこし、都開封《かいほう》の名刹、相国寺《しょうこくじ》に送られた魯智深《ろちしん》。かれはそこで「菜《さい》園《えん》」の管理を命ぜられたが甚だ不服である。右は「いや、おれは都寺とか監寺とかになりてえのだ」、そうごねる魯智深を、先輩の僧がたしなめた台詞である。ここでは、いちいちの役職の解説は省かざるを得ないし、用語のおかしい点にも詳しくたちいる余裕がない（たとえば、通常「菜頭」はオカズ係を指し、菜園の主は「園頭《えんじゅう》」という。また「塔頭」は墓塔のことで、その管理の僧は「塔主《たっす》」というのがふつうである）。ここではともかく、役職の羅列によって威圧的に誇示された、禅院の官僚機構的な階層序列とその権威主義的な空気が感じられればそれでよい。

むろん制度化が一概に堕落を意味するわけではない。北宋の高名な儒者程明道《ていめいどう》（一〇三二—八五）が禅院の食事のようすを見、その威儀の正しさに、「三代《さんだい》の礼楽《れいがく》」ここにありと感嘆した逸話は有名である（『独醒雑志』巻八、『能改斎漫録』巻十二等。ただし『仏祖統紀』巻四十五は、これを司馬光の話とする）。話の真偽はともかくとしても、そうした逸話が語り伝えられたこと自体、僧堂生活の規律正しさが禅宗の社会的評価の重要な要素となっていたことの反映とはいえよう。だが、それにしてもなお、仏殿を建てず法堂のみを設け、住持自身がいわば活きた仏祖として法を体現するというかの百丈の「禅門規式」の精神が、宋代においてすでに過去のものとなっていた感は否み難い。『禅苑清規』には、「毎日の晩《ばん》参《さん》には仏殿前にて仏に礼し、一心に唱礼《しょうらい》すべし」（巻九「訓童行」）という規定が見え、さらには住持の職務について「官からの要請によって焚修《ふんしゅ》（法要）を行うのは、蓋《けだ》し聖寿（皇帝の福寿）のながきを祈らんが為であろう」（巻七「尊宿住持」）といった解説も見える。禅院はすでに、仏像を拝み、皇帝の長寿を祈禱する場になっていたのである。第三章でたどったように、宋代禅の主流はやがて臨済宗楊岐派の、五祖法演《ごそほうえん》（？—一一〇四）—圜悟《えんご》克勤《こくごん》（一〇六三—一一三五）—大慧宗杲《だいえそうこう》（一〇八九—一一六三）という系統によって占められることになるが、たとえばその法演の語録にも、次のような上堂《じょうどう》の記録が見える。

聖節《しょうせつ》の上堂。「本日十二月八日は今上皇帝《きんじょうこうてい》（北宋の哲宗）ご生誕の日なれば、他の事を申すわけにはまいらぬ」。

そして、高らかに、「皇帝万歳！　皇帝万歳！」

聖節上堂云、「十二月初八日、今上皇帝降誕之辰、不得説別事」、乃高声云、「皇帝万歳！ 皇帝万歳！」（『法演禅師語録』巻下、大正四七、六六三中）

聖節の上堂に云く、「十二月初八日、今上皇帝降誕《こうたん》の辰《しん》、別事を説くことを得ず」、乃ち高声に云く、「皇帝万歳！　皇帝万歳！」

同種の記録は宋代禅者の語録の到るところに散見し、ほとんど枚挙にいとまない。宋代の間にもさまざまな制度の変遷や社会環境の変化があって一概には言えないものの、ごく大雑把にいえば、宋代の寺院は「係帳《けいちょう》」（官庁への登記）や、さらに朝廷からの「勅額《ちょくがく》」の下賜等の措置によって合法的地位を保証されていた[30]。また、直系の師弟の間で住持職を相続してゆくのを「甲乙《こうおつ》」制、法系をこえてひろく住持を迎えるのを「十方《じっぽう》」制というが、宋代の禅院の多くは、住持の就任に官庁の許認可を必要とする後者の制度に従っていた[31]。そうした禅院を朝廷の側から一元的に序列化し管理した南宋の「五山十刹《ござんじっせつ》」制度は、そうした禅院官寺化の完成形態に外ならず、それが日本でも模倣されたことは周知のとおりである[32]。そのような状況のなか、皇帝の万寿無疆《ばんじゅむきょう》を寿《ことほ》ぐことが宋代禅院の最も重要な行事のひとつとなり、士大夫との交際が禅僧の不可欠の勤めとなっていったことは怪しむに足らない。南宋の禅僧或菴師《わくあんし》体《たい》（一一〇八－七九）は、その風潮を次のように慨嘆している。

まして近頃、あちこちの叢林で禅師の位にある者たちは、ただその肩書きを占めているにすぎず、上堂《じょうどう》でも入室《にっしつ》でも、ひととおり不空を説いておわりである。師家《しけ》が修行僧に会っても、修行僧が師家に会っても、邪と正の見分けもつかぬまま、互いにお茶を濁しあっている。……たまに行脚《あんぎゃ》の荷を負うて身を寄せてくる者があっても、たいていは暖衣飽食の安逸を求め、外典《げてん》〔仏典以外の典籍〕をめぐっては話の材料あつめ。ところが、かんじんの禅のこととなると、口を閉ざしてものも言わぬ。おまけに名刹に空しく座を占め、好機があれば上流の人々に付き随い、貴人の知遇を得、それを外護者として自ら便宜を得ようとするばかり。いつしかそれが習いとなり、次々に真似られて、その非をさとる者さえ稀なありさまである。……

況当今之際、在処叢林、拠位禅師者、但占名字。陞堂入室、聊表不空。師家見学者、学者見師家、邪正不分、互相漏湎。……間有負笈担簦、寄人烟焰之下、多是求飽暖温和、游泳外典、図資談柄而已。正宗下事、杜口不講。加之戸席望刹、有福縁趍陪上位、結識貴人以為外護、得其自便之計、遂致習以成風、逓相倣傚、鮮有知非者。……(『叢林盛事』巻下、「或菴示衆」、続蔵一四八、四一六左下、禅宗全書三二、四〇四下)

況《いわ》んや当今の際、在処の叢林に位に拠りて禅師たる者、但だ名字を占むるのみ。陞堂《しんどう》・

入室《にっしつ》、聊か不空を表すのみ。師家《しけ》の学者に見《あ》い、学者の師家に見う、邪正分《わか》たず、互相《たが》いに淈湑《にご》す。……間《ま》ま笈《きゅう》を負い簦《とう》を担い、人の烟焰《えんえん》の下に寄るもの有るも、多くは是れ飽暖温和《ほうだんおんわ》を求め、外典《げてん》に游泳し、談柄《だんぺい》に資せんことを図るのみ。正宗下《しょうじゅう》の事は、口を杜《とざ》して講ぜず。加之《しかのみならず》、席を望刹《ぼうさつ》に尸《し》め、福縁《ふくえん》有らば趍《ゆ》きて上位に陪し、識を貴人に結びて以って外護《げご》と為し、其の自便の計を得んとす。遂《かく》て習いて以って風と成り、逓相《しだ》いに倣傚《なら》いて、非を知る者有《あ》ること鮮《まれ》なるに致る。……

むろん、これで宋代禅のすべてが括られるわけではない。だが、同種の嘆きがこの一文にとどまらぬこともまた事実である。『禅苑清規』には、在家信者への布教と寄付集め、荘園の管理運営、穀物の精米・製粉、糧食の売買といった専門業務を扱う部署・役職の規程も見える。これらは禅院が広範な商品経済・貨幣経済のしくみのうちに組み込まれた、いわば一種の経済実体でもあったことを物語る。たとえばさきの五祖法演について、次のような逸話も伝えられている。

法演禅師が海会寺《かいえ》の住持から東山寺の住持に遷られたので、太平寺仏鑑《ぶっかん》・龍門寺仏眼《ぶつげん》の両名があいさつに参上した。禅師は高齢の僧や役職の僧を集め、湯茶と菓子を用意して夜話をされた。

禅師が仏鑑に問う、「舒州《じよしゆう》〔の穀物〕は実ったか」。仏鑑、「はい」。「太平《たいへい》〔の穀物〕は実ったか」。「はい」。「荘園の稲の収量は全部でどれほどになる」。仏鑑が頭の中でおもむろに勘定していると、禅師は顔色を改め、激しい口調でこう言われた、「いやしくも一寺の主たるもの、事の大小にかかわらず、すべてに心をくだかねばならぬ。寺の資産、一年の収穫は、大衆にとっての最重要事。だのに、それをさえも知らぬとなれば、他の細務は推して知るべしである。一山の実務は因を知り果を知るべきもの。それは我が師翁《すおう》〔師匠の師匠、楊岐方会〕が慈明《じみよう》師祖〔石霜楚圓〕を補佐された時のごときものではないか。汝は山のごとき、寺産の重みを心得ぬか!」……

演祖自海会遷東山。太平仏鑑、龍門仏眼、二人詣山頭省覲。祖集耆旧主事、備湯果夜話。祖問仏鑑、「舒州熟否?」対曰、「熟」。祖曰、「太平熟否?」対曰、「熟」。祖曰、「諸荘共収稲多少?」仏鑑籌慮間、祖正色厲声曰、「汝濫為一寺之主、事無巨細、悉要究心。常住歳計、一衆所係、汝猶罔知、其他細務、不言可見。山門執事、知因識果。若師翁輔慈明師祖乎! 汝不思常住物重如山乎!」……(『禅林宝訓』巻一、大正四八、一〇一九上、禅宗全書三二、七二九上)

演祖《えんそ》〔五祖法演〕、海会《かいえ》より東山《とうざん》に遷る。太平の仏鑑、龍門の仏眼、二人山頭《さんとう》に詣《いた》りて省《せい》観《きん》す。祖〔五祖法演〕、耆旧《ききゆう》主事を集め、湯果《とうか》を備えて夜話《やわ》す。祖、仏鑑に問う、「舒州《じよしゆう》は熟《みの》れる否《や》?」対《こた》えて曰く、「熟れり」。祖曰く、「太平《たいへい》は熟れる否?」対えて曰く、「熟れり」。祖曰く、「諸荘、共《あわ》せて稲を収むること多少《いくばく》ぞ?」仏鑑の籌慮《ちゆうりよ》せる間、祖、色を正し声を厲《はげ》まして曰く、「汝濫《みだ》りに一寺の主と為れば、事巨細《こと》と無く、悉く心を究めんことを要す。常住歳計は、一衆の係る所、汝猶《な》お知る罔《な》し、其の他の細務は、言わずして見る可し。山門に事を執るは、因を知り果を識る。師翁《すおう》の慈明《じみよう》師祖を輔《たす》くるが若《ごと》きか!汝、常住物の、重きこと山の如くなるを思わざるか!」……

これは決して、禅僧のくせに金勘定ばかりしていたという話ではない。ちゃんとした禅僧はこれほどまでの責任感をもって寺院経営に心を砕いていたのだという、美談として記されたものにほかならない。仏鑑慧懃と仏眼清遠、両名は仏果禅師こと圜悟克勤とともに「三仏《さんぶつ》」と並び称せられた、法演門下の代表的な禅者である。だが、その彼らも、いざ一寺の住持となれば、悟境の高さばかりでなく、大小の実務に通じ、寺院経営上の数字を諳んじていることが要求されるのであった。世俗化すなわち堕落と決めつけるのは早計だが、少なくとも制度化と世俗化が表裏一体の現象であったことは間違いない。宋代の禅宗は、もはや「方外」の独立勢力ではなく、宋朝の政治機構と経済構造の有機的な一部となっていたのである。

士大夫と禅宗

このような時代、禅と士大夫層の関係がより広く深いものとなったのは自然の勢いであった。宋代において、禅僧との交渉が伝えられる士大夫の数は飛躍的に増大し、士大夫文化と禅宗文化の相互の浸透も多方面に及んだ。唐代には点にすぎなかった両者の接触は、宋代には面となり、「選官」の世界と「選仏」の世界は、すでに対立的でなく、同質の連続的なひろがりとなっていた。

たとえば、東坡《とうば》居士こと蘇軾《そしょく》（一〇三七—一一〇一）が東林常総《とうりんじょうそう》（一〇二五—九一／黄龍慧南の法嗣）に参じ、「無情説法《むじょうせっぽう》」説（無生物が仏法を説くという説、無生物の存在自体があまねき仏法の具現であるという思想）を悟得して次の詩をのこしたことは有名である。

渓声便是広長舌　渓《たに》の声《こえ》は便《すなわ》ち是《こ》れ広長舌《こうちょうぜつ》
山色豈非清浄身　山《やま》の色《いろ》は豈《あ》に清浄身《しょうじょうしん》に非《あら》ざらんや
夜来八万四千偈　夜来《やらい》　八万四千《はちまんしせん》の偈《げ》
他日如何挙似人　他日《たじつ》　如何《いか》にか人《ひと》に挙似《はな》さん

（『嘉泰普灯録』巻二十三・内翰蘇軾居士章、禅宗全書六、五九〇下）

渓谷の水音は仏のことば、山の風光は仏のすがた。昨夜から聞こえつづけているこの限りなき説法を、さて、後日、いかに人に伝えたものか、というのである。結びの一句は、自分はそれをありありと耳にしている、だが、それは如何にしても言葉には置き換えられぬものなのだ、という含みであろう。道元の『正法眼蔵』渓声山色《けいせいさんしき》の巻は、この詩を紹介しつつ、仏印了元《ぶっちんりょうげん》（一〇三二―九八／雲門宗）に参じた際の蘇東坡の求道のさまを、次のように讃えている。「居士、あるとき仏印《ぶっちん》禅師了元和尚《れうげんをしやう》と相見《しやうけん》するに、仏印、さづくるに法《ほふ》衣《え》・仏戒《ぶっかい》等をもてす。居士、つねに法衣を搭《たっ》して修道《しゅだう》しき。居士、仏印にたてまつるに無《む》価《げ》の玉帯《ぎょくたい》をもてす。ときの人いはく、凡俗所及《しょぎふ》の儀にあらずと」（水野弥穂子校注『正法眼蔵（二）』岩波文庫、一九九〇年、頁一〇八）。師から授けられた戒と衣を身に体してひたすら修道にはげむ東坡居士、そのさまは決して凡俗の及ぶところではなかったというのである。

また、蘇東坡の文学上の弟子である山谷《さんこく》居士こと黄庭堅《こうていけん》（一〇四五―一一〇五）には、晦堂祖心《まいどうそしん》（一〇二五―一一〇〇／黄龍慧南の法嗣）に参じた際の次のような話が伝えられている（「晦」の音は正しくは「かい」だが、古くから「まいどう」と読みならわされている）。

太史黄庭堅は、晦堂祖心禅師に師事し、径捷《けいしよう》の処、すなわち悟りへの最短の路の開示を乞うた。祖心はいう、

「ふむ、孔子に〝二三子《にさんし》、我を以って隠《かく》すと為《な》すか。吾《わ》れ爾《なんじ》に隠《かく》すこと無《な》し〟〔『論語』述而篇〕という言葉がございますな。太史どのはこれをひごろ、どう解釈しておいでかな?」

だが、黄庭堅がそれに答えようとした刹那、祖心はすかさずさえぎった、

「ちがう! ちがう!」

黄庭堅は煩悶した。

その後、ある日のこと、黄庭堅は祖心について山歩きに出た。ちょうど木犀の花が今をさかりと咲きほこっている。祖心が問う、

「木犀の香をかがれましたかな」

「はい」

「吾《わ》れ爾《なんじ》に隠《かく》すこと無《な》し」

黄庭堅は心がはらりとほどけ、すぐさま祖心に礼拝した。

「和尚がかくまで、老婆《ろうば》心切《しんせつ》をお尽くし下さっていましたとは……」

祖心は笑った。「いや、貴公がご自身の家に立ち帰る、ただそれだけのことだったのです」

往依晦堂祖心禅師、乞指径捷処。心曰、「只如仲尼道二三子以我為隠乎、吾無隠乎爾者、

太史居常如何理論？」公擬対、心曰、「不是！　不是！」公迷悶不已。一日、侍心山行次、時巌桂盛放。心曰、「聞木犀華香麼？」公曰、「聞」。心曰、「吾無隠乎爾」、遂釈然、即拝之曰、「和尚得恁麼老婆心切」。心笑曰、「只要公到家耳」。（『嘉泰普灯録』巻二十三、太史黄庭堅居士章、禅宗全書六、五八八下）

往きて晦堂祖心禅師に依り、径捷の処を指《しめ》さんことを乞う。心（晦堂祖心）曰く、「仲尼《ちゅうじ》の〝二三子《にさんし》、我を以って隠《かく》すと為《な》すか。吾《わ》れ爾《なんじ》に隠《かく》すこと無《な》し〟（『論語』述而篇）と道えるが只如《ごと》きは、太史、居常《ひごろ》如何にか理論す？」公対《こた》えんと擬《ほっ》するや、心曰く、「不是《しから》ず！　不是ず！」公迷悶して已まず。一日、心に侍して山行せる次、時に巌桂《がんけい》盛んに放《さ》く。心曰く、「木犀の華の香を聞く麼《や》？」公曰く、「聞く」。心曰く、「吾《わ》れ爾《なんじ》に隠《かく》すこと無《な》し」、遂《かく》て釈然たり、即ち之を拝して曰く、「和尚、恁麼《かく》も老婆心切なるを得たり」。心笑いて曰く、「只だ公の家に到るを要するのみ」。

数多くの故事のなかのわずか二例にすぎないし、いずれも禅宗側からの記録だが、宋代における禅僧と士大夫の交渉の一端を垣間みるには足りるだろう。唐代の王維や白居易が禅の外部からの好意的な観客や評論家であったのに対し、蘇軾や黄庭堅は、すでに俳優の一人として自らも禅の舞台の上に立っているのである。

むろん、こうした高次の求道のための参禅ばかりではない。士大夫社会の交遊の具として、あるいは人脈形成の手づるとして、にわかに禅に近づいた者も少なくなかった。宰相、呂公著《りょこうちょ》（一〇一八—八九）が禅を好んだために士大夫たちが競って禅に参じ、世の人々がそれを「禅鑽《ぜんさん》」——禅によってとりいるもの——と称したという記録もある（『郤埽編』巻上、『朱子語類』巻一〇七）。

だが、いずれにせよ、こうした状況を、士大夫が禅宗文化のうちにとりこまれたのだと看るのは一面的である。士大夫と禅門の交渉という風潮が僧の側で通俗化すれば、さきに引いた或菴師体の「外典をめぐっては話の材料あつめ」という嘆きや、大慧宗杲が語った次のような失笑に結びついてゆくことも、自ずと避け難いところであった。

むかし雪がふったのにちなんで、円通方秀《えんつうほうしゅう》禅師がこう言われた、「雪の下に三種の僧あり。上等のものは僧堂で坐禅。中等のものは墨をすり筆をとって雪の詩を作る。下等のものは囲炉裏をかこんで食い物談義」と。わしは丁未《ひのとひつじ》の年の冬、虎丘《くきゅう》山で実際にそういう三等の僧を目のあたりにし、思わず失笑したことであった。そこではじめて、先人の言の偽りならざることを知ったのである。

師云、「円通秀禅師因雪下云、雪下有三種僧。上等底僧、堂裏坐禅。中等、磨墨点筆作雪詩。下等、囲炉説食。予丁未年冬在虎丘、親見此三等僧、不覚失笑。乃知前輩語不虚耳」。

(『宗門武庫』第一〇八条、大正四七、九五六中)

師云く、「円通秀禅師、雪の下《ふ》れるに因みて云く、〝雪の下に三種の僧有り。上等の僧は、堂裏に坐禅す。中等は、墨《すみ》を磨《す》り筆《ふで》を点じて雪の詩を作る。下等は炉を囲みて食を説く〟。予、丁未《ひのとひつじ》の年の冬、虎丘《くきゅう》に在りて、親しく此の三等の僧を見、覚えず失笑す。乃ち前輩の語の虚りならざるを知るのみ」。

上等と下等の僧のようすは、おそらくいつの時代でも似たようなものであったろう。ここでなるほど宋代の禅門の話らしいと感じさせるのは、中等の僧の姿である。雪がふれば、さっそく筆墨をとって雪の詩をつくる。これは、禅僧の教養と士大夫の教養が同質であったこと、あるいは多くの禅僧が士大夫と同一の階層から出ていたことを物語る逸話とは言えまいか。蘇東坡の随筆『東坡志林《とうばしりん》』のなかに自身と交遊のあった禅僧について寸評を書き連ねた箇所があり、そのなかで「秀州本覚寺《しゅうしゅうほんがくじ》の一長老」のことが次のように書かれている。こうした人は、当時において、必ずしも少数の例外ではなかったろうと思われる。

若きときは蓋《けだ》し名のある進士だったのであろう。文字言語より悟入し、今に至るまで筆と硯《すずり》によって仏事をなし、交流の相手はみな当代一流の文人たちである。

秀州本覚寺一長老、少蓋有名進士、自文字言語悟入、至今以筆研作仏事、所与游皆一時文人。(巻二「付僧恵誠游呉中代書十二」、王松齢点校『東坡志林』中華書局・唐宋史料筆記叢刊、一九八一年、頁四〇)

秀州本覚寺の一長老、少《わか》きには蓋《けだ》し有名の進士ならん。文字言語《もんじごんご》より悟入し、今に至るまで筆《ふで》と研《すずり》を以て仏事と作す。与《とも》に游《あそ》ぶ所は皆な一時の文人なり。

かかる時代の空気のなか、思想面では儒仏一致説や儒仏道三教の合一説、文学面では詩禅一味論が流行した。大慧はいう、「三教の聖人は教えの立て方は異なるが、しかしその道はみな一致に帰する。これは万古不易の義である」と(『大慧語録』巻二二・法語「示張太尉」)。また蘇東坡はうたう、「好《よ》き詩を借りて永《なが》き夜《よる》をすごし、佳句《かく》に出逢うたび心は禅に参ずる(毎逢佳処輙参禅)」と(「夜値玉堂、携李之儀端叔詩百余詩、読至夜半書其後」詩)。儒仏一致の立場を詳論した仏日契嵩《ぶつにちかいすう》(一〇〇七―七二/雲門宗)の『輔教編《ふぎょうへん》』(荒木見悟『輔教編』禅の語録14、一九八一年)、詩禅一味を論じた厳羽《げんう》(生没不詳)の『滄浪詩話《そうろうしわ》』などは、さらによく知られたものであろう。むろん宋代には、儒教正統主義の立場からの激烈な仏教批判・禅宗批判の言も数多い。だが、それとて、それほど激しく排除せねばならぬほど、その影響が広く深くゆきわたっていたからこそと看るべきであろう。

この時代、士大夫と禅僧の交流は、士大夫文化という共通の土壌のうえに成立していた。

儒教的教養を介して禅が悟得され、古典詩文の素養を通じて悟境が表現される。士大夫文化にとって禅はもはや異物ではなく、禅僧にとっても士大夫の文字文化は必須の教養であった。禅が宋代文化のなかで大きな影響力を発揮しえたのは、決して禅の側の一方的な優位を示すものではない。それは、むしろ、禅が士大夫社会の有機的な一部となっていたことの表われだったのである。いわゆる「五山文学《ござんぶんがく》」に代表されるように、禅僧たち（来日した中国僧や入宋・入元した日本僧たち）が最新の中国文化の紹介者として日本社会で活躍しえたのも、そうした土壌あってのことに外ならない。激烈な仏教批判・禅宗批判を身上とする宋の新儒学、いわゆる「朱子学《しゅしがく》」が、当の禅僧たちの手によって日本に移植されたという事実は、いかにも象徴的ではなかろうか。[33]

三―二『雪竇頌古』と『碧巌録』

文字禅と看話禅

こうした趨勢のなか、禅の実践形態も、宋代という時代にみあった制度化・合理化を遂げ、士大夫文化との一体化を深めていった。

思想・実践の面からいえば、宋代禅は「公案《こうあん》」禅の時代である。「公案」はもと役所の文書・書類、およびそこに記された事件・案件をさす近世の中国語だが、禅宗では、修行の題材として参禅者に課せられる古人の問答のことを「公案」という。先行の問答をいわば禅門共有の古典として収集・分類し、それを課題として参究することが修行の重要な方法となるのである。これが多数の先人の作品を典故として駆使しながら詩文をつづり、それを互いに鑑賞したり論評したり、あるいは自作を以って唱和したりするという、士大夫の文字文化と同質の営為であることは看やすいであろう。

「公案」の参究のしかたは、おおまかに「文字《もんじ》禅」と「看話《かんな》禅」の二種に分けることができる。「文字禅」とは公案の批評や再解釈を通して禅理の探求を行おうとするもので、具体的には、原問答の回答に対して代案や別解を考えたり（「代語《だいご》」「別語《べつご》」）、問答の趣旨を詩に詠んだり（「頌古《じゅこ》」）、散文で論評を加えたり（「拈古《ねんこ》」）、さらにそれらを講説したり（「評唱《ひょうしょう》」）するのである。いっぽう「看話禅」は特定の一公案に全意識を集中することで、人の意識を限界点まで追い詰め、その極致で意識の激発・大破をおこして劇的な大悟の実体験を得させようとするものである。

先人の禅問答を古典として扱う「文字禅」の営為を、最初に系統的に行ったのは北宋初臨済宗の汾陽善昭《ふんようぜんしょう》（九四七―一〇二四）であった。汾陽には古人の問答百則を選んで詩を付した『汾陽頌古《ふんようじゅこ》』や禅問答を発問の型によって分類した『汾陽十八問《ふんようじゅうはちもん》』などの作品が伝わっている。そして、その後をうけ、「文字禅」の頂点を極めたのが、雪竇重顕《せっちょうじゅうけん》（九八〇―一〇五二／雲門宗）の『雪竇頌古《せっちょうじゅこ》』（入矢義高・梶谷宗忍・柳田聖山『雪竇頌古』禅の語録15、一九八一年）と、それに対する圜悟克勤（臨済宗）の講義録『碧巌録《へきがんろく》』であった。『雪竇頌古』は汾陽の場合と同じく、雪竇が自ら選んだ百則の公案（本則）に詩（頌）を付したもので、その公案と雪竇の詩を圜悟が順次講義（評唱）していった記録が『碧巌録』である。たとえば、馬祖と百丈に関する次のような公案がある。


馬大師が百丈と歩いていた時のこと、野鴨の飛び去るのが目に入った。

大師、「何だ？」

百丈、「野鴨です」

「どこへ行った？」

「はい、飛んで行ってしまいました」

そこで馬大師は百丈の鼻をひねりあげた。

百丈「イタタタタッ！」

そこで大師はひとこと、「なんだ、飛んで行ってなどおらぬじゃないか」

馬大師与百丈行次、見野鴨子飛過。大師云、「是什麼？」丈云、「野鴨子」。大師云、「什麼処去也？」丈云、「飛過去也」。大師遂扭百丈鼻頭。丈作忍痛声。大師云、「何曾飛去？」（『雪竇頌古』第五十三則、頁一五五／『碧巌録』第五十三則・本則）

馬大師《ばだいし》、百丈と行きし次《おり》、野鴨子《やおうす》の飛び過ぐるを見る。大師云く、「是れ什麼《なん》ぞ?」丈云く、「野鴨子」。大師云く、「什麼処《いずく》にか去《ゆ》ける?」丈云く、「飛び過ぎ去れり」。大師、遂《かく》て百丈の鼻頭《はな》を扭《ひね》る。丈、忍痛《にんつう》の声を作《な》す。大師云く、「何《なん》ぞ曾《かつ》て飛び去れる」。

この公案に付された汾陽の「頌古」は次のようなものであった。

野鴨飛空却問僧　　野鴨　空に飛べるに　却《かえ》って僧に問えるは
要伝祖印付心灯　　祖印《そいん》を伝え　心灯《しんとう》を付《さず》けんと要《ほっ》すればなり
応機雖対無移動　　機《き》に応じ　対《こた》うと雖も　移動《いどう》無し
纔扭綱宗道可増　　纔《わず》かに綱宗《こうじゅう》を扭《ひね》るや　道《みち》増す可し

（『汾陽無徳禅師頌古代別』第二十七則、大正四七、六〇九中）

空に飛んだのは野鴨なのに　それを僧〔百丈〕に問うたのは
祖師の心印〔悟りの心〕を彼に授けようとしてのこと
その場に応じて答えても　何の動きも無かったが
勘所をヒネりあげたとたん　道はみごとに増しえたのであった

もとの話のスジ書きを、ただ、そのままたどった一首である。

いっぽう、同じ公案に対して雪竇が付したのは、次のような一首であった。

野鴨子　知何許　　野鴨子《やおうす》は　知《は》た何許《いずこ》ぞ
馬祖見来相共語　　馬祖　見《み》来《きた》りて相共《あいとも》に語る
話尽山雲海月情　　山雲海月《さんうんかいげつ》の情を話し尽《つ》くすも
依前不会還飛去　　依前《なお》も会《え》せず　還《さら》に飛び去る
欲飛去　却把住　　飛《と》び去《さ》らんと欲するも　却って把住《とら》う
道！　道！　　道《い》え！　道《い》え！

野鴨子は　いずこにあるか
馬祖はそれを目にして語りかける
だが　その趣きを　語り尽くしはしたけれど
その意はなおも解されず　そのまま空しく飛び去った
いや　飛び去ろうとしたその刹那　それはグイと捉えられた
さあ　言え！　言え！

こちらは、一見、意味不明な謎かけのようだが、いうこころは、こうである。野鴨になんで馬祖が問いかけた、そのネライはどこにあったのか。馬祖の二度の問いのなかに、実はその真意は尽くされていた。だが、百丈はその意を解さず、なおも飛び去りましたなどという始末。しかし、飛び去りそうなその瞬間を、馬祖はギュッと捉まえた。さあ、馬祖が捉まえたのは何だったのか。それを汝ら自身が捉えねばならぬ、さあ、言え、言え、と。

つまり、馬祖のネライは飛び去る野鴨にではなく、それを見る百丈自身にあったのだ。飛び去る野鴨に心うばわれて、百丈が空しくその意を見逃しかけたところ、馬祖はすかさずその鼻をひねりあげ、からくもその意に立ち返らせた。だが、それは遠い昔の百丈の問題ではない。その意はまさに汝ら自身が、今この場で捉えるべきものなのだ、というわけである。

汾陽の頌の平板さにくらべ、公案の展開を緊迫感とスピード感をもって描写しており、しかも、それを原話の再説におわらせず、今この場の学人への、新たな問いかけとして提起し得ている。雪竇の頌古が一世を風靡《ふうび》したのも、宜《むべ》なるかなという気がする。

雪竇のこの頌について、圜悟は『碧巌録』で次のように講じている。

雪竇は出だしからズバリと頌をつける。「野鴨子《やおうす》は 知《は》た何許《いずこ》ぞ」。さあ、言うてみよ、どれほど有るか（「何許」は「いずこ」の意のはずであるが、圜悟はなぜかこれを「多少――どれだけ」と解している）。「馬祖　見来りて相共に語る」、これは馬祖が百丈に「何だ」と問い、百丈が「カモです」と答えたところに頌をつけたものである。つぎの「山雲海月の情を話し尽《つ》くすも」とは、馬祖が今ひとたび「どこへ行った」と問うたところへの頌で、百丈への老婆心切が自ずと鮮やかに起ち現れている。ところが百丈はなおもそれを解さず、あろうことか「飛び去れり」などと言うしまつ。これでは二重のスレ違いである。だが「飛び去らんと欲するも却って把住《とら》う」。これは雪竇が馬祖の最後の語にもとづいて、一則の意を総括したものだ。かくして、最後に「道《い》え！　道え！」とくる。これは雪竇が古人の話を現在の自己の問題に転換した「転身《てんしん》の処《ところ》」に外ならない。さあ、言うてみよ、どう「道う」のか。もし「イタタタタッ！」と声をあげるなら、それはまったくの誤りである。だが、そうしないとしたら、どうするか。雪竇はたいそう見事に頌をつけてはいるが、しかし、如何せん、これではワクからは跳び出せぬ。

雪竇劈頭便頌道、「野鴨子　知何許」。且道、有多少？「馬祖見来相共語」、此頌馬祖問百丈云「是什麼？」丈云「野鴨子」。「話尽山雲海月情」、頌再問百丈「什麼処去？」馬大師為他意旨、自然脱体。百丈「依前不会」、却道「飛過去也」。両重蹉過。「欲飛去、却把住」、雪竇拋款結案。又云、「道、道」、此是雪竇転身処。且道、作麼生道？　若作忍痛声則錯。若不作忍痛声、又作麼生会？　雪竇雖然頌得甚妙、争奈也跳不出。（『碧巌録』岩波文庫、中、頁二一三）

雪竇劈頭《へきとう》に便ち頌《じゅ》して道《いわ》く、「野鴨子は　知た何許ぞ」と。且《しばら》く道《い》え、多少《いくばく》か有る。「馬祖見《み》来《きた》りて相共に語る」、此れは馬祖の百丈に問いて「是れ什麼《なん》ぞ」と云い、丈の「野鴨子」と云えるに頌す。「山雲海月の情を話し尽《つ》くすも」とは、再び百丈に「什麼処《いずく》にか去《ゆ》ける」と問えるに頌せるなり。馬大師の他《かれ》（百丈）の為にせる意旨、自然《おのず》と脱体《さながら》なり。〔しかるに〕百丈「依前《なお》も会《え》せず」、却って道う、「飛び過ぎ去れり」と。両重に蹉過《さか》せるなり。「飛び去らんと欲するも却って把住《とら》う」とは、雪竇、款《かん》に拠りて案《あん》を結べるなり。又た「道え！　道え！」と云えるは、此れは是れ雪竇の転身の処《ところ》なり。且く道え、作麼《いか》生《に》か道うや。若し忍痛《にんつう》の声《こえ》を作《な》せば則ち錯《あやまり》。若し忍痛の声を作さざれば、又た作麼生《いかに》か会《え》す。雪竇頌《じゅ》し得て甚だ妙なりと雖然《いえど》も、争奈《いかん》せん也《ま》た跳《と》び出《いだ》せざるを。

最後の部分は、ここだけ看たのでは何のことだか解らない。これは前の段で圜悟が同時代の通俗的理解を批判したのをうけたもので、圜悟によれば、当時この公案の意を問われるや「イタタタタッ！」と悲鳴をあげてみせる回答がひろく流行していたらしい。自ら百丈になりかわり、痛痒を感ずる活き身の自己、それこそ馬祖が捉えさせようとした当のものだとする解釈である。それはごく低俗で安易な理解に流れてはいたようだが、少なくとも思想的には、唐の馬祖禅のすなおな延長線上にある考え方だといえる。だが、圜悟は、ありのままの自己がそのまま仏だとする考えをくりかえし非難し、現状を打破する決定的な大悟の体験がなければならぬと主張した。右の一段はそうした主張をふまえつつ、さすがの雪竇の頌も、ここでは彼らと同様の限界を超え得ていないと指摘しているのである。

圜悟はこのように『雪竇頌古』の解説・論評という形を借りつつ、当時の通説・俗説への批判を展開する。話題は多岐にわたるが、そこに一貫する基本的論点として、次の三点を抽出し得る。(一) ありのままの自己をありのままに肯定するという考えは迷妄である。(二) そうではなく、決定的な大悟徹底の体験を得なければならない。ありのままの自己が仏だと言えるのは、その上でのことである。(三) 大悟の体験を得るためには、公案を字義に沿って合理的に解釈する立場を捨て、公案を意味と論理を絶した絶待の一語――「活句」――と看なければならない。

文字禅の代表作でありながら、『碧巌録』には、実地の開悟に向けての強い実践的意志が表れている。もっともこの三点は『碧巌録』のなかの個別の発言を整理して取り出したものであって、このようなまとまった主張を圜悟自身が明示しているわけではない。また、知的理解の拒絶という (三) のような公案の扱いが、如何にして大悟という (二) の目的達成にむすびつくのかという点も、圜悟は『碧巌録』のなかでは説明していない。しかし、

「活句」としての公案を力ずくで突きつけて――「鉄酸餡」を無理やり口に突っ込んで――学人を実地に悟らせる、そうした方法がすでに法演や圜悟によって実行されていたことは、すでに第三章で見たとおりである。右の(一)(二)(三)の論点が一本化され、圜悟の弟子、大慧宗杲によって「看話」禅が完成されるのは、もはや時間の問題であった。

三―三　大慧の「看話」禅

無字

大慧は北宋末から南宋にかけて活躍した、宋代を代表する禅僧である。当時宋朝では中国の北方を支配した異民族王朝、金《きん》への対応をめぐり、講和派と主戦派の間で激しい政治闘争がくりひろげられていた。大慧は後者に属する士大夫たちとの関係が深く、そのひとり張九成《ちょうきゅうせい》(一〇九二―一一五九)の一党として迫害され、僧籍剝奪のうえ辺地に流されたことさえあった。この事件は、大慧の士大夫層への関わりの深さとその影響力の強さを反面から証するものであったとも言えるだろう。大慧自身、こう明言している、「菩提心は則ち忠義心なり。……予、学仏者なりと雖も、然れど愛君憂国の心は、忠義の士大夫と等し」(『大慧語録』巻二十四・示成機宜、大正四七、九一二下)。

彼が口頭や書面で士大夫たちに法を説いた記録は、のこっているものだけでも膨大な量にのぼる。また『水滸伝』は魯智深の葬儀の際、導師を務めたのが径山《きんざん》の大慧禅師であったと記している。もとより作り話の一部にすぎないが、これもまた、一般社会における大慧の知名度の高さを示すものと言ってよい。物語の登場人物として、誰もが知る宋代きっての禅僧をひとり挙げようとすれば、まず大慧に指を屈するというのが衆目の一致する所だったのである。

では、大慧の禅は、如何なるものであったのか。大慧が精力的に説いたのは、さきの圜悟の三点の主張を一点に集約した「看話」とよばれる方法であった。「看話」とは「話頭《わとう》」すなわち公案を「看る」ということだが、具体的には、解釈不可能な公案に全意識を集中しつづけ、その極点で爆発的な心の撃破を起こして大悟に到るというものである。大慧はこの方法を、曹洞系の「黙照《もくしょう》」禅——坐禅によって、静寂なる自己の本性の内面に在りつづける禅——への批判を通じて完成していったが、[34]「看話」に結実すべき要素がすでに圜悟の所説と実際の接化のなかで成熟していたことは、第三章で見たとおりである。

大慧はこの方法を、広範な士大夫層に、口頭や書面でさかんに説いた。『大慧書《だいえしょ》』（荒木見悟『大慧書』禅の語録17、一九六九年）は、大慧の士大夫あての書翰を集めた書物（一部、出家者あても含む）としてひろく読まれたものだが、そのなかに次のような示教が見える。

もし、直截に会得したければ、必ずやこの一念がバカッ！と大破せねばならない。

それでこそ生死が決着し、それでこそ悟入といえるのである。しかし、だからといって、意識してその大破の時を待ちかまえてはいけない。大破のところに意識を置いてしまうと、永遠に大破の時は起こり得ない。ともかく、妄想顛倒《もうそうてんどう》の心・思量分別《しりようふんべつ》の心・生《しよう》を好《この》み死《し》を悪《にく》む心・知見解会《ちけんげえ》の心・静寂を願い喧騒を厭う心、それらを一気に押さえ込むのだ。そして、その押さえつけたところで、一箇の話頭を看よ——「僧、趙州《じようしゆう》ニ問フ、狗子《くす》ニ還《は》タ仏性《ぶつしよう》有リヤ。州《しゆう》云ク、無《ム》！」と。この「無」の一字こそは、あれこれの悪しき知識・分別を打ち砕く、強力な武器にほかならない。

この一字に対して、有る無しの理解を加えてはならない。合理的解釈を施してもいけない。分別意識のもとで思考し推量してもいけない。「揚眉瞬目《ようびしゆんもく》」の作用を是認してもいけない。字義・文脈のうえで考えていってもいけない。「無事《ぶじ》」の甲羅のなかに放りこんでもいけない。問うている己れがそのまま答えなのだ、と肯ってもいけない。古典のうちに論拠を求めてもいけない。ともかく、二六時中、行住坐臥《ぎようじゆうざが》すべての営為のなかで、時々刻々、つねにこの話頭を念頭に置き、つねにそこで心を覚醒させるのだ。「狗子ニ還タ仏性有リヤ。州云ク、無！」と。そうして日常の営みを離れぬようにせよ。試しにこのように修行してみるならば、十日かひと月で、じき見て取ることができるであろう。

若要径截理会、須得遮一念子曝地一破、方了得生死、方名悟入。然切不可存心待破。若存心在破処、則永劫無有破時。但将妄想顚倒底心、思量分別底心、好生悪死底心、知見解会底心、欣静厭閙底心、一時按下。只就按下処看箇話頭、「僧問趙州、狗子還有仏性也無？ 州云、無」。此一字子、乃是摧許多悪知悪覚底器仗也。不得作有無会、不得作道理会、不得向意根下思量卜度、不得向揚眉瞬目処採根、不得向語路上作活計、不得颺在無事甲裏、不得向挙起処承当、不得向文字中引証。但向十二時中四威儀内、時時提撕、時時挙覚、「狗子還有仏性也無？ 云、無！」、不離日用。試如此做工夫看。月十日便自見得也。（頁五〇）

若《も》し径截《けいせつ》に理会《りえ》せんと要《ほっ》さば、須得《すべか》らく遮《こ》の一念子《いちねんす》の曝地《バクチ》に一破すべくして、方《はじ》めて生《しよう》死《じ》を了得《りようとく》し、方《はじ》めて悟入と名づく。然《しか》れど切に心を存して破を待つ可《べ》からず。若《も》し心を破の処に存さば、則ち永劫に破する時有ること無し。但《た》だ妄想顚倒《もうぞうてんどう》の心・思量分別《しりようふんべつ》の心・好生悪死《こうしようおし》の心・知見解会《ちけんげえ》の心・欣静厭閙《ごんじようおんどう》の心を将《も》って、一時に按《お》さえ下《つ》けよ。只だその按《お》さえ下《つ》けし処に就きて箇の話頭を看よ。「僧、趙州《じようしゆう》ニ問フ、狗子《くし》ニ還《は》タ仏性《ぶつしよう》有リヤ。州云ク、無！」此の一字子《いちじす》、乃ち是れ許多《あまた》の悪知悪覚を摧《くだ》く底の器仗なり。有無《うむ》の会《え》を作《な》すを得ざれ。道理の会を作すを得ざれ。意根《いこん》下に向《おい》て思量し卜度《あてずいりよう》するを得ざれ。揚《よう》眉瞬目《びしゆんもく》の処に向《おい》て根を採《おろ》すを得ざれ。語路《ごろ》上に向《おい》て活計を作すを得ざれ。無事甲《ぶじこう》裏に颺《ひよ》在《うざい》するを得ざれ。挙起《こき》の処に向《おい》て承当《うけが》うを得ざれ。文字《もんじ》中に向《おい》て引証するを得ざれ。但だ十二時中・四威儀の内に向《おい》て、時時に提撕《ていぜい》し、時時に挙覚《こかく》せよ、「狗子ニ還タ仏性有リヤ。云ク、無！」と。日用《にちゆう》を離れざれ。試みに如此《かくのごと》くに工夫《くふう》を做し看よ。月十日にして便ち自ら見《み》得ん。

要は、概念的・論理的思路に陥らず、絶対的に分節不可能な「無」そのものを究めつづけよ、ということだが、論旨よりも、その勢いに圧倒されるような書きぶりである。してはならない参じかたが、これでもか、これでもかと畳みかけるように説かれているが、日常的な身心の作用を是認してはいけない（「揚眉瞬目の処に向て根を採《おろ》すを得ざれ」）とか平常無事に安住してはならない（「無事甲裏に颺在するを得ざれ」）というのは馬祖禅ふうのありのままの禅への批判、字義・文脈のうえで考えていってもいけない（「語路上に向て活計を作すを得ざれ」）というのは「文字禅」的理解への批判だが、これらの論点は、すでに圜悟のなかに出そろっていたものであった。しかし、圜悟の段階では、ただ、一撃で悟れと説かれるのみで、どうやって一撃で悟らせるかは師家の臨機応変の接化にゆだねられていた。それが大慧の段階では、「但だ十二時中・四威儀の内に向て、時時に提撕し、時時に挙覚」して「日用を離」れない、という方法——すなわち常に「箇《ひとつ》の話頭を看よ」という具体的な方法——として明確に提示されるに至ったのであった。

朱熹と無字

圜悟や大慧において公案は、一則ずつの意味を個別に解釈すべきものではもはやない。それは、どこまでも無意味であり不可解であることにこそ意味がある。そうであるからこそ公案は、参禅者の思路を断ち切り、意味と論理を超越した絶対的大悟をもたらし得るとされたのである。したがって公案はどれであってもかまわないわけだが、大慧が実地の指導で最も多く用いたのは、右にも引かれる趙州「無字」の公案であった。「無字」はほとんど看話禅の代名詞となって宋代禅門を席捲し、道元が終生「古仏」とあおいだ恩師、曹洞宗の天童如浄《てんどうにょじょう》（一一六三―一二二八）でさえもが上堂でこれを用いるほどであった（『如浄和尚語録』巻下、『枯崖漫録』巻上）。いわゆる「朱子学」の祖とされる朱熹《しゅき》（一一三〇―一二〇〇）が、若き日、大慧の弟子の開善道謙《かいぜんどうけん》（生没不詳）に参じた経験をもつことはよく知られているが、『枯崖漫録《こがいまんろく》』巻中が記す次の伝聞は、史実としての確実性はともかくとしても、実践的な参究方式として単純化された「無字」の用いられ方と、宋代士大夫社会におけるその広範な浸透のさまをうかがわせるに足るものと言えるだろう。

江西雲臥《こうぜいうんが》瑩庵主《えいあんじゅ》（仲温暁瑩）の談――径山《きんざん》の謙首座《けんしゅそ》（道謙）が建陽に帰り、仙洲に庵を結ぶと、その徳を慕う者たちがよろこんで帰依するようになった。たとえば、曾天《そうてん》游《ゆう》、呂居仁《りよきよじん》、劉彦修《りゆうげんしゆう》、朱元晦《しゆげんかい》〔朱熹〕といった人々が、書簡で道を問い、しばしば山中を訪れていた。朱元晦への回答に、大略、次のようにあった。「二六時中、何事か有れば臨機応変にその事に対処し、何事も無ければ、ふり返って己が一念において参究せよ――狗子《クシ》ニ還《ハ》タ仏性有リヤ。趙州云ク、無《ム》！と。ただひたすら、この話頭を参究するのだ。思考してもいけない、穿鑿してもいけない。知見を生じてもいけない、無理やりに肯定してもいけない。眼をつぶって黄河を跳び越えるごとく、越えられようが越えられまいが、ともかく十二分の気力をふりしぼって一気に跳ぶのだ。跳び越えられれば、一跳びで千万の問題が決着しよう。もし、跳び越えられなければ、さらにひたすら跳べ。成否を考えず、危険を顧みず、果敢に前進せよ。決してもたついてはならぬ。もし、ためらい、意識が動けば、たちまち的外れだ」。道謙は劉彦修の招請をうけて建州開善寺《かいぜんじ》の住持となった。雲臥《わし》とは長年ともに大慧に仕えた仲である。

劉朔斎《りゆうさくさい》が言っていた、「朱文公先生〔朱熹〕が初めて李延平《りえんぺい》に道を問うた時、持ち物のなかにあったのは、『孟子《もうじ》』一冊と『大慧語録《だいえごろく》』ひとそろいのみであった」と。

江西雲臥瑩庵主曰、径山謙首座帰建陽、結茅于仙洲山。聞其風者、悦而帰之。如曾侍郎天游・呂舍人居仁・劉宝学彦修・朱提刑元晦、以書牘問道、時至山中。有答元晦、其略曰、「十二時中、有事時、随事応変。無事時、便回頭、向這一念子上提撕。〃狗子還有仏性也無？ 趙州云、無！〃将這話頭只管提撕。不要思量、不要穿鑿。不要生知見、不要強承当。如合眼跳黄河、莫問跳得過跳不過。尽十二分気力打一跳。若真箇跳得、這一跳便百了千当也。若跳未過、但管跳。莫論得失、莫顧危亡。勇猛向前、更休擬議。若遅疑動念、便没交渉也」。謙嘗従劉宝学請、住建之開善。向与雲臥同侍大慧最久。劉朔斎云、「文公朱夫子、初問道延平、篋中所携惟孟子一冊、大慧語録一部耳」。（禅宗全書三二、五九〇上）

江西雲臥瑩庵主〔仲温暁瑩〕曰く、径山《きんざん》の謙首座《けんしゅそ》〔道謙〕建陽に帰り、茅《かや》を仙洲山《せんしゅうざん》に結ぶ。其の風を聞く者、悦びて之に帰す。曾《そう》侍郎天游《てんゆう》、呂《りょ》舎人居仁《きょじん》、劉《りゅう》宝学彦修《げんしゅう》・朱《しゅ》提刑元晦《げんかい》〔朱熹〕の如き、書牘《しょとく》を以て道を問い、時に山中に至る。元晦に答うる有り、其の略に曰く、「十二時中、事《こと》有る時は、事に随い変に応ず。事《こと》無き時は、便ち回頭《ふりかえ》りて、這《こ》の一念《いちねん》子《す》の上に向《おい》て提撕《ていぜい》せよ、〃狗子《くし》ニ還《は》タ仏性《ぶっしょう》有リヤ。趙州云ク、無！〃這《こ》の話頭《わとう》を将《も》って只管《ひたす》ら提撕《ていぜい》せよ。思量する不要《なか》れ、穿鑿する不要れ、知見を生ずる不要れ、強《あなが》ちに承当《うけが》う不要れ、眼《まなこ》を合《と》じて黄河を跳《と》ぶが如く、跳得過《とびこしう》るか跳不過《とびこしえざ》るかを問う莫《なか》れ。十二分の気力を尽くして一跳《ひととび》を打《な》せ。若《も》し真箇《まこと》に跳《と》び得《う》れば、這《こ》の一跳《ひととび》にて便ち百了千当《ひやくりようせんとう》せん。若し跳びて未《いま》だ過《こ》えざれば、但管《ともか》く跳べ。得失《とくしつ》を論ずる莫《なか》れ、危亡《きぼう》を顧《かえりみ》る莫《なか》れ。勇猛に向前《つきすす》み、更《た》えて擬議《ためら》う休《なか》れ。若し遅疑し動念せば、便ち没交渉《もつきようしよう》ならん」。謙〔道謙〕嘗て劉宝学の請に従い、建の開善《かいぜん》に住す。向《さき》には雲臥《われ》と同《とも》に大慧に侍すること最も久し。劉《りゆう》朔斎《さくさい》云く、「文公朱夫子《しゆふうし》（朱熹）、初めて道を延平《えんぺい》（李延平）に問うに、篋《きよう》中に携うる所は惟《た》だ『孟子』一冊、『大慧語録』一部のみ」と。

「看話」禅の確立によって、開悟は偶然の機縁でおこる一回性の個人的事件ではなく、方法的に達成されるべき共通の目標となった。日常の政務や家庭生活のなかで公案を念じつづけるというこの方法が、在俗の士大夫層にいかにひろく歓迎されたかは想像に難くない。現世の日用に即した知識人の宗教という初期禅宗以来の禅の性格は、ここに至って完全な実現を見た。この方法のために「悟り」が再生産可能な没個性的理念と化した感は否めないが、しかし、またそのような無機的性格のゆえにこそ、「看話」禅は固有の言語や文化の伝統を超えて東アジア各地に普及し、さらに二十世紀には、鈴木大拙らの努力によって、はるか欧米社会にまで伝播することを得たのであった。[35]

＊本章は「禅宗の生成と発展」（新アジア仏教史07中国Ⅱ隋唐『興隆・発展する仏教』佼成出版社、二〇一〇年）を基礎として新たに作成した。分量は約二倍半になったが、大きな枠組みは変わっていない。なお本章の「一　初期の禅宗」は小川『神会――敦煌文献と初期の禅宗史』（臨川書店、唐代の禅僧二、二〇〇七年）を、ついで「二　唐代の禅」は同『語録のことば――唐代の禅』（禅文化研究所、二〇〇七

年）と『語録の思想史――中国禅の研究』（岩波書店、二〇一一年／中文版、何燕生訳『語録的思想史――解析中国禅』復旦大学出版社、二〇一五年）の第一章を、さらに「三　宋代の禅宗」は同『続・語録のことば――《碧巌録》と宋代の禅』（禅文化研究所、二〇一〇年）および『語録の思想史』第二章を、それぞれふまえている。あわせて参照されれば幸いである。

第五章　二十世紀の中国禅研究

前章の終りにもふれたように、禅は南宋の時代に東アジア各地に伝播してそれぞれの文化に影響を与え、また逆に、それぞれの文化から影響を受けて変容した。そして二十世紀には、日本から ZEN という名で西洋社会に発信され、今や世界的なひろがりを示すに至っている。

では、近代社会のなかで、禅は如何に読まれ、考えられてきたのか？　そのことと関係なしに禅の書物を読むことは、今日、おそらく不可能であろう。最終章では、この約百年間の禅籍の解読の歴史をふりかえり、今後、如何に禅の古典と向き合ってゆくべきかを考える手がかりとしたい。

一　二十世紀前半の禅研究

胡適と大拙

一九五〇年代、胡適（一八九一―一九六二）と鈴木大拙（一八七〇―一九六六）のあいだで禅学をめぐる「論争」があった。

胡適はいう――

その失望の最たるものは、鈴木とその弟子たちが、禅を非論理的・非理性的で、それゆえわれわれの知的理解を超えたものだとする点にある。……「非理性的」な禅の解説者の主たる難点は、そうした歴史的研究を故意に無視する点にある。鈴木は言う。「禅は時間と空間の関係を超え、当然、歴史的事実をも超えている」と。このような非歴史的・反歴史的な立場をとる者は、誰しも禅の運動と偉大なる禅師たちの教えを理解しえぬであろうし、また東洋ないし西洋の人々に、禅を正しく理解させようと願うこともかなわぬであろう。彼にできることは、せいぜい世界に向かってこう告げることでしかあるまい。すなわち、禅は禅であり、それは完全に我々の論理的理解の外にあるのだ、と。[1]

いっぽう、大拙はいう——

即ち、胡適氏は禅の歴史に関しては非常に多くの知識を有してをられるが、その歴史の背後に在つて主役を演じてゐる者に関しては何も御存じないといふことだ。

胡適氏は歴史家として禅を歴史的装置の上から解している。然し禅そのものを知らぬのである。氏は禅といふものが歴史といふものに左右されない、それ自身の生命をもつてゐることに気がつかぬやうだ。氏が禅をその歴史的装置の面から研究しつくしてしまつたその後に、禅はぴんぴんと活きてゐて、「まだこれでも気がつかぬのか、胡適氏よ、歴史を捨ててやつて来い」といつてゐるのがわからぬやうである。[2]

互いの批判の語はなかなか手厳しいし、合理的知性主義と体験的直観主義という二項対立は、いかにも明快で判りやすい。

だが、このような非難の言句だけをぬきだすと、さも激烈な応酬が展開されたかと思われそうだが、実際には、一九五三年、ハワイ大学の *Philosophy East & West* 誌（VolⅢ. No.1）に、胡適の論文とそれに対する大拙の反論が二篇同時に掲載されただけであり、今、虚心に読みかえしてみれば、両者の論点の間にも、実はほとんど具体的な接点が無い。胡適論文は明晰な精彩ある筆致でかねてからの禅宗史研究の成果を要約したものであり、それは簡潔で魅力ある唐宋禅宗通史になっている（本書の第四章はこれから大きな影響を受けている）。いっぽう大拙のほうは、自身の「般若直観」にもとづきつつ、禅に対する「内面」からの「領解」を述べたものだが、そこには理解や分析をうけつけない何ものかを直に感受させる不思議な味わいがあるものの、それによって胡適の論述に修正や変更が求められるわけではない。要するに両者は、ひとつの土俵の上で対決しているのではなく、互いに重なることのない二つの土俵のなかで、めいめいのかねてからの持論を、めいめいのかねてからの論法と文体で表明しているにすぎない。そして、同じころ、当の両人は、ニューヨークで、人知れず、次のような心温まる交流を重ねたりなどしていたのである。

胡適博士と大拙先生は一九五三年頃同じニューヨーク市に滞在しておられた。コロンビア大学で講義をしておられた大拙先生を訪ねる博士はとても楽しそうでした。大抵の場合近所の中華飯店『グレート・シャンハイ』（大上海飯店）で食事に招待して下さった。食事が終るころには話の方が段々と熱を帯びてきて、それまでは英語で終始していたのが、博士は興奮のあまり場所も忘れて、最初は紙ナプキン、それがなくなると白い糊のきいたテーブルクロスに漢文で次から次へと溢れんばかりに諳じておられる禅の語句を書きまくってゆかれた。それに応じて大拙先生も負けじと漢文で書いて答えてゆかれる。いかにもご両人だけが知るエクスタシーに似た境地を楽しんでおられました。私が面白く思ったのは、書くこと以外は、つまり話になると、お互いに英語に切り替わるのです。こうして、お会いになると何時も満喫したときを過ごしておられた。ニューヨークの空の下で東洋からの賢者が二人熱く漢文と英語で禅を論じ合ってる光景は「妙」そのものだと思いました（美穂子）。（上田閑照・岡村美穂子編『鈴木大拙とは誰か』岩波現代文庫、二〇〇二年、頁三二九）

つまるところ、両者の間で対立していたのは、論点ではなく、立論以前の立場だったのだが、それとて、この時点で初めて顕《あら》わになったものではなく、とうの昔から互いに了解ずみのところであった。大拙の「胡適先生」（一九四八年）の回想によれば、一九三三年（昭和八）に横浜で初めて会った時から、「東洋思想を大いに世界的に鼓吹して、世界思想の進展に寄与すべきを強調」する大拙に対し、胡適のほうは「中国における科学思想の普及」の必要を訴え、「古き伝統」を否定する立場を鮮明にしていたという。大拙はそこに「何れもそれぞ〳〵の立場があるので、その点では一致出来なかつた。胡氏は今でもさう考へて居ることと信ずる。自分も胡氏の立場を十分に領解する」と書いている（『鈴木大拙全集』別巻二、一九七一年、頁三五三）。両者の背後には、学者対禅者、知性対直観、という表層的な対比にとどまらない、歴史的状況の対比がひそんでいた。すなわち、物質的近代化（富国強兵）の表面的成功のためにかえって精神の行き詰まりに逢着した明治期日本の思想家と、物質的近代化（産業化と民主化）を開始するためにまず精神の近代化を必要と考えた民国期中国の思想家、という対比である（明治がおわって大正元年になった年と辛亥革命で清朝が倒された翌年の民国元年は、同じ一九一二年であった）。

敦煌文献

そうした異なった立場にたちながら、かたや歴史の古層の発見による偶像の破壊と伝統の解体のために、かたや原初の禅の体験と精神の古層の解明による伝統の再編と新生のために、両者はともに新出の敦煌文献を駆使した初期禅宗の研究に邁進《まいしん》した。

事はふるく、一九二四年（民国十三年、大正十三年）に遡る。その頃、胡適は、中国思想通史の一環として、禅宗の歴史を書こうとしていた。中世の暗黒から宋学のルネッサンスへ、そんな転換を鮮やかに描き出そうとする胡適にとって、その転換の軸となる唐宋禅宗史の解明は、避けて通れぬ課題であった。胡適の主著は、白話文学史も、中国哲学史も、ともに上巻が出ただけで、未完のままに終わっている。だが、それは、かつて揶揄されたような、胡適の軽さのためではない。その後につづくべき禅の思想と歴史が不明であったために、そこを解明するまで、そのつづきを書くことができなかったのである（『国語文学史』や『中古思想小史』など、のこされた講義録から、後続部分の構想を推測できる）。しかし、禅門につたわる厖大な伝世文献とそこに記された宗門の伝承、それはプラグマティスト胡適にとって、あまりにも荒唐無稽で不合理だった。そこで彼は、そうした伝統が確立される以前の禅宗史の古層を解明すべく、その鋭敏な直感を新出の敦煌文献に向けたのであった。

一九二六年（民国十五年、昭和元年）、義和団事件の賠償金に関する外交交渉の会議のため、胡適はついに渡欧の機会を得た。さっそくパリの国立図書館とロンドンの大英博物館に赴いた胡適は、念願の敦煌文献の調査をおこない、そこで鮮やかな奇跡のように、神会関係の文献をはじめ、未知の初期禅宗文献を多数発見した。その内容を整理し、高揚した偶像破壊の情熱にあふれた大作「荷沢大師神会伝」を冠して『神会《じんね》和尚《おしょう》遺集《いしゅう》』(亜東図書館)が出版されたのは、それから四年後、一九三〇年のことであった。民国十九年、日本では昭和五年のことである。

いっぽう、大拙が敦煌文献にはじめて注意を向けたのは、これよりさき、一九二七年(昭和二年)のことであった。胡適がパリとロンドンで未知の初期禅宗文献を多数発見した、その翌年のことであったが、むろん、大拙は未だそれを知らない。

この年、大拙の『禅論文集』第一巻(*Essays in Zen Buddhism First Series*)がロンドンで出版された。大拙の名を一躍海外に高からしめた作品であったが、しかし、かの地の『タイムズ』紙(*Times Literary Supplement*)にのった無署名の短評には、新出の敦煌文献を用いていないことが、この書物の欠点として鋭く指摘されていた。実際には英国東洋学の泰斗、アーサー・ウェイリーの執筆にかかるものであったそうだが、[3] 大拙はそれをみて、こんなことが書けるのは胡適をおいてほかにないと思ったという。

> 胡適氏と知合になり始めたのは専ら学問上である。それは一九二七年に自分がロンドンで出版した『禅論文集』第一巻の批評が、その頃の『タイムズ新聞』の『週刊文学附録』に載せられた時からのことである。その頃自分は敦煌発掘の禅に関する資料に

ついて何も知るところがなかつたので、唐土における禅宗初期の歴史観は、単《ひと》へに伝《でん》来底《らいてい》以上に出なかつた。それを指摘したのが、『タイムズ』の批評であつた。当時何も気がつかなかつたが、考へて見るとあのやうな批評を書き得るものは、当時英国内に誰もあつたわけではないのだ。それで不思議に思うて居た。それからどうしても敦煌出土の資料を見たいと希望した。（「胡適先生」一九四八年、『鈴木大拙全集』旧版巻三十、頁三五一／以下、大拙の文の引用には適宜ルビを追加する）

大拙はこれにつづけて、いまだ面識のなかった胡適に手紙で依頼したところ、胡適がパリとロンドンで撮影してきた敦煌文書の写しをたいへん快く提供してくれたことをふりかえり、「胡氏の快諾と親切と公平な襟懐《きんかい》とに対して厚く礼を述べておいた」と記している。これを機に、大拙のほうも、敦煌文献の研究に意欲的にのりだした。一九三一年（昭和六年）、すなわち胡適の『神会和尚遺集』が出た翌年には、はやくも、大拙が敦煌禅宗文献を扱った最初の論文「『楞伽師資記』とその内容概観」が発表されている（『全集』巻十八『禅の諸問題』所収）。胡適のもちかえった写真をもとに、金九経《キムグギヨン》が北京で校訂本を作成し、それが公刊前に「仮綴のまま」大拙のもとに送られてきた、それを用いての研究であったという。金九経はかつて京都の大谷大学で大拙に学び、のち北京に行って胡適や魯迅《ろじん》とも交渉をもった朝鮮出身の若い学者で、大拙と胡適の交流にはこの人の活躍がおおいに与って力あった。[4]

このあと大拙は、一九三四年（昭和九年）には自ら中国をおとずれ、北京の国立図書館で『二入四行論』の写本を発見している（敦煌文献というものは、よくよく、遠来の人によって発見される運命のもとにあるらしい）。結果的には未完におわったが、大拙はその方面の成果を『禅思想史研究』にまとめようとしていた。その第一の序にいわく、「禅思想史と云ふべきものはまだ書かれて居ない。故忽滑谷《ぬかりや》快天《かいてん》氏の著述も、宇井《うい》伯寿《はくじゅ》氏のも、思想史ではない」（一九四二年・昭和十七年／『全集』巻一・頁三）。

『禅思想史研究』

だが、我々がふつうに思いうかべる思想史は、むしろ、忽滑谷快天『禅学思想史』上・下（一九二三・二五年、大正十二・十四年）のように、各時代の人物や書物の思想を時系列に沿って前後に配列していったものではなかろうか。道元・白隠と対比しながら盤珪《ばんけい》を論じた論文集『禅思想史研究第一――盤珪禅』が最初におかれ、敦煌文献を扱った『禅思想史研究第二――達摩から慧能に至る』（一九四八年・昭和二十三年）がその次に置かれるという大拙の書物のほうが、少なくとも思想史を名のる著述としては、よほど異例というべきであろう。だが、忽滑谷の書について、大拙は上巻刊行の当初から、つとにこう批判していた。「併《しか》し予の遺憾に思ふのは、文字と形式の痕のみについて居て、禅の精神の発展については、少しも考慮していないやうな処も在る」（「禅学思想史上巻について」一九二四年・大正十三年、『全集』旧版巻二十八・頁二七七）。

大拙がめざしていたのは「文字と形式の痕」にとどまらぬ「禅の精神」そのものの歴史であった。敦煌文献を扱った『禅思想史研究第二』の序では、そのことがより具体的に、次のように語られている。

今から五十余年前に坐禅と云ふことを習ひ始めた。隻手《せきしゅ》の声《こえ》とか無字と云ふやうな公案を課せられて、骨を折つた。……何が何やら全くわからないので、一般仏書と云はず、禅籍と云はず、手当次第《てあたりしだい》に読んで見た。益〻《ますます》五里霧中に吸ひ込まれて行つて、何とも手の著けやうがなくなつた。ところが其中《そのなか》に何やら一縷の消息が伝へられるやうになつて来た。それからはその所謂《いわゆ》る公案禅なるものと、東土《とうど》六祖《ろくそ》の所説との関係が問題になつて来た。公案禅の経験と表現とはどうして――例へば『六祖壇経』や『少室六門集《しょうしつろくもんしゅう》』などのと相異する如く見えるのであらうか。達摩禅とは何であるか。慧能禅とは何であるか。これがどうして公案禅に発展するやうになつたか。達摩は慧可に『楞伽経《りょうがきょう》』を伝へたと云ひ、慧能は『金剛経《こんごうきょう》』で悟《さとり》を開いたと云ふが、それはどうして隻手の声と一つものになるやうになつたか。……如何にも一見懸《か》け離《はな》れたと思はれる言詮《ごんせん》の下に、どんな経験があつて、それらが同一禅旨を伝へて居るのであらうか。こんなやうな疑問が次から次へと出て来た。それを禅思想史の上から禅表現の特異性から、はたまた禅経験の深化の上から、何とか解決して見たいと云ふ希望が、著者の脳裡を離れなかつた。……」（『全集』巻二・頁三）。

ここで注目すべきは、「禅の精神」の歴史が初期禅宗と伝統禅の二項の対比のもとに考えられ、かつ後者の内実が、実質的には宋の大慧から江戸時代の白隠をへて今日につづく「公案」禅――「無字」と「隻手」――の実体験によって考えられている、ということである。それは大拙自身が鎌倉円覚寺での白隠禅の実修から禅の道に入り、そののちに敦煌文献と出逢ったという経緯からして当然のことであるが、禅の道へのそのような入り方は、大拙ひとりにとどまらず、臨済禅に参じた経験をもつ日本近代の知識人ほぼすべてに共通するものであった。だが、大拙はそこを起点としつつもそこにとどまらず、「公案」禅成立以前の原初の禅の姿を敦煌文献を通じて探ろうとしたのであった。

しかし、それにしても、大拙は、なぜ、敦煌文献による最初期の禅の研究を、日本の江戸時代の盤珪の研究の後に置かなければならなかったのか？　あるいは、最初期の禅の研究にさきだって、なぜ、盤珪論が冒頭に掲げられねばならなかったのか？

昭和の最初期、敦煌文献の研究を精力的に進めていたその時期は、そのまま、大拙が盤珪と妙好人《みようこうにん》の研究を精力的に進めていた時期でもあった。[5] 同じ時期にたまたま複数の課題が並行していた、のではない。それらは時期が重なっていただけでなく、問題意識として一連のものだったのである。

大拙にとって、敦煌文献のなかから掘り起こされる「禅思想史」の原初の姿と、盤珪のうえに見出される「禅思想史」の到達点、それは一本の直線における始点と終点の両端ではなく、おそらく円環における〇度と三六〇度の一点であった。そのことは、たとえば、『盤珪の不生《ふしょう》禅——禅経験の研究序説』（一九四〇年・昭和十五年）で『歴代法宝記』の保唐《ほとう》寺無住《じむじゅう》の語と盤珪の語が並べて示されているところなどにみてとれる（『全集』巻一、頁四一四）。『禅思想史研究第一——盤珪禅』は、盤珪・道元・白隠の三点によって構成されているが、大拙がそれによって描き出そうとしていたのは、その三点による正三角形ではなく、盤珪を〇度＝三六〇度、道元と白隠をそれぞれ一二〇度と二四〇度に置いた、その円環の粗描だったのではあるまいか。

看話、黙照、「禅そのもの」

では、なぜ、その三点が選ばれたのか？　想像の域を出ないが、私は、次のように考える。

大拙にとってごく初期の著作である『禅の研究』（一九一六年・大正五年、『全集』巻十六）に、その第一篇として「看話論《かんなろん》」という論文が収められている。論文は臨済禅と曹洞禅を

「今日行はるる所の修禅法」の相い対立する二項とし、臨済禅を「慧《え》」を先とする「看話」禅、曹洞禅を「定《じょう》」を専らとする「黙照《もくしょう》」禅と規定する（頁一九〇―一九二）。そしてその対比の意味を歴史的にさかのぼって考察するのだが、その論述は「黙照批判＝看話の主張」という大慧《だいえ》の党派的主張に一方的に依拠したものであって、百年後の今日の眼からみれば、宋代禅宗の状況を実証的に解明した歴史研究にはほど遠い。だが、全体として「看話」を顕彰し「黙照」を批判するという論調に大きく傾斜しながらも、大拙は「結論」の一節にはこう書き記している。「さうして本当の禅は動と静とを渾一したる処、定と慧とを併合したる処に在るのだから、看話と共に打坐《たざ》を忘れず、打坐の中より看話の慧を練り出すやうにせねばなるまい」（頁二五五、傍点引用者）。「畢竟《ひっきょう》ずるに看話も黙照も其《その》精神に徹底するのが一番緊切《きんせつ》である。ただ文字《もんじ》言句《ごんく》にのみ拘束せられて、彼此の是非を競ふは、啻《ただ》に両者の何たるを知らざるのみならず、亦《また》禅そのものの何たるかをも知らぬものと云うて可《よ》い」（頁二五六、傍点引用者）。

この結論は全体の行論・論調とは実はうまくつながっていないのだが、しかし、「看話」のほうに明らかに肩入れしながらも、「定」と「慧」、「静」と「動」、という禅の二極を提示しつつ、それを止揚したところに「本当の禅」「禅そのもの」を求めようとする志向が、この段階ですでに萌《きざ》していたことが見て取れる。後年ついに、盤珪の上にそれを見出した大拙は、道元を前者、白隠を後者の類型の象徴とし（その原型はつとに「看話論」の「道元

——白隠——仏光」という節に見える)、その両極を止揚するものとして盤珪の禅を描き出し、そしてそれを、同時期に敦煌文献のなかに見出した禅の原初の姿と重ねあわせようとしていたのではなかろうか。

実際には道元を扱いかねたために、その論は結果的には成功に至らなかったが、ともかく大拙にとって「禅思想史」は、時間軸の上に前後に配列された過去形の遺産の目録でなく、常に現在形に統一された、自らの活ける「禅思想」の表詮、いわば大拙自身の「教相判釈」でなければならなかったのである。[6]

二 二十世紀後半の禅研究

二―一 『講座禅』

『講座禅』

その後、日本における禅研究は、二十世紀の後半に飛躍的な進歩と展開をみた。二十世紀前半の禅研究の主役が胡適と大拙だったとすれば、後半のそれは、入矢義高(一九一〇―九八)と柳田聖山(一九二二―二〇〇六)であった。欧米でも禅の研究がさかんに行われるようになったが、それも多くは入矢・柳田の研究を前提として出発したものであった[7]。

鈴木大拙は、一九六六年（昭和四十一年）に世を去った。たんなる偶然ではあろうが、その翌年の一九六七年（昭和四十二年）は、禅研究にとって、いくつかの意味で節目の年であった。まず、この年から翌年にかけて、「監修鈴木大拙・編集西谷啓治」の名を掲げる『講座禅』全八巻（筑摩書房）が刊行がされた（前半四巻が一九六七年、後半四巻が翌六八年）。第一巻「禅の立場」、第二巻「禅の実践」、第三巻「禅の歴史——中国」、第四巻「禅の歴史——日本」、第五巻「禅と文化」、第六巻「禅の古典——中国」、第七巻「禅の古典——日本」、第八巻「現代と禅」、以上八巻からなるこの講座は、修行と学問の両面から禅にかんするあらゆる主題を網羅し、個々の文章の密度も高い。前年に九十五歳で世を去った大拙が、全体の内容に関与していたとは考えにくいが[8]、ともあれ禅について知ろうと思うなら、この講座は、今日でもなお最良の入門書たるを失わない。

私見によれば、この講座の著者は、おおむね次の三類に分けることができる。

（1）師家　（2）宗門の学者　（3）京都学派の哲学者

（1）は現役の禅の老師、（2）は禅宗寺院出身の学者、（3）は西田幾多郎を祖とする京都大学系統の哲学者たち、である。むろん、この複数に該当する著者もあれば、この三類にあてはまらない著者も多数ある。だが、後者の人のなかにも、何らかの形で参禅経験や宗門との関係がある人が少なくないように見受けられる。たとえば第五巻に「日本における禅文化」を書いている芳賀幸四郎は『東山文化の研究』や『中世禅林の学問および文学に関する研究』などで著名な歴史学者であるが、それと同時に「人間禅教団師家」の肩書をもち（巻末「執筆者紹介」）、第六巻「禅の古典――中国」では、もっぱらその立場から「禅籍をいかに読むか」という総論を書いている。芳賀洞然《とうねん》という号で寄稿されたその一文は、「禅は「直指人心、見性成仏」をはかる徹底した行の宗教である」（頁七）とはじまり、そして最後にこう結ばれている。「ともあれ、初心の間は、禅籍など読む暇があったら大いに坐るべしである。咄《トッ》!!」（頁二十、フリガナは引用者。「咄」は禅僧が修行僧を叱りつける語）。

白隠禅と京都学派

禅の講座は戦前からいくつか公刊されているが、この講座を特徴づけているのは、（3）の系統の人々が中心的な役割を果たしていることである。全体の編者である西谷啓治をはじめ、久松真一・阿部正雄・唐木順三・辻村公一・上田閑照など、西田幾多郎の直接・間接の弟子や孫弟子にあたる哲学者の論稿が、質と量の両面で、大きな比重を占めている。

なかには（3）の系統の学問から出発し、のち出家して本格の師家となった、森本省念のような人もある。さらに、この人々の手によって、ハイデッガーやアラン・ワッツ等、欧米の思想家の講演や文章の翻訳が多数収録されていることも、二十世紀における現代思想としての「禅」という関心を強く感じさせるものとなっている。

むろん、講座では、その方面の論稿だけでなく、主に（1）（2）の人々の手になる禅の歴史・典籍・文化にかんする解説も充実している（入矢・柳田の論稿も含まれているが、全体のなかではなお周縁的存在に見える）。それに対して（3）の人々は、一見異質ないし対極的なものと想像されるかも知れない。しかし、実は（3）の人々は、西田幾多郎以来、自ら臨済宗の老師について本式の参禅をする伝統をもっており、公言はされないが、少なからぬ人々が師家から正式の印可を受けていたと聞く。（1）と（3）は、実際には（1）と（2）以上に親和的な関係にあり、その共通の基盤が白隠禅の実参体験だったのであった。

そのため、この講座には、とりあげられている項目の多彩さにもかかわらず、一つの一貫した共通の前提があるように思われる。それは、歴史を超え論理を超えた、絶対的な「禅」そのものの存在が、論述の暗黙かつ自明の前提になっているということである。そして、曹洞宗系統の師家・学者をのぞけば、その内実は、実際には宋代禅宗史の最終形態である「公案」禅（具体的にはそれを発展させた白隠禅）にもとづいて考えられている。[9] 大拙の場合は、「禅そのもの」「本当の禅」を想定しながらも、それを歴史上の禅の多様性とともに考える視点が早くからあり、それは敦煌文献の導入によって大きく推し進められていた。しかし、この講座では、柳田の「中国禅宗史」(第三巻)をのぞくと、敦煌文献への言及はほぼ皆無であり、宋代以降の禅をそのまま、「禅」そのもの、「禅」一般、と観念上で等置する思考は、大拙以上に極端である。そして、そのような非歴史的価値観を貫くことによって、この講座は逆説的に、その後の中国禅研究の発展を超越した「伝統」的な禅の入門書としての生命を保ち、永遠に古くなることがないのであった。

二―二『初期禅宗史書の研究』

灯史の虚構

『講座禅』が刊行された一九六七年は、「伝統」的な禅言説が集大成された年であったと同時に、あらたな「禅宗史」研究の幕開けの年でもあった。柳田聖山『初期禅宗史書の研究』の公刊がそれである(法蔵館、一九六七年。今、柳田聖山集第六巻、法蔵館、二〇〇〇年)。敦煌文献と唐代の碑文資料を駆使した精緻な考証の積み重ねによって、初期禅宗文献の複雑な成立過程をあとづけ、それを通して、禅宗独自の系譜意識=対他的な自己意識、の形成過程を遡源的に解明した画期的な研究であった。それは、敦煌文献と唐代碑文資料を駆使した実証主義という点で、胡適の手法を見事に継承しながら、いっぽう、胡適の伝統破壊の立場とは対蹠的な、次のような問題関心を提起するものであった。

かくて、灯史の書は決して単なる歴史的事実を記したものではなくて、寧ろ宗教的信仰的な伝承の表現である。其らは作られたものと言うよりは、歴史的に生み出されたものである。言わば、伝承的な説話の一つ一つに、敢えて虚構と言うならば、虚構されれる必然的な理由を内包しているのである。従って、此処では逆に歴史的事実そのものまでが、すでに説話的な意味を以て記録されているとも言える。所謂、史実でないからという理由で、其等の説話を一概に否定し去るだけならば、すでに灯史を読む資格はないと言うべきである。灯史が史実を伝えるのみのものでないことは、そもそも自明の前提だからである。寧ろ虚構された記録の一つ一つを、丹念に吟味してゆく過程に於て、逆にそれを虚構した人々の、歴史的社会的な宗教的本質を明らかにし得るのであり、所謂史実と異った別次元の史実が、歴史的に洗い出されてくるのでなかろうか。灯史の虚構は、あくまで灯史の本質であって、単なる方便や表現の偶然ではない。(頁一七)

胡適の研究が歴史の解明による「伝統」の解体をめざすものであったとすれば、柳田の研究は逆に「伝統」の創出過程を歴史的に解明しようとするものであった。この視点の転換は中国古代史研究における「疑古」から「釈古」への転換に似ており、また今日の「歴史の物語論」（narrative theory of history）とも通じあう。「虚構」はそれぞれの時代の人々の理想や信念、あるいは欲望や利害などをさまざまな形で投影したものであり、「虚構」の生成過程を迹づけることは、とりもなおさず、それを生み出していった人々の意識や活動の軌跡をたどることにほかならない。「虚構」を非歴史として切って捨てるのではなく、「虚構」が生み出されていった過程自体をひとつの豊かな歴史として理解し評価するという立場は、きわめて斬新であった。[10]

「禅宗史」学の独立

この書物の登場によって「禅宗史」は、独立の学問分野になった。むろん孤《こ》峰智《ほうち》璨《さん》『禅宗史』（一九一九年）や宇井伯寿『禅宗史研究』（一九三九―四三年）に見られるように、禅宗の歴史という意味の一般名詞としての禅宗史という用語は古くからあった。だが、宗門の伝統的価値観と一体化した「宗学」「禅学」とは一線を画する、客観的・実証的な学問研究としての「禅宗史」――宗旨に従属し宗旨に奉仕する護教学でない、いわば学問のための学問としての「禅宗史」――そのような意味での「禅宗史」という学問分野の自立を決定づけたのが、『初期禅宗史書の研究』の登場であった。

それを可能としたのは、胡適以来の実証主義の手法と敦煌文献という素材であった。第四章でもふれたように、敦煌文献と伝世資料との間には、なぜか深い断層がある。そのため、禅門の伝統が確立する以前に書かれた敦煌禅宗文献群については、後世の伝統的な宗旨の干渉を受けることなしに分析や立論が可能であり、いっぽう禅門の「伝統」に対しては、一方的にその後出性と作為性を指摘することが可能であった。『初期禅宗史書の研究』は、時空を超え論理を超えた、絶対的な「禅」そのもの、という観念を前提とせず、むしろそれへの関心を敢えて「禁欲」し「断念」し——いわば「無字」や「隻手」とは縁を切って——考察の対象を初期禅宗＝敦煌文献の時代に限定し、扱う内容を文献成立史に関する客観的事実のみに局限することで、宗学のくびきを脱し、実証史学としての「禅宗史」を独立させえた書物だったのであった。[11]

柳田自身は臨済宗寺院の出身で僧堂経験もあり、また学生時代には久松真一にも師事していた。歴史を超えた絶対的な「禅」そのものを探究する気持ちを、実際には人一倍つよく持っていたのであろう。『初期禅宗史書の研究』で封印されたその志向は、その後の数多くの禅籍の翻訳・注解や『禅の山河』『純禅の時代』正・続などの読み物、そして一休や良寛など日本の禅者に関する著書などに意欲的に表現されていった。だが『初期禅宗史書の研究』の圧倒的な影響の下にうまれた「禅宗史」という学問分野は、日本では、その後、敦煌文献を用いた初期禅宗史の研究に大部分の精力が投入され、禅宗史上の初期禅宗の比率に比して、禅宗史研究上における初期禅宗史研究の比率が異様に高い、という偏頗《へんぱ》な状況をもたらした。また、思想の問題に対する「禁欲」「断念」という『初期禅宗史書の研究』の姿勢は、すくなくとも日本では、多くの場合、文献の文脈を読まず、狭義の「客観的」事実のみを扱うという矮小化した形で受け継がれていった。[12] むろん、その種の研究の盛行によって、禅の歴史と文献をめぐる「客観的」事実にかんする多くの貴重な知見が蓄積されたことは否定できない。だが、そのいっぽうで、思想研究がほとんど置き去りにされていたことも事実であった。[13]

二—三『禅の語録』

唐代禅の解読

大拙は禅の全体像を、原初の禅と後世の「公案」の禅——いわば敦煌文献の世界と「無字」「隻手」の世界——の両者から考えようとしていた。大拙のみならず、かの「論争」の際に示された胡適の禅宗通史さえ、実は同様の二項によって考えられていた。胡適自身はそう意識していないし、またかれに禅の「伝統」との接点は無かったが、しかし、かれが初期禅宗（敦煌文献の時代）の後につづく唐宋の禅について記述しようとして依拠したのが南宋の朱熹（朱子）の禅批判の記録であり、その朱熹が参じたのが宋の大慧の看話禅だったからである。[14] だが、その両者を有機的に結びつけることには、誰も成功していなかった。敦煌文献の世界をほとんど視野に入れない『講座禅』と、「公案」禅の世界と敢えて関係を断ち切った『初期禅宗史書の研究』、その二つの出版物が同じ一九六七年に公刊されていることは、偶然とはいえ、いかにも象徴的な事がらのように思われる。

その両者をつなげて考えるためには、その中間の唐代の禅の姿が解明されねばならず、その解明のためには、唐代の禅の語録が解読されねばならなかった。その試みは、すでに戦後ほどなくの頃から入矢義高によって開始されており、のち柳田との協働によって着実に進展しつつあった。しかし、それはまだ、ひろく世に知られることのない、水面下の動きにとどまっていた。

入矢義高と禅籍

その経緯を、入矢は「禅の語録」8『伝心法要・宛陵録』（一九六九年）の「はしがき」で、次のようにふりかえっている。長くなるが、当事者による貴重な証言なので、省略せずにそのまま引く。引用のはじめに「今から二十年余り前」とあるのは、あとに出てくる「昭和二十四年」、すなわち一九四九年のことであり、書かれているのは、おおむね一九五〇年代の状況と考えてよい。

私が中国の禅の語録に興味を抱きはじめたのは、今から二十年余り前のことである。それも、禅そのものへの関心が動機となったのではなく、語録の言葉と文体に対するフィロロジカルな関心が主たる動機であった。というよりも、もっと直接に私をそれへ駆りたてたのは、我が国での従来の禅録の読みかたに、おそろしくひどい誤読が、しかも想像以上におびただしく存することを発見したこと、そしてこれらの誤読が現在もそのまま無反省に踏襲されているという事実を知ったことが、最も大きな契機となったのであった。私はこの事実を知って大きな驚きを覚えると同時に、一種の憤りを催した。まずこれらの誤読を能うかぎり徹底的に摘抉し、訂正すること、そのことから自分の仕事の第一段階を始めようと私は決心した。そしてこの仕事が、私の専門の中国文学の勉強にとっても、側面的に役立つものになるであろうという私《ひそ》かな予測も一方にあった。

幸いに私の意図に賛成されたかたがたの勧めもあり、中国哲学や中国仏教の専門のかたがたの参加をも得て、まず手始めに『臨済録』を読むことから出発した。私が京都の東方文化研究所の所員だった時、昭和二十四年十月初旬のことである。この輪読会はちょうど一年続いた。私にとっては予想以上に苦しい鍛錬だったが、この一年間のお蔭で、中国の禅そのものへの接近のしかたについて豊富な示唆を与えられ、かくて私の当初の関心の幅は大きくおし広げられた。

『臨済録』を読み了えたあとも、参加者の熱心な希望もあって輪読会は更に継続されることになり、次に取り上げたテキストが、岩波文庫本の『伝心法要』であった。読み始めたのは昭和二十五年十月中旬、読み了えたのは翌年六月初旬であった。禅に附きもののような棒や喝を全く含まぬだけでなく、人間の営為の基本的なるものとして言語を認め、その意義と役割を一義的に捨象し去ることをせず、むしろ知的かつ分析的にその「一心の法」を説く黄檗の語りかけかたは、その時われわれのすべてに深い感銘を与えたものだった。

その後も、この会は毎年続けられ、用いられたテキストは、更に古く遡って『神会《じんね》語録』や、『楞伽《りょうが》師資記』などへと移っていったが、黄檗の説法から与えられた当初の感銘は、その後も永く私のなかに生き続けた。爾来、仏典を読みあさる機会が多くなるにつれ、また、新たに禅録の研究や英訳の仕事に参加する機縁にも恵まれて、折にふれて見出した関係資料や、新たに気付いたことなどを、絶えず岩波文庫本に書き込んできた。（頁一）

ここにいう「禅録」の「英訳」というのは、ルース・F・佐々木によって進められていた『臨済録』英訳の計画のことである。戦前渡米してニューヨークで禅の伝道に努めていた佐々木指月が大戦のために収容所に入れられ、それを米国籍の取得によって救い出そうと老師と入籍したという人であり、戦後、師の遺稿となった『臨済録』英訳を携えて来日し、大徳寺龍泉庵に日米第一禅堂をかまえてその改訂を進めていたのであった[15]。

入矢と柳田

その時期のようすを、柳田は次のように回顧している。文章が発表されたのは一九七二年(昭和四十七年)で、「今から十年前」とあるのは、具体的には『訓註臨済録』(其中堂、一九六一年)を公刊した一九六〇年代の初めごろを指しており、ちょうど右の入矢の回想につづく時代の話となっている。

さらにここ十年ばかりの間、わたしの関心の変化の一つは、『臨済録』の本文全体について、これを口語訳したいという希望が生まれたことである。今から十年前、およそ禅録の口語訳など、考えも及ばぬことであった。少なくともわたしにとってはそうであった。一般に、岩波文庫の禅籍なども、いまだ口語訳はついていなかった。

わたしが『訓註臨済録』をまとめたのは、当時、ニューヨークに本部を置く米国第一禅堂の創始者佐々木指月老師の遺稿になる英訳『臨済録』を日本で出版する目的で、日米の学者の協力を求めて、その整理をすすめておられた佐々木ルース夫人の仕事に加わったのが動機であった。英訳には、正確な本文の理解が前提となる。そのためには、従来の伝統的な訓詁の整理が大切である。当時、トラディショナルという言葉が、毎日のようにスタッフの口端にのぼった。

これまでの日本では、『臨済録』の理解はすべて訓読によってきた。訓読そのものが、すでに一つの伝統であった。日本の禅の伝統なるものは、訓読に左右されたところが大きい。ところが、その本文のすべてを英訳するとなると、訓読の伝統はほとんど無意味となる。要するに、『臨済録』という本が、完全に正確に読めたらよいのだ。そのことだけが最終の問題であって、伝統の方法などは二義三義である。勿論、禅の本である『臨済録』の英訳は、単なる言葉の移し換えに終る仕事ではないけれども、それだって最後は英語という訓読文とは全く構造の違う言語で表現できるものでなければならぬ。

こうなれば、日本における訓読の伝統よりも、本文そのものの理解が先行し、中国語による直接理解の方がはるかに有利である。本文の直接理解は、どうしても口語に訳してみなければならぬ。もともと、禅の語録の大部分は唐・宋の口語文である。口語文を一度文語様式の訓読に置き換えて、再び口語訳する必要はない。当時、英訳スタッフの指導格にあった入矢義高先生は、この点を最も強調された。(『臨済録』大蔵出版・仏典講座三〇、一九七二年、頁一一)

さきの回想に言われていたように、入矢の禅籍読解は当初、中国語史への関心から始められた。口頭の問答の記録という体裁で編まれているために、禅の語録には、正規の古典語・文語文で書かれた一般の中国古典とは異なり、唐宋代の口語の語彙と語法が大量に含まれていたからである。

しかし、右の二つの回想に色濃く表れているように、日本には禅門の「伝統」が確固として生きており、そのなかで禅籍は長いあいだ訓読で読み継がれてきた。もっぱら文語文を読むために練り上げられてきた訓読の技法は、本来、口語の文献には適合せず、それを強いて口語文にあてはめれば、多くの無理を生ぜざるを得ない。そのため訓読による伝統的な禅籍の読みは、少なくとも語学的には多くの誤解や曲解を含まざるを得なかったが、しかし、日本の禅門では、そうした語学的な限界を体験や境地でのりこえて読み、その読みにしたがって次世代の修行が行われる、という努力が代々重ねられてきた。そのため、訓読と宗門の教義は分かちがたく結びついており、単に誤読の部分だけを部品交換のように取り換えればよいというわけにはいかなかった。そのため、唐宋の口語の語義と語法をふまえた禅籍の語学的読解という取り組みは、読解の精度云々という技術的問題にとどまらず、いわば宗門の「伝統」との対決を不可避的に意味せざるを得なかったのであった。

唐代の文献を唐代の語義と語法に即して読む、といえば、今日では何を当たり前のことをと笑われるかも知れない。だが、それが当たり前のことだと思えるようになったのは、間違いなく、入矢以後のことである。中国語学と中国文学の専家である入矢にとってしごく当たり前のことであったそうした読み方は、当時の宗門にとっては、いわば黒船の来航であり、その中間に立つ柳田にとっては、読みの進化を助ける強力な追い風であると同時に、深刻な葛藤をもたらす外圧でもあった。さきほどの柳田の回想に、入矢には無い微妙な困惑の翳《かげ》りがにじんでいるのは、そのためである。右の一文の後に柳田はいう、「とくに日本では、この本の理解において、伝統的な訓読法が果たしてきた役割は大きい」。「それらの成果を無視することはできない。少なくとも、それらの記録をのこす義務はある。たとい誤った句読であっても、それを誤ったものとして批判する記録が、必要である」。「こうして、『臨済録』の英訳という、最も新しい喫緊の課題を前にして、わたしは方法的な循環に追い込まれて途方にくれた」(頁一三)[16]。

大拙と入矢

意外なことに、入矢のそうした研究の意義にいち早く注目し種々の支援を行ったのが、最晩年の大拙であった。そのようすは松ヶ岡文庫に保存されている両者の往復書翰によって、かなり具体的にうかがうことができる[17]。入矢自身は「鈴木先生との因縁」(一九六九年)の一文で、さきほどの回想と同様の会読の経過を記したのち、次のように当時のことを書き記している。「この段階」というのは、『臨済録』から始まった会読が『神会語録』

に進んだ頃のことである。

私が鈴木先生の御恩顧を蒙ることになったのは、この段階においてであったと記憶している。たまたま京都に来講された先生から、ホテルへ来るようにとお招きがあり、お部屋へ伺ってみると、机上に開かれたまま置いてある木版本の『臨済録』が先ず私の目にとまった。先生の質問はさっそくその『臨済録』から始まった。従来の読み方の誤りで特にいちじるしいと思うものを先ず幾つか挙げてみてくれと先生は言われた。

……

先生は問題の言葉が当時の中国人の日常語であるのか、それとも禅的に造型された語であるのかを、先ず知ろうとされた。そしてそれが本来日常語であった場合は、その言葉がどのような生活の場で用いられ、どのような意味の比重をもち、どれだけのニュアンスの振幅があるのかを質問された。先生がこのような問いかけをされた理由は、私の推察するところ、禅の語録に多く見られる日常語（俗語をも含めて）について、日本の禅家はとかくそれらの言葉の日常的具象性、つまり生《なま》の生活の臭いを初めから捨象し去って、いきなり禅的な意味へ昇華させて理解しようとする傾向があることを、先生はあきたらず思っていられたからである。（『増補・自己と超越――禅・人・ことば』

岩波現代文庫、二〇一二年、頁二〇九）

禅籍の英訳のために原文の正確な語義とみずみずしい語感を把握したいというのが、おそらく、大拙の当初の意図であったろう。しかし、右に記された大拙の言葉への関心は、禅門の「伝統」に塗り込められる前の原初の禅の活きた姿を知りたいというかねてからの思想的な意欲とも、一つながりであったように思われる。

『祖堂集』の会読

右の二つの回想からもうかがわれるように、禅籍の読解は、主に入矢の指導による研究班での会読という形で進められ、その成果は論文や研究書ではなく、訳注の形にまとめられていった。右の回想にはたまたま出てきていないが、その過程で重大な役割を果したのが、入矢・柳田の協働による『祖堂集』の解読であった。『祖堂集』は五代の時代に編まれた禅宗史書であるが、その後、中国では伝承を断ち、二十世紀になってから朝鮮の海印寺で版木だけが奇蹟のように発見されたという書物であった。そのため編修が不完全で、文中に多くの誤脱や重複・齟齬をとどめるものとなっているが、そのために却って、文字・言語の面でも、思想や伝承の面でも、宋代以後の人為的な合理化を経る前の素朴な原初の姿が保存されている。それだけに解読の困難はひとしおであったが、敦煌文献の場合と同じく、宋代以後の禅門の「伝統」と切り離して解釈や分析を行うことが可能であり、また、「伝統」なるものに対しては、その後出性を指摘することを可能とするものだったのであった。[18]

『禅の語録』

入矢と柳田の事実上の監修のもと、一九六九年（昭和四十四年）から刊行の始まった『禅の語録』全二十巻（うち三巻は未完）は、戦後にはじまった、そうした語学的・文献学的禅籍解読の集大成であった。担当者によって水準と志向のばらつきはあるものの、厳密な校勘による本文の確定、唐宋代の口語史の研究をふまえた精確な訳読、そして歴史学と文献学の知見を十二分にもりこんだ詳細な注釈と精彩ある解説、それらの統合によって、禅の書物が「伝統」の世界から解放され、中国古典文献の一種として学問的に解読されるようになった意義は、測り知れない。個々の語句や問答について修正や補足を加えることはできても、禅籍の訳注を、全体としてこれだけの水準と規模をそなえた叢書の形で完成することは、今日では、とうてい不可能と言わざるを得ない。

二―四　問答の思想史的解読

かくして一九六〇年代から二十世紀の終るころまで、膨大な量の禅研究の成果が積み重ねられていった[19]。そのなかに、重要な研究成果が多数あったことは、いうまでもないが、しかし、今日の観点からふりかえってみると、この時期の中国禅研究は、次の三系統が相互にむすびつかぬまま、それぞれに進められていたように思われる。

禅研究の三系統

(1) 狭義の「客観的」史実のみを扱い、思想内容にふみこまない「禅宗史」研究
(2) 唐代の語録の中国古典学的訳読・注解
(3) いっぽうの脚を宋代「公案」禅（具体的にはその発展形態である白隠禅）、もういっぽうの脚を西洋の現代思想に置きつつ、歴史を超えた絶対的な「禅」そのものを論ずる哲学的な禅言説[20]

この三系統すべてにわたって主導的な役割を果たし、驚異的な数の論著をのこしたのが、柳田であった[21]。しかし、その複合的な広範さのために、その文体は、柳田の名声の高まり

に比例するかのように不可解の度を増し、混迷を深めていったように思われる。われわれには測り知れない、開拓者ならではの深い苦悩があったのだと想像するほかない。いっぽう、その時期、学生であった我々の多くにおいては、（1）の論文を書きながら、（2）の訳注や読書会の会読をたよりに禅籍を読む、ということが、平行線のままつづいていた。少なくとも私個人については、そうだった。禅の語録はせいぜい読むものであって、研究はできない、論文にはならない、そう言われていたし、自分もそう思わざるを得なかった。当時の英語圏の研究状況についても、次のような証言がある。

かつて柳田とドミエヴィルによってあれほどまでに研究（および翻訳）された臨済義玄（八六七年没）は、いくつかの曖昧な理由から、未だ英語による深い研究の対象となっていない。事は、禅の語録全般についても同様である。事実、その難解さは、最も勇気ある者をも逡巡させるのに充分なものなのである。[22]

入矢の読み

この間、一九九八年（平成十年）の入矢の逝去まで、入矢の指導するいくつかの研究班で（2）の作業が黙々とつづけられていた。この時代、禅籍を学問的に読もうとすれば、京都に行って入矢の指導する研究班に参加する以外に道がなかった。参加の機会を恵まれた者にとって、それは他では決して得ることのできない忘れがたい至福の時間であったが、その成果は容易には形にならなかった。のちに禅文化研究所から刊行された『馬祖の語録』(一九八四年)、『玄沙広録』上・中・下(一九八七年・八八年・九九年)、『景徳伝灯録』第三冊(巻七―九、一九九三年)、第四冊(巻十―十二、一九九七年)、第五冊(巻十三―十五、二〇一三年)などは、そうした会読のきわめて貴重な成果であり、それはそのまま『禅の語録』の事実上の続編となっていた。[23]

訳注のみからそれを読み取るのは難しいが、この約三十年のあいだに、入矢の読みは、深い質的な進化を遂げていた。それは、のちに『求道と悦楽——中国の禅と詩』(岩波書店、一九八三年)、『自己と超越——禅・人・ことば』(同、一九八六年)、『空花集《くうげ》——入矢義高短篇集』(思文閣出版、一九九二年)の三冊の文集にまとめられるいくつかの論文・随筆・講演記録などからうかがうことができる。[24] 入矢自身にとっては一連の事がらであったと思われるが、今、それを、かりに次の三段階に整理してみたい。

第一は、すでに述べたように、唐宋代の口語を語学的に精確に読むという段階。これによって、「伝統」的な訓読の誤解が次々に摘出され、さらにその誤読と表裏一体の宗門のドグマが解体された。その最初期の表れは『講座禅』の月報に掲載された札記「禅語つれづれ」であった(のち『求道と悦楽』再録)。主な材料が『臨済録』『伝心法要』『神会語録』

などから採られているのは、これがさきの入矢の回想に見えた戦後の会読の産物であったことを示している。こうした語学的知見はのちに入矢義高監修・古賀英彦編著『禅語辞典』(思文閣出版、一九九一年)にまとめられ、今日では簡便な利用が可能になっている。

第二に、複数の用例から語義・語法を帰納するという漢語史研究の手法がしだいに問答の解釈にも適用され、類似ないし関連の問答を複数つきあわせながら問答の旨趣を考えるという方法が形成されていった。唐代におこった禅の問答は、宋代には脱意味的・非論理的な「公案」として扱われるようになり、そこから「看話」禅が生まれた(本書第三章参照)。「看話」禅は唐宋禅宗史の到達点であったが、日本の禅門の伝統にとっては起点であった。そのため、日本では、禅の問答は唐代のものもみな、一則ずつがハナから孤立した「公案」として読まれ、解釈するものではなく、ことばを超えて体得すべきものとされていた。それが入矢の読解によって、当時の禅僧たちの問題意識の脈絡のなかで相関的に解読されるようになり、その結果、不可解な単独孤立の「公案」としてでなく、有意味な思想的交渉の記録群として考察する道が拓かれた。その方法は、当初、入矢の頭のなかの膨大な記憶の集積のみを頼りに行われ、したがって入矢一人にしかできないものであったが、一九九〇年代に禅文化研究所から一連の優れた工具類が公刊され(『基本典籍叢刊』『禅語辞書類聚』など)、さらに電算機による検索も普及して、少なくとも文字面の相似したものについては誰でも複数の用例を集めて比較することが可能になった。しかし、真に重要なのは、文字面は異なるが、問題意識や思考内容が関連している問答どうしを組みあわせた考察であって、これができる人は今日もごく稀である。

そして、第三、問答を相関的に読むという手法に歴史的観点が加わり、禅の問答の思想史的研究の道が拓かれた。入矢の「雪峰と玄沙」(『自己と超越』)はその記念碑的作品であった。「北の趙州」と「南の雪峰」の拮抗、雪峰の愛弟子である雲門・玄沙からの雪峰批判、そしてそれと表裏する雲門・玄沙自身の自己超克と思想の経年変化、さらに玄沙から臨済に向けられた「無位真人」説への論難……。地域間・世代間といったいくつものタテヨコの関係のなかで、唐末五代の禅僧たちの熱き群像がいわば渾沌を渾沌のまま動画で写すように描き出されている。こののち、このなかの問題がさらに個別にまとめられて「雲門の禅・その〈向上〉ということ」(『自己と超越』)や「玄沙の臨済批判」(『空花集』)などの論文が、七十代・八十代の入矢の手から生み出されていった。[25]

「思想史的」解読

一九九八年(平成十年)、入矢が世を去った時、我々は途方に暮れた。それまで、少なくとも私にとって禅籍は、自分で読むものではなく、入矢が読むのを仰ぎ見ているものであった(入矢はそういう没主体的な人任せの姿勢を厳しく戒めていたが、入矢のような読みが自分にできようとはとうてい思われなかった)。しかし、入矢の没後も、禅文化研究所での会読は、西口芳男（禅文化研究所）と衣川賢次（花園大学）の熱心な指導と周到な準備によってたゆまずつづけられていった。さらに、のちには東京でも、その方式を踏襲する『祖堂集』の研究班が丘山新（当時、東京大学東洋文化研究所）によって組織され、衣川が毎月、京都からその指導に通った。そうした地道な会読の積み重ねのなか「問答を思想史的に読む」（『祖堂集』研究班における衣川の語）という方向性がしだいに明確になり、さきほど三点に整理したような入矢の読みが我々の方法的自覚となっていった。その成果は、やがて二十一世紀に入った頃から少しずつ訳注の形で発表されるようになっていった。その過程で、当初は個々の語釈にとどまっていた注のなかに、しだいに文脈理解が書き込まれるようになり、ついでその背景となる思想史的脈絡に言及されるようになり、やがて、それが注釈の中には収まりきらなくなって、訳注の後に独立の小論を附録する形になっていった。

丘山・衣川・小川「『祖堂集』牛頭法融章疏証——『祖堂集』研究会報告之一」（『東洋文化研究所紀要』第一三九冊、二〇〇〇年）

松原朗・衣川・小川「『祖堂集』鳥窠和尚章と白居易——『祖堂集』研究会報告之二」（同第一四〇冊、二〇〇〇年）

土屋昌明・衣川・小川「懶瓚和尚『楽道歌』攷——『祖堂集』研究会報告之三」（同第一四一冊、二〇〇一年）

これらの会読をふまえて二〇〇三年三月に出た東京大学東洋文化研究所『東洋文化』第

八十三号「特集・中国の禅」は、『祖堂集』研究班のメンバーによる論集であるが、各自の論稿の単なる寄せ集めではなく、一書の構成に、一貫した禅宗文献の「思想史」を考えるという志向がすでに明確に表現されている。[26] その後、この流れのなかからいくつかの単著が生み出されていったが、それらがおおむね漢文→訓読→訳解→思想史的解説という順序で書かれているのは、それらの書物がもともと原典に対する注解から発展したものであったことの名残であった。[27]

かくして二十一世紀初めの約十年の間に、それらの書物によって明らかになった点が二つある。一つは、唐代禅における二つの思潮の分岐である。

中国の禅の系譜は伝統的に「南岳」系と「青原」系の二つの流れに分けて整理されてきた。六祖恵能の門下に南岳懐譲と青原行思の二人が出、南岳の下に江西の馬祖、青原の下に湖南の石頭、ついで、その両者の門下からそれぞれ多数のすぐれた禅者が輩出して禅の黄金時代が築かれた、という周知の系譜である（本書第二章参照）。

従来、この二つの系統はもっぱら教団勢力の二分として理解されていたが、それが二十一世紀の初めごろから思想史的な分岐として解明されるようになった。ごく単純化していえばありのままの自己をそのまま肯定する馬祖系の禅とありのままの自己とは別次元に本来の自己を見出そうとする石頭系の禅、という対比であり、この二極の間のさまざまな対立や交錯や統合の運動が、その後の禅の思想史を形づくっていったことが跡づけられるようになってきた（本書第四章参照）[28]。

二十一世紀初頭に明らかになった第二の点は、唐代禅と宋代禅の対比である。さきに述べたように、日本ではながく禅門の「伝統」にしたがって禅が理解され、近代にはそれが西洋の現代思想によって補強された。そこでは時間と空間の制約を超えた絶対的な「禅」そのものが考えられていたが、その内実は、実は宋代以後の「公案」禅、より具体的にはその発展形としての白隠禅であった。そのため禅門においては、『碧巌録』『無門関』など宋代以後の禅籍をもとに唐代の禅者の言行を語るということが、ごくふつうに行われていた。それが二十世紀後半、入矢・柳田の時代に敦煌禅宗文献や『祖堂集』の解読が進み、唐五代の禅――いわゆる「純禅の時代」――の本来面目が活き活きと甦ってくるにつれて、宋代の禅籍は頑迷な宗門のドグマの象徴と看なされ、軽視から、時には嫌悪の対象にさえなっていった。

しかし、唐五代の禅の原像の解明は、逆にそれとの対比において、宋代禅の独自性を考えることをも可能にした。つまり、原始儒家と宋明理学が分けて考えられるように、唐代禅と宋代禅をひとまず別ものとし、宋代禅籍から宋代禅独自の論理と問題を読みとるという視点がしだいに持てるようになってきたのである[29]。

唐代の問答も、一見、問いと答えの間に論理的な関係が無いように見える。しかし、それは、自己こそが仏であるという事実を質問者自身に自ら気づかせるために問答が仕組まれているからであって、その点を押さえて読めば、そこには理解可能な意味が内包されていた。ところが宋代になると、先人の問答の記録を「公案」と称する所与の課題として参究する方法が主流となり、そこにおいて「公案」は、初めから意味が剝落し論理を切断された不可解なコトバのカタマリ――「活句」――として扱われるようになった。無意味で不可解であるがゆえに修行者の思慮分別を奪い去り、論理を超えた絶対的な「大悟」に向けた命がけの跳躍を迫るものだとされたのである。大慧の「看話」禅は、それを方法化したものであり、白隠の禅はそれをさらに発展させたものであった（本書第三章参照）。

かくして、初期―唐代―宋代の禅を、それぞれの時代差を意識しつつ、一連のものとして考えることが可能になってきた。ただし、それは今のところ、あくまでも語録の内部から読み取られた思想史にとどまっており、今後はそれを柳田流の実証史学によって、語録の外の現実の歴史と結びつけてゆくことが課題となろう（本書第四章は、そのための初歩的な試掘作業である）。また、右の二点も、目下のところは両者がばらばらに解っただけで、それがどのようにつながっているのかはまったく明らかになっていない。今後は、唐代禅の二つの思潮が五代の時代にいかに総括され転換されて宋代禅が生み出されていったか、という連続的な過程の解明が不可避であろう。そこで必要なのが、入矢が晩年に注目していた五代の雪峰の一門――雲門や玄沙――の思想的・歴史的動向の究明であるが、すでにその研究の第一歩として、西口と衣川による次の精緻な訳注が提出されている。

禅文化研究所唐代語録研究班
唐末五代転型期の禅宗――九、十世紀福建禅宗の思想史的動向㈠「『祖堂集』巻七雪峯和尚章訳注[30]」

これを読むと、禅宗文献の訳読・注解の水準は「禅の語録」の時代からついにここまで来たのかという感慨を催すと同時に、禅の「思想史」的研究は、やはりどこまで行っても原典の精読とその丹念な注解からしか始まらないのだという思いを、今さらながら新たにせずにいられない。それは短期間のうちに目に見える「成果」を出すことばかり求める昨今の風潮の下では、容易になしえぬ仕事であろう。しかし、それでも我々には、これからもこれ以外の道はないと信ずるし、次の世代の人々にも、必ずこの道を通って次の世界に進んで行ってほしいと心から願わずにいられない。

注

第一章

1　大拙・胡適論争については小川『語録の思想史――中国禅の研究』第三章、参照（岩波書店、二〇一一年）。大拙のこの話の扱いについては小川訳「胡適『中国の禅――その歴史と方法論』」の訳注（43）参照。

2　ルース・ベネディクト『菊と刀――日本文化の型』第十一章「修養」にも次のようにある。「禅の教えははなはだ具体的であった。〝禅は人が自己のなかに発見することのできる光明だけを追求するのである。禅はこの追求の妨げとなるいかなるものをも容赦しない。道の障害をことごとく取り除け。（中略）もし途中で仏に逢えば、仏を殺せ。もし祖師に逢えば、祖師を殺せ。聖者〔阿羅漢〕に逢えば、聖者をことごとく殺せ、それこそ救いに到達する唯一の道である〟。」（長谷川松治訳、講談社学術文庫、二〇〇五年、頁二九六。〔　〕内は訳者、傍点は引用者）。原注によれば、文中〝　〟内の引用はE. Steinilber-Oberlin, *The Buddhist Sects of Japan, London*, 1938。

3 臨済には次のような言葉もある。「大徳、山僧《われ》、外に向《お》いて法無しと説《い》わば、学人会《え》せずして、便即《すなわ》ち裏《うち》に向いて解《げ》を作《な》し、便ち壁に倚《よ》りて坐し、舌は上齶《うわあご》を拄《ささ》えて、湛然《たんねん》として動かず、此を取りて是れ祖門が仏法なりと為す。大いに錯《あやま》れり！」（『臨済録』岩波文庫、頁一〇九／禅の語録10、頁一一四）。己れの外に法は無いと説けば、修行者たちはたちまち誤解して、自己の内面に観念を立て、不動の坐禅に没入し、それを禅門の仏法と思いなす始末だ、という非難である。

4 『聯灯会要』巻十四、『嘉泰普灯録』巻三、『五灯会元』巻十二等の大寧道寛章にも見える。

5 時代はくだるが宋の五祖法演の「典座に謝する上堂」に「生を変じて熟と作すは易《やす》しと雖然《いえど》も、衆《みな》の口《くち》に調和するは転《うた》た難《かた》きを見る」と見える（『法演禅師語録』巻上、大正四七、六五三下）。典座の仕事である日々の炊事・調理の功をたたえた表現である。なお、さきに引いた『趙州録校注集評』の同箇所が「運水搬柴」などの語とともにこの上堂を引いて「飯を作ること（生米を変じて熟米とすること）を参禅に喩えたもの」と注するのは飛躍にすぎよう。

6 秋月龍珉『趙州録』筑摩書房・禅の語録11、一九七二年、頁五四注にいわく、「〇却是他好手＝却は、なかなかどうして、という感歎詞。次の「他」の用法ははなはだ異例で、疑わしい。衍字と見たほうが楽であり、あるいはこの句を「他却是好手」と訂正すれば問題はなくなる。ここでは無理に「他《か》の」と読んで訳しておいた。丹霞が木仏を焼いて暖を取ったのも、召使いが生を熟に変じたのも、「平常心是道」の禅にかわりはない。それを悟らずに、ただできた料理ばかり食っておられると、院主のように、貴官も眉毛が抜けますぞ、の意に解しておく」。この注は「是」の語法に対する根本的な誤解のために、ほとんど意味不明の記述になっている。「是」は判断・認定を表す動詞で、その目的語の位置に主述句が入ることはまったく自然であり、「却是他好手」という句は異例でも疑わしくもない。有名な風幡問答に見える「不是風動、不是幡動」などと同様の文法構造である（『無門関』第二十九則）。

7　「丹霞が仏を焼いたのに、なぜ寺僧の眉毛が落ちたのか」という問答は『景徳伝灯録』に見えない。寺僧の「眉鬚堕落」を含まない系統の本文理解が、一書に貫かれているのであろうか。

8　『祖堂集』では、石上に「仏」字を書く後半の話を欠き、かわりに「観行を作す莫れ、亦た停心する莫れ」と説く四祖の長い教説を記す。丘山新・衣川賢次・小川隆「『祖堂集』牛頭法融章疏証——『祖堂集』研究会報告之一」参照（『東洋文化研究所紀要』第一三九冊、二〇〇〇年、頁五〇）。

9　注8「『祖堂集』牛頭法融章疏証」頁五一（5）参照。

10　注2『菊と刀』にいわく、「禅について書かれた書物はまた、三昧の経験が、人間的能力を訓練する以外に、他のなんらかの能力を授けるということを認めていない。ある日本の仏教徒は、〝瑜伽行《ヨーガ》は瞑想によってさまざまな超自然的能力が獲得できると主張するが、禅はそんな馬鹿げた主張はしない〟と書いている。」（頁二九四）。〝　〟内の引用は忽滑谷快天 *The Religion of the Samurai*。ただし、鳥獣を馴致する話が禅籍に皆無だということではない。たとえば『景徳伝灯録』でも巻四・牛頭慧忠章や巻八・華林善覚章に、弟子ないし侍者として虎を随えていたという話が記されている。なお道力のためにトラがなつくという故事については、陳懐宇「中古仏教馴虎記」参照（『動物与中古政治宗教秩序』上海古籍出版社、復旦文史叢刊、二〇一二年）。

11 この話は『景徳伝灯録』では巻六・杉山智堅章に録されている。そこでは虎が何のように見えるかという問いに、帰宗が「猫児《ネコ》」、杉山が「狗子《イヌ》」と答え、最後に南泉が「大蟲《トラ》」と答える構成になっている。

12 『祖堂集』南泉章には、帰宗と南泉をめぐる次のような話も録されている。

有人到帰宗、帰宗問、「従什摩処来?」対云、「従南泉来」。帰宗云、「有什摩仏法因縁?」対云、「和尚上堂、告衆曰〝夫沙門者、須行畜生行。若不行畜生、無有是処〟」。帰宗沈吟底。僧便問、「只如南泉意如何?」帰宗云、「雖然畜生行、不受畜生報」。其僧却帰、挙似師。師云、「実与摩道摩?」僧云、「実也」。師云、「孟八郎! 又与摩去」。（頁七一二）

人有りて帰宗に到るや、帰宗問う、「什摩処《いずく》よりか来る?」対《こた》えて云く、「南泉より来る」。帰宗云く、「什摩《なん》の仏法因縁か有る?」対えて云く、「和尚（南泉）上堂し、衆に告げて曰く〝夫れ沙門なる者は、須く畜生行を行ずべし。若《も》し畜生を行ぜざれば、是《こ》の処《ことわり》有ること無し〟」。帰宗沈吟底《だまりこむ》。僧便ち問う、「南泉の意の只如《ごと》きは如何《いかん》?」帰宗云く、「畜生の行と雖然《いえど》も、畜生の報いを受けず」。其の僧却《かえ》り帰りて、師（南泉）に挙似《はな》す。師云く、「実《まこと》に与摩《さよう》に道《い》える摩《や》?」僧云く、「実《まこと》なり」。師云く、「孟八郎《おろかもの》めが! 又も与摩《かよう》にし去れるとは」。

南泉はあらゆる聖性と断絶し、現実の泥田のなかを黙々と歩みつづけるという生き方を「水牯牛」「畜生行」などの語で表現した。右の一段で帰宗はそれを「畜生のみちを行きながら畜生の報いを受けぬ」と解したが、それは南泉からすれば、「畜生行」を新たな形而上的聖性として措定しようとする唾棄すべき分別であった。

13 この話は入矢義高監修・唐代語録研究班編『玄沙広録』下に再録され、その訳注に次のようにいう。「もともとは、『祖堂集』のように素朴な話柄であったが、老鴉が柿を潙山の面前に落したことを牛頭百鳥供養の話に結びつけて話頭を伝灯録のように構成し直したのは玄沙その人であり、自らコメントを付したものではないだろうか」(頁二四七)。

14 入矢義高『龐居士語録』筑摩書房・禅の語録7、一九七三年、頁一九六。

15 同前、頁一五。一首はのちに第四章に引く。

16 唐代の禅僧たちはありのままの日常を「平常」「無事」などの語で肯定した。第四章であらためてふれる。

第二章

1 「想像の共同体」という語は、ベネディクト・アンダーソンの *Imagined Communities* の邦訳名から、書物の内容と関わりなく、用語のみを借用したもの。白石隆・白石さや訳『定本想像の共同体：ナショナリズムの起源と流行』(書籍工房早山、二〇〇七年)。

2 「正法眼蔵」という語の語構成はよく解らない。辞典では「〈正法〉は正しい仏の教え、〈眼〉

はその眼目のこと。〈蔵〉はそのすべてを含みもっている意」などと説明されている。

3　詳しい物語については、柳田聖山訳『六祖壇経』参照（世界古典文学全集36a『禅家語録Ⅰ』筑摩書房、一九七二年、頁六七）。

4　前注所掲、柳田訳『六祖壇経』参照。

5　中村元「禅における生産と勤労の問題――インド思想を超えた発展」（『禅文化』第二号・第三号、一九五五年／末木文美士編『禅と思想』叢書禅と日本文化八、ぺりかん社、一九九七年、再録）、余英時（森紀子訳）『中国近世の宗教倫理と商人精神』（平凡社、一九九一年）。

6　「五家七宗」の語は圜悟克勤の法語「示勝首座」に見える（『圜悟語録』巻十六・法語下／『圜悟心要』巻上では「示法済禅師（住泗洲普照勝長老）」と題す）。ただし、中国の禅籍ではこの他にはほとんど用例を見ない。

第三章

1　唐代の問答に対するそのような解読の方法については、小川『語録のことば――唐代の禅』（禅文化研究所、二〇〇七年）を参照されたい。

2　『景徳伝灯録』徳山章、「雪峰問、従上宗風以何法示人？　師曰、我宗無語句、実無一法与人」。……（頁四五八）

3　『臨済録』「無一念心希求仏果」（入矢義高訳注『臨済録』岩波文庫、一九八九年、頁四〇）。同「若人求仏、是人失仏。若人求道、是人失道。若人求祖、是人失祖」（頁一三八）。

4 『景徳伝灯録』巻十四・丹霞章、「禅可是你解底物？ 豈有仏可成？ 仏之一字、永不喜聞」（『景徳伝灯録・五』頁二五七）。趙州従諗にも「仏之一字、吾不喜聞」の語がある（『趙州録』巻上・巻中）。

5 『景徳伝灯録』巻十二・陳尊宿（睦州）章に次の問答がある。

有僧新到参。方礼拝、師叱云、「闍梨因何偸常住果子喫？」僧云、「学人纔到、和尚為什麼道偸果子？」師云、「贓物見在」。（入矢義高監修・景徳伝灯録研究会編『景徳伝灯録・四』、禅文化研究所、一九九七年、頁四〇六）

僧有り新たに到り参ず。方《まさ》に礼拝するや、師叱して云く、「闍梨《そなた》、因何《なにゆえ》にか常住の果子を偸《ぬす》みて喫《くら》う？」僧云く、「学人《それがし》纔《わず》かに到れるに（たった今、来たばかりなのに）、和尚、為什麼《なにゆえ》にか果子を偸むと道《い》う？」師云く、「贓物見《げん》に在り（盗品が現にここにある）」。

一見難解だが、本文に述べたような論理をふまえ、且つ「常住の果子」がめでたき「仏法」の比喩であることに気づけば、これも同趣旨に解することができる。すなわち、「仏法」を希求してここまでやって来たそのほうは、あたかも「仏法」という「果子」を盗み食いに来たいやしい輩の如くである。ほれ、現にその物欲しげな心が何よりの証拠ではないか、と。

6 『法演禅師語録』巻二（大正四七、六四九下）、『古尊宿語録』巻二十一（中華書局点校本、頁四〇一）。『嘉泰普灯録』巻八や『五灯会元』巻十九の各五祖法演章はこの二つの答えを「問、如何是仏？ 曰、口是禍門。又曰、肥従口入」という形で一箇所に併記している。

7 この一句の意味はよくわからない。『五家正宗賛』巻二・法演伝の賛はこれを「鶏冠花紫染

糸頭　錯為嗛子――鶏冠の花紫にして糸頭を染むるをば　錯りて嗛子（あんこ）と為す」と言い換えているから、「紫」は「鶏冠」の房の色のことであるらしい（禅文化研究所基本典籍叢刊、頁三九下）。「誰人能染」は、かくも鮮やかな紫は誰かが染めようと思ってこう染められるものではない、とひとまずは解したが後考に待つ。

8　この詩は、風に吹かれる鶏頭の姿に重ねつつ、未だ「鉄酸餡」を「咬破」しえぬ修行僧たちが頭を寄せあって公案の講釈を競いつづけているさまを揶揄したもののようである（衣川賢次教授の指教による）。

9　無着道忠『五家正宗賛助桀』（禅文化研究所基本典籍叢刊、頁四二四下）。同『葛藤語箋』（禅文化研究所禅語辞書類聚二、頁一五三）にも同様の語釈があるが『助桀』のほうが詳しい。また、宋・葉夢得『避暑録話』巻下に、章子厚が僧浄端を接待した際の逸話が記されている。使用人が子厚の「饅頭《にくまん》」と浄端の「餕餡」を取り違えて出したのに、浄端はそれに気づかず食べていた。持戒堅固のゆえにほんとうに「饅頭」を食べたことがなく、そのために違いが解らなかったのだと知って子厚がいたく感心したという話である。この話からも「酸餡（餕餡）」が僧侶の食べる通常の精進の食品であったことがわかる（土屋太祐氏の指教による）。『禅語辞典』（思文閣出版、一九九一年、頁三二三下）「鉄酸嗛」の条に「〝酸〟とは日がたってすっぱくなったこと。すっぱい餡入りのマントウとは、堅固な日常の修行の喩え」とあるのは、おそらく適解でないと思われる。

10　張美蘭『近代漢語後綴形容詞詞典』（貴州教育出版社、二〇〇一年、頁八八）は『宗門武庫』や

楊岐方会の語録の例を引いて、これを「乾燥硬脆的様子。形容禅人質直枯淡、少言寡語」と釈す。

11 『大慧普覚禅師宗門武庫』、「圜悟（圜悟）・仏眼・仏鑑、同在五祖。一日相謂曰、老和尚秖是乾曝曝地。往往説心説性不得」。（大正四七、九五〇中／臨川書店・禅学典籍叢刊四、四二〇下、参照）

12 『圜悟心要』示普賢文長老、「老漢昔初見老師、吐呈所得、皆眼裏耳裏、機鋒語句上、悉是仏法心性玄妙。只被此老子挙乾曝曝両句云、有句無句、如藤倚樹」。（禅宗全書四一、四三〇）

13 「言無味、食無味、法無味。無味之句、塞断人口」。『古尊宿語録』巻三十八（中華書局点校本、頁七〇七）。大慧『正法眼蔵』巻一上、『聯灯会要』巻二十六等にも見える。

14 内田樹『寝ながら学べる構造主義』（文春新書、二〇〇二年、頁一三七）に次のような一節が見える。ロラン・バルトの俳句の読みについて解説した文章の一部だが、宋代的な「公案」の禅の特徴を言い当てていてたいへん興味ぶかい。

……しかし、語義を十全に解き明かすというヨーロッパ的な解釈にこだわる限り、俳句の風雅に触れることはできないでしょう。むしろ俳句は解釈を自制するものの前にのみその真の美的価値を開示する、とバルトは考えます。

俳句の解釈は、禅僧が師から与えられる「公案」を解釈する作業に似ています。この課題の目的は公案に一義的な解釈をもたらすことではありません。ただひたすらそれを玩味し、「ついにそこから意味が剝落するまで、それを〈噛み〉続ける」ことが求められます。

この「意味を与えて、解釈に決着をつける」ことへのきびしい抑制をバルトは「言語を中断させること」と表現しているのです。

15 この逸話が宋代禅における問答本文の脱文脈化の傾向を顕著に表しており、その傾向が大慧宗杲の「看話」禅の前提となっていることは、つとに土屋太祐「公案禅の成立に関する試論——北宋臨済宗の思想史」(『駒澤大学禅研究所年報』一八、二〇〇七年)によって詳論されている。

16 『碧巌録』第五十則・頌古評唱、「若向事上覰則易。若向意根下尋、卒摸索不著。這箇如鉄橛子相似。擺撥不得、挿嘴不得」。(岩波文庫、中、頁一八四)。

17 『大慧普覚禅師語録』巻十九・法語・示清浄居士、「凡看経教及古徳入道因縁、心未明了、覚得迷悶没滋味、如咬鉄橛相似時、正好著力。第一不得放捨」。(大正四七、八九一上/禅宗全書四二、三七二上)

18 『大慧普覚禅師語録』巻十六「悦禅人請普説」、「我此門中無理会得理会不得。蚊子上鉄牛、無爾下嘴処。——我が此の門中には理会《りえ》し得ると理会し得ざると無し(理解可能・理解不可能ということ自体がそもそも存在しない)。蚊《か》子の鉄牛に上《のぼ》れるがごとし、爾《なんじ》の嘴《くち》を下《くだ》す処《ところ》無し」(大正四七、八八一中/禅宗全書四二、三五五下)。「蚊子上鉄牛、無汝(爾)下嘴処」の句は潙山が百丈を評した語に基づく(『景徳伝灯録』巻九・潙山霊祐章)。ただし、『寒山詩』にも類似の句が見え、もとは唐代の俗諺であったらしい。入矢義高監修・景徳伝灯録研究会編『景徳伝灯録・三』(禅文化研究所、一九九三年、頁二六一注)、項楚『寒山詩』(中華書局、二〇〇〇年、頁一七七注）参照。

19 『夢中問答集』（五五）に「その示すところの言句、〝鉄橛子《てつけつし》〟のごとくなれば、情識《じやうしき》を以て、推度《すいたく》することあたはず」とある（講談社学術文庫、頁一五六）。「鉄橛子」の語義を的確に捉えた表現であるが、これをさきに引いた「惣《すべ》て情識《じやうしき》のはからざる処なり。故に公案と名づく。これを鉄饅頭《てつまんぢゆう》に譬《たと》へたり」の一文と並べてみるならば、夢窓においても「鉄饅頭」と「鉄橛子」が同義に用いられていたことがわかる。両語を同義に用いた例は、くだって東嶺円慈の『宗門無尽灯論』透関第五にも見える（禅文化研究所影印本、一九九二年、頁八五—八六）。なお「鉄橛」について『新版禅学大辞典』（大修館書店、一九八五年、頁八八三）は「鉄のくさび。しっかりしていて離れがたいこと」と釈している。日本における禅録の提唱で「橛」がしばしば「くさび」と訳されているのを襲ったものと推測されるが、「橛」は棒くいのことであって「楔」とは異なる。『夢中問答集』学術文庫本が「鉄橛子」に「鉄のくさび。ゆるがぬものであるのをいう」と注しているのも、同様の誤解をひきついだものであろう。

20 先行の問答を脱意味化・脱文脈化してゆく傾向は、今回挙げた一例にとどまらず、宋代禅一般に通ずるものである。そのように、意味を剝落され文脈を脱落させて断片化された言葉のことを、宋代の禅者たちはしばしば「活句」とよんだ。この「活句」化の傾向がやがて「看話」の方法に集約されていったことについては、すでに小川『臨済録——禅の語録のことばと思想』第I部（岩波書店・書物誕生、二〇〇八年）、および『語録の思想史』第二章（岩波書店、二〇一一年）に論じた。あわせて参照していただければ幸いである。

第四章

1 中嶋隆藏「慧可と向居士の往復書簡――初期禅宗思想の課題」に全体を向居士から恵可への一通の書信とする分析がある。それ以前の諸説もこの論文によって詳しく知ることができる。『東洋文化研究所紀要』第一三二冊、一九九六年。

2 柳田『ダルマ』講談社・人類の知的遺産、一九八一年（のち同・学術文庫、一九九八年）は、さらに数段の問答を他の写本から口語訳の形で補っている。

3 中嶋隆藏「所謂『二入四行論長巻子』雑録第一について」（『東洋文化研究所紀要』第一三五冊、一九九八年）。古勝亮「『二入四行論』雑録第一の話者」（『中国思想史研究』第三十一号、二〇一一年）。

4 *Seeing through Zen: Encounter, Transformation, and Genealogy in Chinese Chan Buddhism* (University of California Press, 2003) の日本語版。

5 「二入四行」の説については、石井公成「『二入四行論』の再検討」（『平井俊栄博士古稀記念論集 三論教学と仏教思想』春秋社、二〇〇〇年）に詳論があり、『達摩の語録』の読みを補正する点が少なくない。

6 鎌田茂雄『禅源諸詮集都序』〔二六〕（禅の語録9、頁一一六）。石井修道・小川隆「『禅源諸詮集都序』の訳注研究（四）」（『駒澤大学仏教学部論集』第二十七号、一九九六年、頁四一）をあわせて参照。なお「壁観」は後代には「面壁」の意に解されるようになった。『景徳伝灯録』

巻三・菩提達磨章にいわく、「嵩山少林寺に寓止し、面壁して坐し、終日默然として、人之を測る莫し、之を〝壁観の婆羅門〟と謂う」。

7 注3所掲、中島「雑録第二」論文、注5所掲、石井「再検討」論文、参照。

8 この事実は一般には、柳田聖山『初期禅宗史書の研究』によって初めて知られるようになった（法蔵館、一九六七年。現、柳田聖山集第六巻、法蔵館、二〇〇〇年）。しかし、清末民初の文人沈曾植《しんそうしょく》（一八五二―一九二二）がつとにこの「法如禅師行状」はじめ初期禅宗史に関する史料と史実に対して先駆的な考証を行っていたことが後に明らかになった。『海日楼札叢・外一種』（上海古籍出版社、二〇〇九年、頁二一二）。詳しくは、葛兆光「世間原未有斯人――沈曾植与学術史的遺忘」参照（『考槃在澗』遼寧教育出版社、一九九六年／『并不遥遠的歴史』湖南文芸出版社、二〇〇〇年）。同『増訂本中国禅思想史――従六世紀到十世紀』導論にも言及がある（上海古籍出版社、二〇〇八年増訂本）。

9 石井・小川「『禅源諸詮集都序』の訳注研究（十）」（『駒澤大学仏教学部論集』第三十号、一九九九年、頁七四）。

10 『伝法宝紀』は「案ずるに、余伝に〝賊に臂《うで》を斫《き》らる〟と云うは、蓋《けだ》し是れ一時の謬伝なるのみ」とわざわざ注記している（〔六〕『初期の禅史Ⅰ』、禅の語録2、頁三五五）。

11 柳田『初期禅宗史書の研究』頁九五。陳允吉「略辨杜甫的禅学禅学信仰――読《李白与杜甫》的一点質疑」、『唐音仏教辨思録』（上海古籍出版社、一九八八年）。

12 胡適『神会和尚遺集』（亜東図書館、一九三〇年）。現在は鄧文寛・栄新江『敦博本禅籍録校』

（江蘇古籍出版社・敦煌文献分類録校叢刊、一九九八年）によって、新出の敦煌市博物館本（敦博本）を底本とした精緻な校訂を利用できる。また田中良昭『敦煌Ⅱ』（大乗仏典・中国日本編十一、中央公論社、一九八九年）に現代語訳と注がある。神会のもうひとつの著書『南陽和上頓教解脱禅門直了性壇語』および各種伝記資料については、下記に詳しい訳注がある。禅文化研究所唐代語録研究班『神会の語録――壇語』（禅文化研究所、二〇〇六年）。

13 『裴休拾遺問』は裴休らの質問に答えて宗密が中唐期までの禅宗の系統と思想について解説したもの。かつては『中華伝心地禅門師資承襲図』の名で呼ばれていたが、これは同書中に示された系図の名で、書名としては適当でない。石井修道「真福寺文庫所蔵の『裴休拾遺問』の翻刻」（『禅学研究』第六十号、一九八一年）、「訳注『裴休拾遺問』（上）」（『駒澤大学禅研究所年報』第三号、一九九二年）、『禅語録』（大乗仏典・中国日本編十二、中央公論社、一九九二年）によって、新出の真福寺本の本文とそれを底本とした詳細な訳注をみることができる。また鎌田茂雄『禅源諸詮集都序』（禅の語録9）は『中華伝心地禅門師資承襲図』の旧名で本書を収録しているが、段落ごとに『円覚経大疏鈔』の対応箇所の原文を併載しているので、参照に便利である。

14 『都序』については、石井・小川「『禅源諸詮集都序』の訳注研究（一）―（十）」をあわせて参照ありたい（『駒澤大学仏教学部研究紀要』第五十二号・一九九四年―第五十七号・一九九九年、および『駒澤大学仏教学部論集』第二十七号・一九九六年―第三十号・一九九九年、に分載）。

15 この問題は、胡適の最晩年の論文「跋裴休的唐故圭峯定慧禅師伝法碑」（一九六一年）で考証されたが、胡適の死去のため未完に終わった（石井・小川「『禅源諸詮集都序』の訳注研究（一）」に翻訳が載せてある。『駒澤大学仏教学部研究紀要』第五十二号、一九九四年）。未完の考証はのち小川「宗密伝法世系再考」によって継続され、本文に述べるような結論に至った（『禅文化研究所紀要』第二四号、一九九八年）。

16 梁粛については、中嶋隆藏「士大夫の仏教受容」参照（新アジア仏教史07中国Ⅱ隋唐『興隆・発展する仏教』佼成出版社、二〇一〇年、頁四四〇）。

17 関連の諸研究については、田中良昭・程正『敦煌禅宗文献分類目録』頁一三四以下、参照（大東出版社、二〇一四年）。

18 注15の胡適「跋裴休的唐故圭峯定慧禅師伝法碑」参照。

19 土屋昌明・衣川賢次・小川隆「懶瓚和尚『楽道歌』攷——『祖堂集』研究会報告之三」参照（『東洋文化研究所紀要』第一四一冊、二〇〇一年）。

20 石井修道「百丈清規の研究——「禅門規式」と『百丈古清規』」（『駒澤大学禅研究所年報』第六号、一九九五年）、賈晋華『古典禅研究——中唐至五代禅宗発展新探（修訂版）』第八章・第一節（上海人民出版社、二〇一三年）。

21 吉川忠夫「隋唐仏教とは何か」参照（注16所掲『興隆・発展する仏教』頁五三）。

22 以上、百丈と清規に関する伝説と史実の弁別については、注20、賈晋華『古典禅研究』に詳考がある。

23 白居易と禅の関係については、松原朗・衣川・小川「『祖堂集』鳥窠和尚章と白居易——

『祖堂集』研究会報告之二」参照（『東洋文化研究所紀要』第一四〇冊、二〇〇〇年）。

24　裴休については、吉川忠夫「裴休伝――唐代の一士大夫と仏教」参照（『東方学報』第六十四冊、一九九二年）。裴休個人にとどまらず、中唐の歴史と禅について広範かつ詳細な考察がある。そのほか、士大夫と仏教の関係全般については、注16所掲、中嶋隆藏「士大夫の仏教受容」に広範な記述がある。

25　小川『語録の思想史――中国禅の研究』第一章・第一節――五、参照（岩波書店、二〇一一年）。

26　椎名宏雄「宝林伝巻九巻十の逸文」（『宗学研究』第二十二号、一九八〇年）、同「『宝林伝』逸文の研究」（『駒澤大学仏教学部論集』第十一号、一九八〇年）。

27　劉軻については、吉川忠夫「劉軻伝――中唐時代史への一つの試み」参照（『中国中世史研究続編』京都大学学術出版会、一九九五年）。

28　以下、「会昌の破仏」の経緯と実情についても、吉川「裴休伝」参照。

29　葛兆光（土屋太祐訳）「歴史・思想史・一般思想史――唐代を例に禅思想史研究におけるいくつかの問題を考える」（東京大学東洋文化研究所『東洋文化』第八十三号「特集・中国の禅」二〇〇三年三月、頁四四）。原文は前掲『増訂本中国禅思想史――従六世紀到十世紀』に再録（上海古籍出版社、二〇〇八年増訂本、頁四五〇）。

30　劉長東『宋代仏教政策論稿』第四章「宋代寺院合法性的取得程序」（四川出版集団・巴蜀書社、二〇〇五年）。

31 劉長東『宋代仏教政策論稿』第五章「宋代的甲乙制与十方制寺院」。

32 中国の制度については、石井修道「五山十刹制度の基礎的研究」(一)—(四)(『駒澤大学仏教学部論集』第十三—十六、一九八二—八五年)、前注、劉長東『宋代仏教政策論稿』第七章等、参照。日本については今枝愛真『中世禅宗史の研究』第二章・第二節、参照(東京大学出版会、一九七〇年)。

33 芳賀幸四郎『中世禅林の学問および文学に関する研究』第一編・第二章「宋学の伝来及び興隆と禅僧社会」参照(一九五六年・日本学術振興会／『芳賀幸四郎歴史論集』Ⅲ、思文閣出版、一九八一年)。

34 柳田聖山「看話と默照」(『花園大学研究紀要』第六号、一九七五年)。

35 このあとの元明清の時代の仏教史については、野口善敬「元・明の仏教」(『新アジア仏教史』第八巻・中国Ⅲ宋元明清、第二章、佼成出版社、二〇一〇年)および『元代禅宗史研究』(禅文化研究所、二〇〇五年)、東アジア各地への伝播については『新アジア仏教史』第十巻・朝鮮半島・ベトナム(佼成出版社、二〇一〇年)所収の各篇を参照されたい。

第五章

1 "*Ch'an (Zen) Buddhism in China—It's History and Method*" 柳田聖山主編『胡適禅学案』(中文出版社・正中書局、一九七五年)に影印再録。引用は小川訳「胡適『中国の禅——その歴史と方法論』」(『駒澤大学禅研究所年報』第十一号、二〇〇〇年、頁八三)による。文中に引用されている大拙のことばは、"The Secret Message of Bodhidharma" Essays in Zen Buddhism (London: Luzac and Company, 1927), Second Series。

2 "Zen: A reply to Dr. Hu Shih" のち Studies in Zen (Rider and Company 1955) 再録。引用は小堀宗柏訳「禅——胡適博士に答ふ」(『禅の研究』、『鈴木大拙全集』巻十二、岩波書店、一九六九年、頁一五八・頁一六〇)による。

3 Timothy H. Barrett, "Arthur Waley, D. T. Suzuki and Hu Shih: New Light on the 'Zen and History' Controversy." Buddhist Studies Review 6, 2. 1989. 批評の本文は、前掲『胡適禅学案』に影印で見ることができる。

4 金九経については、今村与志雄「魯迅、天行、そして『熱河日記』——魯迅の朝鮮観について」(『魯迅ノート』筑摩書房、一九八七年)に詳しい考証がある。また、栄新江・朱玉麒輯注『倉石武四郎中国留学記』(中華書局、二〇〇二年/倉石の漢文の日記)によって、彼と日本の学者たちとの活発な交流の様相をうかがうこともできる。戦後、新制ソウル大学中国文学科の教授に迎えられたが、朝鮮戦争の際に行方不明になってしまったという。藤井省三『魯迅事典』(三省堂、二〇〇二年、頁二八六)。

5 大拙が大谷大学での教え子たちとの交流を通じて盤珪や妙好人を再発見していった経緯については、太田浩史「奇縁—大拙につばさをつけた人々」に貴重な証言がある(『禅文化』第二三七号、特集——大拙・寸心両居士の禅思想点描、二〇一五年七月)。

6 以上、胡適・大拙については、小川『語録の思想史——中国禅の研究』(岩波書店、二〇一一年）第三章、および同「敦煌文献と盤珪——大拙の禅思想史研究」による（前注所掲『禅文化』第二三七号）。

7 Bernard Faure: Chan/Zen Studies in English: the State of the Field（仏語原載：Cahiers d'Extreme-Asie, 7; EFEO, Paris-Kyoto, 1993）、（http://www.stanford.edu/group/scbs/Resources/Bibliography/Faure_ZenStud/Faure_ZenStud_page.html）蔣海怒訳《英語世界的禅学研究》（広東仏教信息網 http://gdbuddhism.org/html/czyj/detail_2013_08/21/364.html）

8 第一巻所収の『臨済録』にかんする上田閑照との対談の記録が、内容に関わる大拙とこの講座のほぼ唯一の接点であるが、これも『禅文化』誌からの再録であった。

9 曹洞宗系統の著者が基づいているのは道元の所説およびその後の曹洞宗学であるが、宋代以後の禅が論述の無意識の前提になっていることは変わらない。

10 この観点は、後年、柳田の弟子であるジョン・マクレーによって発展的にうけつがれている。第四章注4所掲、*Seeing through Zen* 参照。

11 この点については前川亨「中国思想史研究の立場からみた柳田聖山の位置——達成された成果と残された課題」にきわめて深く鋭い考察がある。『禅文化研究所紀要』第三〇号、二〇〇九年。

12 例外は、石井修道の研究である。道元理解のために中国禅宗史研究に進んだ石井は、柳田の実証史学の手法を忠実に継承しながらも、当初より宋代禅宗史の研究に精力を注ぎ、また思想面の問題も早くから対象としてきた。『宋代禅宗史の研究』（大東出版社、一九八七年）、『道元禅の成立史的研究』（大蔵出版、一九九一年）ほか参照。「これ人にあふなり――わが禅研究の歩み」は、個人史を超えてそのまま約半世紀の禅研究史になっている（『駒澤大学禅研究所年報』第二十六号、二〇一四年）。

13 一九六七年のもう一つの重大なできごとは、米国でヤムポロスキーの敦煌本『六祖壇経』の研究（Philip B. Yampolsky, *The Platform Sutra of the Sixth Patriarch*: Columbia University Press）が出版され、彼の地の禅研究に大きな刺激を与えたことである。注7所掲フォール論文、参照。ヤムポロスキーは戦後、京都で禅の研究に従事し、後文でふれる入矢・柳田らの『臨済録』英訳事業に参加した人で、この書物の巻頭には入矢への献辞が記されている。

14 小川『語録の思想史』頁三七一。

15 この英訳の成果は、後年、トーマス・カーシュナー（釈雄峰）の周到な整理と補訂によって次の一書として公刊された。*The Record of Linji* Translation & commentary by Ruth Fuller Sasaki Edited by Thomas Yūhō Kirchner (University of Hawai'i Press, 2008) 英訳事業の経緯については、同書 Editor's Prologue 参照。

16 柳田における中国語学の壁については、衣川賢次「柳田先生の『祖堂集』研究」参照。『禅文化研究所紀要』第三〇号、二〇〇九年。

17 衣川賢次「鈴木大拙・入矢義高往復書翰――十四通の書翰の整理と解題」、『財団法人松ヶ岡文庫研究年報』第二十六号、二〇一二年。

18 柳田は自身と『祖堂集』との深き因縁を感慨を込めて幾度も書いている。最も詳しいのは

「『祖堂集』とわたくし」。はじめ『祖堂集索引』（京都大学人文科学研究所、一九八四年）に「『祖堂集』解題」の第一章として掲載され、のち独立の一篇として『続・純禅の時代――祖堂集ものがたり』（禅文化研究所、一九八五年）に再録された。今日の水準からの『祖堂集』成立史、および研究史については、注16の衣川「柳田先生の『祖堂集』研究」参照。

19 そうした研究成果については、田中良昭編『禅学研究入門・第二版』（大東出版社、二〇〇六年）や田中・程正『敦煌禅宗文献分類目録』（同、二〇一四年）によって詳しく知ることができる。

20 この系統の言説のすぐれた集成の一つとして、『現代思想』臨時増刊「総特集＝禅」（青土社、一九八〇年十一月）がある。

21 たとえば、前注『現代思想』誌所載の「〈十牛図〉の人間学」には柳田の（3）の方面への志向がうかがわれる。それはのちに上田閑照との共著『十牛図』（筑摩書房、一九八二年。のち、ちくま学芸文庫、一九九二年）に結実した。

22 注7所掲、フォール論文。

23 二〇一六年に筑摩書房から「禅の語録」が復刊されるにあたり、未刊の『神会語録』と『洞山録』のかわりに『馬祖の語録』と『玄沙広録』が編入され、新たに用意された第二十巻の解説とあわせて、全二十巻が完結した。本書「はじめに」参照。

24 前二者はのちに大幅に増補されて岩波現代文庫に再録された。いずれも二〇一二年。

25 入矢自身は終生、厳密な学問的読解という姿勢を崩さなかったが、にもかかわらず、その読みは以上三点に整理したような学術研究の範囲にとどまらず、目前の生死をどこまでも直視する、という宗教的・求道的な境地にまで深められていった。『増補・自己と超越——禅・人・ことば』岩波現代文庫の小川「解説」参照。

26
この論集には孫昌武・葛兆光・周裕鍇の論文の邦訳も掲載されている。この研究班の特徴の一つは衣川を介して中国の研究者との交流を活発に行っていたことで、三者はいずれも日本滞在中にこの研究班で報告をおこなった人々であった。葛兆光『中国禅思想史——従六世紀到十世紀』(北京大学出版社、一九九五年/上海古籍出版社、二〇〇八年増訂本)、孫昌武『禅思与詩情』(中華書局、一九九七年/二〇〇六年増訂本)、周裕鍇『禅宗語言』(浙江人民出版社、一九九九年)などの著書は、この研究班が試みていた禅籍の「思想史的」解読に大きな影響を与えた書物であった。中国および日本における禅籍の研究史および今後の方向性については、周裕鍇『禅宗語言研究入門』(研究生・学術入門手冊、復旦大学出版社、二〇〇九年)に詳しい紹介と考察がある。

27
小川隆『神会——敦煌文献と初期の禅宗史』(臨川書店・唐代の禅僧二、二〇〇七年)、『語録のことば——唐代の禅』(禅文化研究所、二〇〇七年)、『臨済録——禅の語録のことばと思想』(岩波書店・書物誕生、二〇〇八年)、『続・語録のことば——《碧巌録》と宋代の禅』(同、二〇一〇年)、『語録の思想史——中国禅の研究』(岩波書店、二〇一一年/中文版、何燕生訳『語録的思想史——解析中国禅』復旦大学出版社、二〇一五年)、『禅思想史講義』(春秋社、二〇一五年)。このうち初め三点に対して出されたフランスのディディエ・ダヴァン(Didier Davin)

の書評は、この時期の新たな研究動向の意味をいちはやく理解し的確な分析を加えたもの（*Journal Asiatique*. 297.2, 2009／飯島孝良訳、『駒澤大学禅研究所年報』第二三号、二〇一一年）。ダヴァンはさらにこの種の読み方を、彼の地の教養雑誌でも魅力的なエッセイで紹介している。Didier Davin "Expliquer l'inexplicable: comment lire les dialogues du Zen?" *RELIGIONS & HISTOIRE* n°28 (Sept/Oct 2009)。前田直美訳「説きえぬものを説く――禅問答をどう読むか」（『禅文化』第二一八号、二〇一〇年十月）。

28　この点に関する問題意識は、入矢亡き後、西口と衣川を中心に進められた禅文化研究所『景徳伝灯録』第五冊（巻十三―十五、二〇一三年）の訓注作業のなかで醸成された。『景徳伝灯録』は巻十四から青原・石頭系統の禅者の章に入り、それまでの南岳・馬祖系統の禅とは異質な思考と表現が頻出するようになる。そのため禅文化研究所訓注本は第四冊（一九九七年）のあと第五冊の刊行まで十六年もかかっているが、それは読みが停滞していたからでなく、逆にこの間、稿を定めることができぬほど不断に読みが深化しつづけていたからであった。小川「もしも、禅文化研究所が無かったら……」参照（『禅文化』第二三三号「特集――禅文化研究所創立50周年」、二〇一四年七月）。

29　『北宋禅宗思想及其淵源』（儒道釈博士論文叢書・四川出版集団巴蜀書社、二〇〇八年）をはじめとする土屋太祐の諸研究は、宋代の禅宗文献を、禅一般でなくまさに宋代の禅籍として思想史的に解読したすぐれた成果である。土屋は一夜本『碧巌録』の精緻な訳注を発表し始めており、宋代禅宗文献独特の語彙・語法・論理に対する解読の水準をおおきく引き上げつつあ

30 る。「『一夜碧巌』第一則訳注」(『東洋文化研究所紀要』第一六七冊、二〇一五年)。原載は『禅文化研究所紀要』第三十一号・二〇一一年と第三十二号・二〇一三年。後者は電子版のみ(禅文化研究所HPに公開)。のち全体を補訂して冊子にまとめた私家版が衣川によって作成され、関係の研究者に提供された。このほかこの問題の初歩的考察として土屋太祐「雪峰の法系と玄沙の法系」(『中国――社会と文化』第二十八号、二〇一三年)があり、さらに土屋は、未だ公刊には至っていないもののすでに『法眼録』の訳注を完成し、つづけて法眼の評伝を作成中である。また、雪峰下の玄沙の系統から出た法眼宗の永明延寿、およびその著である『宗鏡録』については、柳幹康『永明延寿と『宗鏡録』の研究――一心による中国仏教の再編』(法蔵館、二〇一五年)があり、元明清の仏教史が巨視と微視の両面から大胆かつ精緻に考察されている。後者に対する合評記録、碧巌録研究会編「永明延寿を/から考える――柳幹康『永明延寿と『宗鏡録』の研究――一心による中国仏教の再編』合評会記録」(『駒澤大学禅研究所年報』第二十七号、二〇一五年)が、仏教史・仏教文献および中国思想史のさまざまな問題にわたって広範で活発な議論を展開しているので、あわせて参照ありたい。碧巌録研究会はかつての『祖堂集』研究班の後身で、現在、馬場紀寿(東京大学東洋文化研究所)の主宰のもと、土屋を中心に一夜本『碧巌録』の会読を進めている。注29所掲「『一夜碧巌』第一則訳注」はその成果の一部である。

ちくま学芸文庫版あとがき

本書は『「禅の語録」導読』（筑摩書房・禅の語録20、二〇一六年）を文庫化したものです。もとは、禅研究の古典的名著として知られる「禅の語録」シリーズが復刊された際、その閲読の手引きとして最終巻に新たに加えられたものでした。復刊の縁起は、本書「はじめに」に記したとおりです。

しかし、中国禅宗の特徴と歴史を略説した本書は、同シリーズを離れて独立の概論としても充分読むことができ、手軽に入手できる形にして、もっと多くの方々に見ていただくのもよいのではないか――編集部からそうご提案いただき、今回、ちくま学芸文庫の一冊に加えていただくことになりました。単独の文庫本となった場合、原題のままでは何の本か解らなくなるので、書名をごく簡明に『中国禅宗史』と改め、原名を副題にのこして両者のつながりを示すこととしました。このように書名は変わりましたが、しかし、内容としては同じ書物です。単純な字句の誤脱を補正し、ふりがなの追加や表記・体裁上の修整などを施しはしましたが、文脈・論旨は一切変えていません。原版も「禅の語録」の第20巻としてひきつづき提供されてゆきますので、両書の間に内容上の相違があってはよくないと考えたからです。

原版刊行の際は筑摩書房編集部（当時）の磯知七美女史、このたびの文庫化については現任の伊藤大五郎氏に、それぞれひとかたならずお世話になりました。また、今回の補正にあたっては、これまで原版に対していただいていた何人かの先生方や同学諸兄姉からのご教示、および編集・校閲の方からのていねいなご指摘から、たいへん多くの学恩に与りました。記してあつくお礼を申し上げます。なお原版に対する書評が出るという消息を聞き、今回の校正のために参考にしたいと願って当初の刊行日程を大幅にくり下げてもらっていましたが、結局、書評掲載誌の刊行遅延のため、残念ながら参照に至りませんでした。

原版刊行後、禅籍注解の重要な成果として次の書が公刊されました。刊行順でなく、対象となった禅籍の年代順に列記し、括弧内に底本を補記します。

○新国訳大蔵経・中国撰述部①―7〈禅宗部〉（大蔵出版、二〇一九年十月）
齋藤智寛『六祖壇経』（敦博本）
衣川賢次『臨済録』（『天聖広灯録』臨済章）
○新国訳大蔵経・中国撰述部①―6〈禅宗部〉（大蔵出版、二〇一九年三月）

土屋太祐『法眼録』（『五家語録』本）

柳　幹康『無門関』（寛永刊本）

いずれも今日の禅籍解読の水準を示す精密かつ詳細な訳注で、「禅の語録」シリーズ、および「はじめに」に挙げた禅文化研究所刊の訳注書数点とともに、今後ながく禅研究の不可欠の基礎となってゆくでしょう（本書第五章の注30に「未だ公刊に至っていない」と記した土屋氏の『法眼録』訳注は、右のもののこと。また同注29に挙げた同氏の『一夜碧巌』の訳注も現在第四則まで進んでおり、右の両書とともに今後必見の訳注となると思います）。

本書はこれのみで独立の書物として読んでいただけるものとは思います。しかし、もし本書によって禅の思想や歴史に興味をもっていただけたなら、最もよいのは、やはり「禅の語録」シリーズやそれにつづく優れた訳注書によって、読者自ら禅の原典にふれていただくことだと信じます。

この「文庫版あとがき」を書いている今は、二〇二〇年二月二十四日です。明日、恩師や学友たち数人とともに、パリのコレージュ・ド・フランスを会場として開かれる宋代禅国際学会に向かって出発します（INTERNATIONAL CONFERENCE SONG-DYNASTY CHAN Interdisciplinary Perspectives on an East Asian Buddhist Tradition）。禅宗史上の重要度に反し、本書での宋代禅に関する記述はその前の時代より少なくなっていますし、宋代禅の東アジア周辺地域への伝播についても言及することもできていません。これはむろん私自身の力不足のためではありますが、また従来の研究の傾向を反映したという面も皆無ではありません(「禅の語録」シリーズの巻数の比率にもその傾向が見られます)。この度は新型コロナウイルス(COVID-19)の影響を心配しながらの不安な旅立ちとなってしまいましたが、この学会への参加が宋代禅に対する自分の理解を大きく深め広げてくれることを予感しつつ、これを機に、宋代以後の禅、中国本土以外の禅についてもよく勉強して、将来、広い視野からいっそう充実した禅宗史を書けるよう精進したいと念じています。

合掌

索　引

語句は事項・人名・書名を分けず，原則として最初の漢字の音を表音順に配列した．ただし同音同訓の異字は画数順とした．成句は書き下し文の形で立項したが，本文中の読み（ルビ）にかかわらず，漢字の音で分類した．

く

け

こ

さ

し

す

せ

そ

た

ち

な

に

ぬ

ね

の

は

へ

ほ

ま

み

む

め

も

や

ゆ

よ

ら

り

る

れ

ろ

わ

欧文

本書は二〇一六年四月、『「禅の語録」導読』
（禅の語録20）として筑摩書房より刊行された。

ちくま学芸文庫

中国禅宗史《ちゅうごくぜんしゅうし》　「禅《ぜん》の語録《ごろく》」導読《どうどく》

二〇二〇年四月十日　第一刷発行

著　者　小川隆（おがわ・たかし）

発行者　喜入冬子

発行所　株式会社　筑摩書房
東京都台東区蔵前二―五―三　〒一一一―八七五五
電話番号　〇三―五六八七―二六〇一（代表）

装幀者　安野光雅

印刷所　大日本法令印刷株式会社

製本所　加藤製本株式会社

ISBN978-4-480-09964-8 C0115